「如」何「来」征服宇宙

富安瑟 Assa Fu 著

此生必讀☆

作者序

　　自古以來中國就有「天人合一」的理念，到後來佛教傳入華夏亦有「天地同體，草木同根」、「無緣大慈，同體大悲」悲天憫人的胸懷。道家的「莊子」也有「天地與我並生，萬物與我為一」的哲理。到現在研究天體物理，宇宙天文的所有科學家，幾乎都是一致認為人類的肉體元素包括各種氣體、蛋白質、酶、醣、碳、氧、硫、磷……等，還有微量金屬、稀土元素，並且含有爆炸過的恆星塵埃、核聚變之氣體，人之肉體的分子，甚至有古人身體的原子核……，我中有你、你中有我。甚至還有新星、超新星、中子星、主序星、藍巨星、紅巨星、白矮星、紅矮星、夸克星、慧星、斥侯星……等的成分存在，幾乎可以說是「眾星雲集」於人體一身。

　　而有的外星人身上可能比我們人類多出許多「矽」的成分，就好像好萊塢電影「異形」一樣，身體可以變化成透明玻璃般利於隱身，且可以耐高溫。例如韓劇《來自星星的你》的主角「都敏俊」。甚至您的身體內很神奇的說不定有「愛因斯坦」的腦細胞，影響著你的神經元，具有相同的電磁脈衝頻率。舉凡對物理有興趣，不管您是「民間科學家」或者是所謂的「科學普通人」，只要不斷地努力學習，研究和實驗，說不定您也會有得到諾貝爾獎的那一天。因此不要妄自菲薄，現在是「我思故我在」的新時代，具有無限潛力「存在」的您，也許能發明出「跌破專家眼鏡」、「驚世駭俗」的科技產品。

　　有很多人是無神論者，認為信仰宗教的神祇是迷信，但是他們忽略每個人內在都有「精神」；其實信仰外在的神，就是和內在的神性合而為一。他們的內在性德、靈性體驗和覺知的追尋是一致的。佛經上說一切眾生都有如來功德藏相，而何為「如來」，即「無所從來，亦無所去」；基督稱為「上帝的火花」、「上帝有掌管萬事萬物的能力」。

　　而現代是科技爆發的時代，尤其是「晶片的製作」、「AI 人工智慧」、「ChatGPT」……等，尤其最近 AI 人工智慧的運用下，萬物聯網，互聯網，人機物結連在一起，VR、AR、XR 虛擬實境，3D 虛擬成像之歌星演唱會聲光秀，仿生機器人：有動物、昆蟲、潛水海豚等造型，甚至 3D 打印可製出人體器官。未來可能會製造出生化人，液態金屬 AI 人工智慧的機器人，還有您難以想像克隆（複製）出甚麼怪物來。當然如果從人類道德的觀點而言，不希望發生複製人的事情。但這已經完全顛覆了我們過去的想像。

　　我個人覺得科學和宗教是並行不悖的，尤其是佛教，是以「因果」為宗旨，「因」是「原來因的理由」，和科學的「理論」經過「實驗」後得到「智慧的結晶」道理是一致的。佛教是先從熟悉經論，後經過思維，修持法義，最後得到了無上正等正覺的「般若智慧」而悟道。在西藏宗教法理中，開宗明義第一條即闡明「難得人身寶」，六道當中只有投生為人，才有機會經由修心、養性、修德、精進修

行而成就為菩薩、佛的果位。

談到「難得人身寶」時，就好像拿顆豆子，奮力往木板牆上投擲，其結果是豆子能嵌入木板中的機率是十分微小一般；另外還有一例，譬如在茫茫大海中，每一百年時，才有隻烏龜會浮出水面，並且要剛好頭部鑽出有塊浮木中的圓孔，如此稀有的機會。這些都是如同大海撈針一樣困難！因此不要看輕自己得之不易的「人身寶」，不用去懷疑我怎麼會來到這個世界？那是您前世做了不少善事，這一世才會身處「人道」，要抱持著天生我才必有所用之情懷。

蘋果智慧型手機開發者「賈伯斯」醉心於「禪修」，這或許也是他獲得許多靈感的來源。筆者編寫本書的初衷是藉由諸多文獻及相關論述的記載，由先進宇宙太空科學的研究成果，搭配地球上許多未解的謎團的探索，以及佛家經典古籍中的闡明描述，萬千頭緒中歸納出一個自認合理圓滿的說法解釋，如有疏漏，還望先進大德不吝指正。

終結以上之陳述，筆者結論還是必須將「人」的基本道德修養以及自我本性和修養做好，才是至為重要的事情。所以身為人類的我們，不要妄自菲薄，應該利用難得的「人身寶」去開發無限的潛能。「舜何人也，禹何人也，有為者亦若是也！」

富安瑟
Assa Fu

目錄

第一章

揭開黑洞的面紗

1 黑洞的名稱

　　近日在人類歷史上首次拍出第一張「黑洞」的相片，它是許多各國科學家選出「銀河中心」及「處女座」方向「M87 星系中心」的這兩個黑洞之間來取捨。在考慮這兩個黑洞質量以及與地球距離，在天空平面上看上去是最大的、成像最容易看得清楚的……，後來才選定其中受星塵密度干擾較少的 M87 來觀測其成像。利用「甚長基線干涉測量技術」（特長基線干涉測量法，VLBI），進行全球多個射電望遠鏡（電波望遠鏡，Radio Telescope）可等效成集合為一台，顯現成孔徑更大的望遠鏡，其角分辨率更高。多個望遠鏡將接收到的訊號轉化成數字（數位）信號，記錄在磁碟上，然後運送到數據處理中心將海量資料通過分析處理，得到干涉條紋的振幅及相位，最終將得到觀測目標之射電（電波）精細結構圖像。雖然看起來有點模模糊糊的，但在所謂的「事件視界」望遠鏡所拍攝的不是黑洞本身的圖像，而是黑洞在光子捕獲半徑處，所呈現的光圈，和其外部事件視界，以及引力透鏡（重力透鏡）下產生的陰影和它的高速旋轉，相應於廣義相對論重力場曲波效應造成的，呈黃色光笑嘴形狀之圖像。

　　但綜觀上述 M87 黑洞之天象，畢竟和太陽系內地球我們關聯不大，於是科學家們目前努力地，再接再力的，揭開距離地球約 2.6 萬光年的銀河系中心黑洞面紗。哥倫比亞大學天體物理學實驗室的科學家團隊，甚至發現在銀河系中心「人馬座 A」還隱藏著上萬個黑洞，那當然更不好拍照了。於是盯上質量為太陽 400 萬倍的 M87「巨無霸」，當成是被選定的標的物。自 26 年以來，天文物理科學家，持續觀測星系內恆星們的運動規律，最終確定這咖「巨無霸」，正是如假包換，最能博得宇宙天文所有科學家的眼球，宇宙間最神祕的天體「黑洞」是也。它的未解迷團和幻想之空間，及其背後基礎原理，隱藏的作用力為何？科學家們有著不同的說法，除非有一天科技發達到可「近水樓台」，並且能長驅直入內部探個究竟，否則永遠無法提出定論，而筆者在此提出個人之見解供大家參考。首先要自我懺悔一下，因為我本身不是學科學的人，只是對科學的領域這方面有極大的興趣，所以有些論述一定會有錯誤，對科學家有莽撞不禮貌之處，懇求原諒，並尚請諸位碩德、智者、專家學者不吝指正。

2 黑洞的結構

　　「黑洞」這個天體現象，最早是由於「愛因斯坦」的廣義相對論來發現的，愛因斯坦稱它為「真空」。後來「黑洞」這個名詞是科學家「史瓦西」命名的，更由現代大名鼎鼎的科學家「霍金」全力認同。至於黑洞的形成，大部份的科學家都認為它是由於大恆星死亡塌縮形成，後來不斷吸收附近物體及物質，呈現高速旋轉狀態的「吸積盤」，附近的小行星、氣體、塵埃、粒子、質子、中子都

會被它所吞噬，即便是光線亦無法逃離其魔掌。

　　一直被強大引力所吸收的物質，其結果最後皆掉入此重力場中心之「奇異點」，於是乎奇異點的質量密度愈來愈高，而被吸入的物質也不是立刻掉入奇異點，它們圍繞著重力場旋轉，加上黑洞本身自轉，這些物質一方面要抵抗重力，它旋轉角動量逐漸加大，再加上它的離心力，就能和黑洞的引力相抗衡，因為「吸積盤」高速旋轉下，由內往外所傳送的角動量，帶動「被摩擦力」形成好像有黏著之氣體，這些氣體由於高速摩擦力作用，會被加熱至非常高的溫度，就會往外放出射線，這「吸積盤」所放出的輻射，多半是屬於 X 射線。其實這 X 射線，人類的肉眼是無法看見的，這次所發佈黑洞的相片，是射電望遠鏡接收到 X 射線，再利用光譜轉換成可見光，至於還有沒有噴出來其他的物質？它們是是什麼？奔向何處？或消失於無形？至於「奇異點」終於有那麼一天會不會裸露出來，甚至最後到達飽和點而產生「大爆炸」，之後又造出許多恆星、行星、微型黑洞來，到目前為止沒有任何人知道。

　　現在不得不扯到另外一方面，是關於黑洞奇異點密度的問題，有科學家依據「包立不相容」原理，論述它的排斥力將粒子間的擠壓，使電子高度密集，就把所有低能態都佔滿了，此時就會出現電子減併壓力，壓到這裡就是密度極限了，此時就是「白矮星」。後來又有「錢德拉賽卡」極限，認為外部壓力再增大，電子也支撐不住了，電子被壓進原子核內，這個極限就是 1.4 個太陽質量左右，被壓進原子核和質子合併成中子。此時支撐萬有引力減併壓力，構成此全部是中子之天體就是「中子星」。再來是「奧本海默」計算出中子星也有存在質量的上限，當超過 2.2 個太陽質量的靜態中子星，或者是質量超過 2.9 太陽旋轉的中子星，就會進一步坍縮，這中子減

併態亦撐不住了，所有的物質都會坍縮到一個密度無限大的「奇異點」，這就是「黑洞」。

天文學家把黑洞分成三類：「超大質量黑洞」、「宇宙原始黑洞」和「恆星質量黑洞」。另外至於談到最初「史瓦西半徑」的概念原理，是說時空中間是一個密度無限大的「奇異點」，當時是讓大家是「丈二金剛摸不著頭腦」，於是後來有上述減併壓力之極限算法，推算出宇宙各類天體史瓦西半徑的數值長度，就可以算出它質量之密度。例如太陽的史瓦西半徑是 3 公里，我們居住的地球被壓縮到才 9 毫米這麼大；木星的史瓦西半徑將近 3 米；而月球它的史瓦西半徑僅有 0.1 毫米。另外有個有趣的巧合是，我們目前可觀測的宇宙距離是 137 億光年，我們如果把宇宙平均的密度，亦可推算出宇宙的質量來，結果其實宇宙的史瓦西半徑也是 137 億光年。

後來有科學家大膽假設，我們的宇宙本身可能就是處在一個無窮大的黑洞當中，最後會塌陷成一個奇異點。其實應該說是在史瓦西半徑處外面曲線稱為「事件視界」，而「事件視界」從「視界」和另外一個「視界」對比下，可以分成多個層面，從運動遠近差別的「都卜勒紅移」，以及由於宇宙時空的運動膨脹原因之「宇宙學紅移」，還有黑洞內強引力場影響，這光子即使使出渾身解數以降低頻率之極限，來克服擺脫引力所帶來的束縛，此引力場的界線稱為「黑洞無限紅移面」。對於「靜止黑洞」來說，無限紅移面就是它的「事件視界」；如果是一個旋轉的黑洞，也就是「克爾黑洞」。那就有些複雜了，兩個「事件視界」，兩個無限紅移面，就是它最外邊是個無限紅移面，然後往裡面就是「事件視界」，再往裡面又是一個無限紅移面，再往裡邊又是一個「事件視界」。外邊這個無限紅移面和裡面的「事件視界」，它們中間這一塊區域，稱

為「能層」。如果有人掉進「能層」，依照理論來說，他是可以再出來的，為什麼呢？首先他是在「事件視界」之外，如果是在「事件視界」往內裡面，它是時空座標互換，什麼東西都出不來了。

但是在「能層」當中，存在著負能軌道。一般來說這負能態，人類的肉眼於一般生活當中是看不到的，因為空間是全部被佔滿著，譬如說真空中亦是充滿了負能態粒子，如果一個人掉進了「能層」，他只要往負能軌道扔出東西，不管是任何物品，這東西於是具有負能，而他自己呢？就增加了一份正能量，所以他有可能被彈出來。就相當於從「克爾黑洞」當中提取了部份能量，這個過程就稱作「彭羅斯」過程。「好萊塢」電影《星際效應》（穿越）即是利用此原理，男主角得以逃脫黑洞的險境，他應該只是進入能層範圍，否則再往內，一定是挫骨揚灰了。

另外還有關於黑洞的狀態，就是質量、角動量以及電荷量這三個參數。有了這三個參數就可以確定它就是一個「黑洞」。後來又發現黑洞也有所謂的「熵」（熱量之量度），即是有「溫度」，因此當然就有熱「輻射」了。以上談了許多經典理論與量子力學理論，總是比較有點枯燥乏味，有人認為黑洞只適合以量子力學來詮釋，和經典物理沾不上邊，尤其是對於「宏觀世界」和「微觀世界」它們的界限在哪裡？至今無法定論，我個人覺得不管微觀世界也好，它裡面應該是容得下經典理論，而宏觀世界亦可融入量子力學理論，就如同道家的「太極圖」一樣，陰中有陽，陽中帶陰，男人身上含有女性賀爾蒙，女子體內亦包含男性賀爾蒙。

3 六道眾生

好了，我們還是來談「事件視界」比較有趣，幾乎所有天體物理科學家難得有共識，認為任何物體掉入了黑洞後，物質雖然會起變化，但此物件的信息會呈 2D 影像，投射在「事件視界」之表面。依照量子力學根基，信息是永遠守恆的。依據「拉普拉斯妖」決定論，譬如說宇宙存在這麼一個妖怪，它能夠知道宇宙間當中任何信息。舉個例子來說吧，我擲個骰子，我要是知道每時每刻這空氣的阻力、骰子的質量、桌面的彈性係數……等所有參數，理論上我就是可以知道，這骰子會擲出幾點，並且我可以根據所有的信息，反推過去這骰子之前發生了什麼，說白了就是回到過去，可預知未來，這就是決定論的觀點。因之「事件視界」的內容就是全息，不會因時間改變而消失部分，或全部蒸發。所以「事件視界」包含了所有歷史，但此「歷史」為何種歷史？科學家也說不上來，筆者在此做一大膽假設，這「歷史」即是宇宙起源開始至今各種天體、星球間的此消彼長。而對地球而言，則是佛家所謂「六道」（天道、阿修羅、人道、畜生道、餓鬼道、地獄道）等，它是所有六道眾生「業力」的整體顯現總合影像。而什麼是業力？簡單的說就是生物的身、口、意行為，他（它）的所做所為，大體分成善業、惡業及無記業三種。善業、惡業自有普世的一般準繩，至於無記業為何？簡單舉例來說，前面有大人手中抱著一個小孩，你走在他的後面，此時小孩突然對您露齒微笑，這個動作行為即是無記業。當然歷史有絕世美人，一笑傾城，再笑傾國，她的笑就不可類比。如果你對別人的女朋友發出曖昧的笑，結果招至一頓毒打就很衰了，所以不能亂賣笑。

　　另外講到天道、天龍八部、阿修羅、伽樓羅、緊那羅、羅睺羅伽，這些都是另外維次空間物種，和人、龍、蛇、飛禽間互相有細微的業力牽扯，離我們一般人生活關係甚微，不多做敘述。佛陀說世界上有九類眾生：胎、卵、濕（水族）、化（蟬、蝴蝶、螟蛉子……等眾生）、有色、無色、有想、無想、非有想、非非想等眾生。後面五種眾生算是異類眾生，和人類因緣關係不大，亦不需去談它們。因此一些芝麻綠豆，無關痛癢小動作，皆屬於「無記業」，甚至人類造作的行為，無法論斷這行為到底是善？還是惡？這業力也稱為「無記業」。至於業力的顯現，都會有因果的關係。種瓜得瓜，種豆得豆，有因有果，其中有一因一果，多因一果，多因多果，一因多果等業因果報。因為因果關係非常複雜，大部份的後果，都是使人產生煩惱和苦惱，所以佛家說人有八大苦（生、老、病、死、求不得、愛別離、怨憎會、五陰熾盛）。唯有「放下」才能解脫，但是談何容易？還是不要逃避，須面對它，要靜下心來，仔細思考事件其因果關係，另外還要加上事件，相關其他的「因緣法則」，綜觀整體「事件」，權衡利益得失。探究其過程中，思維事件的中道，再依據知識經驗的累積，最後產生智慧方法來化解煩惱，究竟符合利己利他的「事件視界」。基於「事件視界」的啟示，得出如下之果：黑洞的本來真實面目為「有機體」，它就是「業力整合器」。

🪐 宇宙面面觀 ✦

黑洞就是「業力整合器」

1、神通抵不過業力

　　綜合以上黑洞主要構成，一是各種物質及光線、電磁波被吸入黑洞後，黑洞裡面就好像是個大冶鍊爐，尤其是銀河系中心的大黑洞更是融入了各種「成、住、壞、空」當時天體時的星塵、氣體、光子、夸克、粒子……等，同時也包括星球上各類眾生行為業力，也攪和在一起，星球和星球之間有它們的業力相互牽引，眾生亦有他們之間的血淚交織，昆蟲和花朵間為傳宗接代而犧牲寶貴的生命。牡丹花下死，做鬼也風流，各種恩怨情仇，剪不斷，理還亂，抽刀斷水水更流，藕斷絲連。瓜田李下的情絲糾纏不清，各種因果業力，因緣關係，織網交錯，錯綜複雜，讓人摸不著頭緒。但是不管怎麼樣，最終躲不過顛撲不破的真理，那就是「有業，就一定要受報」，不管你到天涯海角，業力總是如影隨形，即使這一世生命結束了，它也會跟著你下一轉世來讓你接受業報。因之筆者大膽下一個假設，「黑洞」即是「業力整合器」。

　　任何星系、星體、外星人、還有各類生命形態眾生之業力，甚至不管時間和空間如何交替，皆無法逃脫這個宇宙超大冶鍊爐的掌控，即使宇宙四大力：電磁力、強核作用力、弱核作用力、萬有引力。在黑洞裡也起不了絲毫作用，只有眼睜睜的被轉化成「暗能量」。

　　黑洞不是只有進，沒有出，只是出來之頻率如幽靈鬼魅般，任何目前科學儀器皆無法探測，更遑論人類視覺。動物的喵星眼、狐狸眼、貓頭鷹眼、毛小孩眼具不能見，只有「滅一處定」，「那伽常在定」之「佛眼」，能夠洞燭所有一切現象，將這些現象如電影中慢動作一般，呈現出眼前。上一節談到的「事件視界」即可初步證明黑洞的外圈有許多不同的 2D 影像顯現，而其實所謂「事件」就是「所有業力的行為」顯影。所以黑洞外圍的視界即是所有業力的影像，我們一般人沒有佛陀這麼高深的修為，無法洞悉黑洞的真正面目。我本人的修為更是差的老遠，只不過我有好幾位頂尖的師父引導，才有幸接收到一些訊息，因此才自不量力的「大膽假設」。至於說到所謂「佛眼」，並不是佛用祂的眼睛去直接看事物的影像，而是以祂的「見識」或者「見地」，去完整的了解到事物之真象。

　　至於是否能消除業力呢？佛陀說法 49 年，從來沒有說祂有消除業力的能力，不過祂的佛法裡面有講到從業之範圍之身、口、意，可以提昇出「道」的範圍來。由於不斷地修心養性，不斷改正心性的缺失，之後達到沒有缺失，則「道」自然會顯現出來。最後證到心性清淨、平等、覺，最後則「道」亦不需要了。此時得到了清淨法身，解脫自在，悠然自得，不僅重業可輕報，業力也絲毫影響不到您，自此無有業力的束縛、羈絆。但是坊間有所謂的「禪師」，號稱他的弟子能得到他的加持力，可以「引爆業力」，消業力於無形，可說是痴人說夢，自己本身的業都消不掉了，哪能消別人的業？「神通都抵不過業力」，這是一點都不假。

比如釋迦牟尼佛的大弟子「摩訶目犍連」尊者，是神通第一，具足五大神通（他心通、神足通、宿命通、天眼通、天耳通），可以入水不溺、入火不焚、穿牆透壁、上天入地無所不能。他可以一腳踏著人間，另一隻腳上踏大梵天，撼動須彌山。可是就是這麼一位神通廣大的佛弟子，居然死於亂石之下。此故事的典故，要先說到目犍連的母親，雖然她的兒子是跟佛陀一心修行，但她卻偏偏不相信因果報應，而且還曾經起誓發願，說：「世間如果真有報應輪迴，那就乾脆讓我自己三天之內吐血身亡。」而果真就應驗了，第三天她就吐血而死。看起來人是不能隨便發誓。

且說目犍連不知道母親的亡靈如今身在何處？於是用自己的如意神足通，在三界諸天、六道各界去尋找母親的下落。須臾之間來到了餓鬼道，放眼望去這裡烈日當空，千里赤地寸草不生，托生成餓鬼道的人，細長的脖子，鼓大的肚子，手腳乾枯的如乾柴一般，大伙們是餓成一團，痛苦的哀嚎。目犍連只看見一個女人是披頭散髮，皮膚乾裂，眼睛裡是佈滿血絲，嘴角是乾裂的直滲血，正四處張望地尋找食物，無意中兩人四目相對，目犍連一眼就認出，這正是自己的母親。母親見到目犍連，二話不說，直接撲倒在目犍連的腳下，用盡全身的力氣，大聲嘶啞的連續喊道：「快給我吃的吧！」。目犍連看見自己的母親變成這般模樣，趕忙用神通給母親取來食物。只見餓鬼般的母親，見了吃的，兩眼直發光，兩隻手抓起食物，拼命就往嘴裡塞，但是細窄喉嚨嚥不下去，好不容易眼看著可吃頓飽飯，可沒想到口中的食物，突然之間變成了火炭，把這餓鬼母親痛的是唉唉大叫，滿地打滾。

　　目犍連實在不忍心，於是至佛陀處，祈求解救母親的辦法。佛陀告訴目犍連，因為他母親生前常為了口腹之慾，殘殺眾多活體小生物；並貪圖他人的錢財；內心常常充滿忌妒與憎恨；而且常常惡語譭謗，到處無端造謠，栽贓他人；又不相信輪迴報應。如今就是自己造下的業力，所得的結果。但憑你一個人的力量，是無法解救餓鬼道的苦痛生命，須要召集高僧大德，一起為這些餓鬼超度，才能有機會轉生善道。於是在農曆七月十五這一天，目犍連和眾多修行之人，為餓鬼煉獄裡的餓鬼辦超度法事。當天晚上，目犍連看到自己的母親，來到了自己的窗前，告訴目犍連說，你的孝心和眾多修行之人的善舉，再加上佛陀的慈悲加持，我終於可超脫出餓鬼道，可以轉生了。於是從此以後七月十五就成為了為死者超度的「盂蘭盆節」。

　　而目犍連自己也有兩樁較大的業力事件，他的神通居然無法施展，也就是「神通敵不過業力」。話說目犍連有回展現天眼通，突然看見佛陀的家族「釋迦族」將很快就要被「琉璃王」的軍隊滅族，他趕忙向佛陀報告這件事情，佛陀卻說自己沒有能力解救自己的族人。目犍連就運用神通偷偷的把十多個釋迦族人裝進了自己的寶缽裡，送到了另外一個空間保護起來。等到釋迦族被屠城後，目犍連來到佛陀面前，說自己暗中保護了釋迦族人，佛陀嘆了口氣說，那麼你就打開寶缽看看吧！目犍連拿出寶缽一看，這十幾個釋迦族人早已化成了血水，釋迦牟尼佛告訴目犍連其中的因果。

　　曾經有一世，這個村子裡鬧飢荒，百姓沒有糧食吃，只好將村落裡的湖泊「竭澤而漁」，把裡面的魚都「一網打盡」。其中

裡面有一條特別大的，可能有活了上百年的魚，這大魚一出了網就活蹦亂跳，蹦出了老遠，村民們拿著木棒追打，直到把這條大魚打得奄奄一息，這個時候有一個小男孩路過，覺得很好玩，也學大人樣子，拿著小木棍輕輕地敲打大魚腦袋三下。而這一世，這些村民就轉生成了釋迦族人，而那大魚就是琉璃王，湖裡的魚，就是今天琉璃王所率領的部隊。所以釋迦族被琉璃王滅族，也是因果輪迴的報應，而那個小男孩就是釋迦牟尼佛，因為他沒有參與捕魚及吃魚肉，所以不用償命，但是祂打了魚頭，所以在琉璃王屠城的時候，釋迦牟尼佛的頭也痛了三天，這個時候目犍連才知道，即使是佛陀如果也欠了上世因果業力，還是要償還的。

目犍連另外一件因果業力是這樣子的，因為他常常用神通來宣揚佛法，讓愈來愈多的人加入了釋迦牟尼佛的僧團。而曾經是當時社會主流的婆羅門教，此時的信眾是愈來愈少，後來可說是門可羅雀。這讓婆羅門教首領妒火中燒，於是婆羅門教的人就動了殺機，一心想要除掉這神通第一的目犍連，這樣一來，就不會有人相信佛法神通了。有一天目犍連打坐入定中，這一次來到地獄道，眼前突然出現了一個人，他就是目犍連以前在婆羅門教的師父「歐松作謝」，沒想到他以前的師父死後，是進入到了地獄中，受著無邊痛苦的懲罰。歐松作謝請求目犍連返回人間，告訴自己的門徒們不要再用牲畜祭拜他了。因為每天的祭拜供養，反而都變成了對他的懲罰，祭品化作地獄裡的熾熱鐵漿，噴打在他的身上，非常的痛苦，自己傳的婆羅門教已經到了末法期，如果真想超脫輪迴生死，就須要依止釋迦牟尼佛，這樣才能解脫。於

是受人之托，忠人之事，目犍連親自前往婆羅門教的集會地，站在婆羅門教信徒中，將歐松作謝在地獄受苦的事，一五一十的告訴了前師父的信徒們。婆羅門教的信徒們聽了以後，非常的憤怒，認定目犍連是在故意侮辱自己的師父，本來這幫人就想除掉目犍連，這下目犍連親自送上門來，還說了如此大不敬的話，這些婆羅門教的信徒們，紛紛就抄起預備在手中的石頭扔向目犍連。目犍連本想運起神足通遁走，但是感覺上方有股無形的大力量往下壓，無法施展神力，最後目犍連血肉模糊慘死在亂石之下。

神通第一的目犍連，居然被亂石打死的消息傳到了僧團，僧侶們是議論紛紛，無從理解，於是佛陀為眾弟子講述了目犍連的因果，過去生中目犍連曾在海邊，以補魚捉蝦為生，殺生可謂是不計其數，這些債都要償還。而且有一世中，目犍連的妻子非常討厭雙目失明的公婆，就挑唆目犍連與父母的關係，終於有一天，目犍連被惡念所控制，打算殺了自己父母。於是自導自演，一邊喊著強盜來了，一邊自己扮成強盜，用石塊大力敲擊父母的頭部，可憐的父母在快嚥氣的時候，口中還念念不忘讓兒子和媳婦趕緊跑！他們怎麼知道想要害死他們的，正是自己親生的骨肉，這些罪業積攢到一起，都在這一世被亂石砸死當中還清了。至於他的妻子被打進了無間地獄，想要轉世遙遙無期。

好了，再回到現代末法時期，打著佛陀教法旗號的這些騙子師父，不知道他是屬於哪一道的「神通」？「魔通」？是「藥石為餌，狐狸老變的妖通」？還是「依通」？「報通」？其實要達到真正的「道通」，才能算是究竟的「漏盡通」，才可盡消一

切業。另外要談一談佛教裡面的「淨土宗」唸佛法門，有人自創偈語「一句彌陀，罪滅河沙」，讓人誤以為只要唸一句「阿彌陀佛」就可以滅掉如河沙那麼多的罪業。以他的邏輯每天唸個十萬遍，持續十年就可以成佛了，天下哪有這麼容易的事。佛陀從來沒有說過這句話，我想此人講這話的本意只是鼓勵唸佛的好處而已，不要幹了壞事後，以為唸阿彌陀佛就可以消除罪業，所以不要「人云亦云」。但是話說回來，如果能夠修心養性，證得空性，而心性臻至清淨，平等，覺又另當別論。當然唸句「阿彌陀佛」，自然可滅罪河沙，就是口不用唸也可以滅一切罪業，因此要充分了解偈語的真實意涵。另外有些佛教徒到寺廟，跪在大殿佛前，請住持師父朝背上打幾板「香板」，來消除業障亦是徒勞無功。以上扯了許多形而上哲理問題，現在回到現實的科學面，因此不論再怎麼高明的儀器也不能改變業力，再尖端的醫療器材也醫治不了業力帶來之絕症，富甲天下的有錢人亦無法買通業力裏脅的死神降臨，即使世界上最有權力的王者，對於黑業招至索命使者來襲，也無可奈何表現出毫無招架之力，所以要堅定意志，從現在開始，不要再造惡業。

2、黑洞內的「纏結粒子」

「黑洞」這個精鍊混凝體，依據「霍金輻射」，黑洞的噴流所噴發出來什麼東西？由於多生多劫眾生、事件、物體攪和在一起，錯綜複雜，以現今科學角度來推論：可能有各種宇宙高能射線、紅外線、紫外線、X光、鐳射、輻射、太赫茲、毫米電磁波、散裂中子、中微子……等，另外還有所謂的「反物質」、

「暗物質」、「非物質」。更由於黑洞曾經吞噬過為數不少的「恆星」，這個「超級大補丸」依據愛因斯坦廣義相對論，它量產諸多高質量的「重力場」，打造無數個「蟲洞」，它們得以轉化為「纏結粒子」，可超越所謂的「距離」、「速度」的藩籬，自動導向該去的「時空」。君不見同樣發生意外飛機、輪船、火車、汽車……等，乘坐在上面的客人，最終的命運大不同。許多意外發生現場，有人當場慘死，在瞬間生死一線間，有人卻是毫髮無傷；有人一生中被雷電襲擊九次也沒死；也有人倒楣，被雷擊倒下來的樹壓死；甚至突發性的大自然災害，例如地震、海嘯、颶風、颱風、龍捲風、洪水、火災……，那是其地區眾生的「共業」所造成。

那有人要問，為什麼小小的一顆粒子，怎麼會產生如此大的能量？因為「纏結粒子」上面有搭乘「順風車」的中微子、宇宙射線、微波、電磁波、輻射……等，以超過光速到達「不需設定，指定之時空」，其不可思議之能量瞬間爆發，產生佔有宇宙內空間高比率的「暗能量」，這才是真正形成的業力被引爆。人類和其他動物身體含有水分達到百分之七十，因此可瞬間捕獲有超大能量含有中微子的纏結粒子，所以人類或動物在「六道」中，屬於比較容易輪迴，而像昆蟲則是多生多劫都在自己族類群中不斷輪迴。例如「螞蟻」對自己身體、工作行為的執著，牠命雖然短，但有夠愚痴，所以成千上萬次以上，一直輪迴還是隻「螞蟻」。佛陀曾在經上有一段敘述：在「祇樹給孤獨園」建精舍的時候，佛在地面上看到了一窩螞蟻，佛看到了之後就笑了，此時弟子們問佛：為什麼笑啊？佛說：「這窩螞蟻，都經歷七尊

佛過世了，牠還沒有離開螞蟻身。」不是說牠的壽命那麼長，是死了以後，又回到這個窩裡做小螞蟻，生生世世做小螞蟻，愚痴執著到了極處。這個因就是執著，總認為那個是牠永遠的家，堅認那個形象就是牠的身體，堅固的執著，所以沒有辦法轉成別的身形。

另外談到輪迴，可以舉例侏羅紀的恐龍是如何滅絕的。其實也就是肉食性凶猛恐龍殺食了草食性恐龍或是比較弱小的動物，而被噉食後的溫馴恐龍再輪迴轉世成凶猛強壯的肉食獸，然後嗜殺了上一世殺牠的猛獸（如今這獸轉世為弱勢動物）。如此多生多世冤冤相互業報，到了後來和其他動物複雜果報交替，經過百千萬年無法算計，最終招受小行星撞地球或是引起火山爆發及其他天災，牠們一起終結恐龍統治地球時代。但是也有如蟑螂等等生物及海底生物倖存於至現今。所以人類應該以此為戒，少製造殺戮戰場。

前面大部分談到的是「人道」及「畜生道」之間的業報問題，另外其他「四道」是屬於「精神作用」的「生、住、異、滅」而造成的輪迴，則歸類於「非物質」之形體所顯現。反正總歸一句，我們生活中日常造作的行為，就是遵循「諸惡莫做，眾善奉行」的原則。則好的業報可立於不敗之境地，如果有幸運得到難得「人身寶」，須更上一層樓地朝向提昇心靈的修心養性，不斷增長智慧，最終證得「明心（明了我清淨，平等，覺的心）」，「見性（看見天生本自具足圓滿的佛性）」，「圓明清淨本體」，則可超越業力的羈絆，悠遊自在，隨心所欲，隨緣渡眾生（所謂渡是幫助眾生從苦海到樂的彼岸，另外是從無明到達

智慧的彼岸），至此「黑洞」與我何關？

　　最後對於「黑洞」做個結論，「黑洞」在宇宙天體中，地位是如此特殊，可以說是統攝所有三軍將士，其工作態度不循私苟且，守正不阿，對於地球上所有的「業力整合」，是一絲一毫一奈米不苟，其「物質」產生的力量，甚至其投射出來的精神力量，皆發揮的淋漓盡致，堅持宇宙守恆定律。筆者自不量力「大膽假設，自由心證」，除非以後科學進步到就近觀測或是您的修行證量到達八地菩薩及佛的果位。而我對於物理的數學公式十通九竅──「一竅不通」，唯一知道且會背的公式就是「$E = mc^2$」。而黑洞的存在也是由此公式而證明，因此我們存在的世界是個相對的世界，是不斷因果報應輪迴的世界，所以我只好自以為是地將「黑洞」視為一個「有機體」。衷心希望大家能信「因果」，於是我創立出黑洞的功能就是「業力整合器」之名詞。當然最重要的是希望人們能斷除殺業，而最簡單的方法，就是「吃素救地球」。當然無法主張您馬上就養成吃長素的習慣，您自己一個人在早、中、晚餐能自主的時段盡量素食；也可以自己定在一個月中哪幾日或是其中一日吃素；如果這些都做不到，你能夠立定一年中只有一天吃素也是個好的開始。

參考資料

❶ 【宇宙雜談】實錘！人類首次拍到的銀心黑洞！如何欣賞第二張黑洞特寫照片？｜ Linvo 說宇宙

❷ 【宇宙雜談】超大質量黑洞的由來！ Supermassive Black Hole ｜ Linvo 說宇宙

❸ 【趣味省流】黑洞的形成、類別和內外奧祕

❹ 【媽咪說 MommyTalk】能夠看見過去和未來的智者真的存在麼？十分鐘了解拉普拉斯精靈

❺ 【文史大觀園】釋迦牟尼佛神通第一弟子 擁有六大神通卻難逃一劫 為什麼竟被亂石砸死？

✳ ‧ ✳ ‧ ✳ ‧ ✳ ‧ ✳ ‧ ✳ ‧ ✳ ‧ ✳

第二章

上帝的粒子

1 費米子，天使粒子

　　大部分的人聽到「上帝的粒子」，可能皆會認為這「粒子」是宇宙中，上帝所創造的第一顆「粒子」，余第一次聽到此名詞時興奮莫名，總是希望「上帝與我同在」，後來從科普的網站上，才知道所謂「上帝的粒子」（希格斯玻色子）是怎麼一回事。是人類為了尋找它，花費了將近四十年的時間還找不到，為何它如此難找呢？因為在理論上只知道它是自旋為 0，具有偶宇稱值的粒子，質量有多少？不知道！怎麼來的？不知道！只知道有一些過程可能會出現希格斯粒子。本來所謂規範玻色子是沒有質量的，通俗理解就是它把「哥德斯通」玻色子給吃了，這樣規範玻色子就可以獲得質量了，於是它是一個有質量的，自旋為 0 的玻色子，這個粒子就是我們現在說的「希格斯玻色子」。以當時的設備根本是很難找到這個粒子，人們就只能通過可能存在的反應，來尋找希格斯玻色子。比如夸克和反夸克的湮滅，膠子的聚變等等。即使找到了希格斯玻色子，它也會很容易衰變，所以人們就只能夠通過各種衰變產物，反推回去來尋找希格斯粒子，所以整個過程相當困難，那就只能建造更大的儀器。

到了 2008 年 CERN 的大型強子對撞機 LHC 帶著使命誕生了。幾經波折，從 2010 年開始就不斷有媒體宣稱發現上帝粒子了，但是官方一直沒有承認，且說到「上帝的粒子」這個名字是怎麼來的呢？1988 年萊德曼於 1988 年獲得諾貝爾獎並寫了一本書《上帝粒子：如果宇宙是答案，那麼問題是什麼？》，這是一種科普的書。於是後來有人問他說，你為什麼管希格斯粒子叫做上帝粒子啊？他開玩笑說，這東西太難找了，本來想叫做 god damn particle（上帝×的粒子），可是出版社不讓他出版，所以就叫 God particle 上帝的粒子了。在 2012 年 7 月 4 日 CERN 召開新聞發佈會，在兩大強子接近光速對撞下，兩種探測儀分別發現了一個質量大約是 125GeV 左右的新的玻色子，但無法確認是否是新的玻色子。終於又過了一年，在 2013 年 3 月 14 日 CERN 公開發佈之前發現的粒子正是希格斯玻色子，一時之間科學界、媒體界瞬間炸鍋了，標準模型中最後一個粒子終於被物理學家發現了。61 個（基本）粒子全員到齊，希格斯場是真實存在的，希格斯機制也得到了很好的證明。在此之前「夸克」族中，自旋為一半，有帶電荷，有質量。從一代、二代、三代的物質粒子稱作「費米子」，也是科學家找了八十年才找到。從 1928 年偉大的理論物理學家狄拉克（Dirac）作出驚人的預言：宇宙中每一個基本粒子，必然會有其相對應的反粒子。於是當一個粒子遇上它的反粒子時，根據愛因斯坦的質能互換公式，它們會相互湮滅，從而將所有質量釋放出來變成能量。之後在 1937 年，也就是在八十多年前，偉大而神祕的義大利理論物理學家 Ettore Majorana 猜測有這樣神奇粒子的存在，這也就是我們今天所稱的 Majorana 費米子。這種特殊的粒子就是沒有反粒子的粒子，或者說它們自身就是自己的反粒子！從那開始後，尋找這一神奇粒子也就成了物理學

中，許多領域研究工作者的崇高目標。

　　但是還有更神奇的事情，就是這位 Majorana（瑪約拉納）寫完了這篇文章後，過不了多久，此君就徹底從人間蒸發。有一天他坐了一艘擺渡輪，從義大利的港口「雷坡」，要到西西里的「帕尼莫」港，而他從上了船之後，此君從此再也找不到了，他彷彿進了時光隧道，走入了另外一個空間而失蹤。之後繼續還有更玄奇的事件發生了，於 2017 年，由史丹佛大學華人教授張首晟博士率領的團隊，找到手性 Majorana 費米子，他後來從丹布朗的小說及其電影《天使與魔鬼》得到的靈感。於是命名這費米子為「天使的粒子」，因為這個粒子在不動的時候就具有能量。他們發現一個完美的世界，那裡只有天使沒有魔鬼，那當然是個理想的世界。但是在現實的世界，是不會有這樣情境的存在的，到處充斥著末日降臨的心態，還有末法時期的群魔亂舞，魔鬼粒子無時無刻從每個人心中穿過。在這相對的世界裡，有天使自然就有魔鬼，上帝擁有創造力，也有毀滅的力量，因此上帝的粒子先是把哥德斯通玻色子給吃了，於是規範玻色子就有了質量，因此希格斯玻色子才被稱為上帝的粒子，在冥冥之中自有定數。

　　東拉西扯了一通，再回到張教授這兒，他可說是物理界的一大英才，他特別在「拓撲的絕緣體」，還有「超高溫半導體」裡面，都具有一定的學術地位。更重要的一件事情是他在 2007 年發現一個物理現象，叫做「量子自旋霍爾效應」。在當時號稱物理界的科學十大改變之一，他發現只要把量子速度放慢的話，晶片會達到很省電且提高效能的狀況。至於他的團隊在發現「天使粒子」之前十年，有人意識到可以製造出與馬約拉納費米子，有相同性質的「準粒子」。所謂的「準粒子」是指微觀複雜系統中，發生了特殊的

「突現」現象，彷彿有別的粒子在相互作用。後來有加州大學和史丹佛大學等機構的科學家，在「科學」雜誌上發表論文，稱他們在實驗中，觀察了這樣的「準粒子」，研究團隊將一種叫「拓撲絕緣體薄膜」的材料，與「超導體薄膜」偶聯在一起，在低溫下，置于變化的磁場中，於此過程中，研究團隊觀察了與理論中的「手性馬約拉納費米子」類似的準粒子，僅管這些準粒子不是基本粒子，而且還是產生于特殊準備的人造材料，但仍然能作為了解真實「馬約拉納費米子」的參考。

　　論文的通訊作者張首晟，將他們發現的這種粒子稱為「天使粒子」，直到後來張教授終於發現真正的天使粒子，後來被運用在幫助人類設計拓撲量子計算機的製程。本來事情發展至此，都好像是上帝安排的完美無瑕，令人感到歡欣，而張教授很有可能成為數年內獲得諾貝爾獎的熱門人選。但是後來讓人感到十分不捨的大憾事，「天妒英才」，正值五十五歲盛年之際，意外的往生了，如同他有一回詳解「天使粒子」的演講中，他提到了「馬約拉納」上船以後就失蹤的大謎團，當時還打趣地說他有一天還夢見馬約拉納，因為洩漏了天機，所以被「天使」帶走。其實是夢境裡給他的警示作用，他的際遇亦可能是如此這般。當然我也是「事後諸葛亮」隨便說說，請諸君原諒。我們還是回到「粒子」這個主題，既然有上帝粒子當然也就有天使粒子，以後可能有「魔鬼粒子」也是不足為奇，但是諸君千萬不要覺得粒子物理的標準模型完結了，恰恰相反，這僅僅是個開始。雖然發現了上帝的粒子，但是還有眾多的謎團，都還沒有解開，究竟它是不是宇宙的起源呢？或是最原始生命的開端？尚需要眾科學家繼續追尋，於是又給了「半瓶子醋，叮叮咚咚」的我，再有一次「狗尾續貂」，發揮「洪荒之力」的機會。

2 宇宙間最細微的粒子「業氣」

世界上的量子物學家畢生皆努力不懈地找尋宇宙最原始的粒子，也就是最初的一顆粒子，但是如果假設這個宇宙是沒有開始，也就是說亦沒有結束，那就表示著如何去找宇宙最初的粒子呢？於是乎現在暫且擱置這個議題，我這會兒先來談宇宙最細微的物質，當然也就是宇宙最微小的粒子，我乾脆就開門見山很武斷的說：「業氣」即是宇宙間最細微的物質。大家乍聽之下可能會愣住，「業氣」到底是什麼玩意兒？「氣」也能算是物質？大家都知道，吾人生活環境周遭皆充滿了空氣，空氣中有氧、氫、氮、氦、二氧化碳……等，而「業氣」有粗也有細，每個人身體四周充斥著業氣，形狀是圓形團狀、塊狀、點狀、有缺口的環狀（便於勾串）、有大小不等，有些積聚呈圓團狀，有的呈現出蟬寶寶形狀的網狀結構（有糾纏不清的味道），也有像不規則等等絲絮狀（千絲萬縷扯不清的關係），當然還有千千萬萬，密密麻麻。由於各種不同業力，千奇百怪心識而顯現不同形狀，余不再贅述，但它們的顏色均是黑色，從深到淺都有。

在下舉個淺顯易懂的例子，在日本卡通片「龍貓」，主角父女搬到鄉下一間閒置很久的舊屋，六、七歲的大女兒吼叫追逐角落的「黑點點」，這「黑點點」其實就是「業氣」，「業力」是人的「身，口，意」行為顯現的綜合業氣。個人有個人的業氣，家庭成員合成的業氣，其表現的業氣當然比個人的業氣要細些；而往上推，「大家族」又比家庭更細；「民族」之業氣又比大家族更細微；至於國家與國家之間的戰爭產生的業力也就是更細的了；那當然「世界大戰」；人與人之間自然業氣更是細小。還有從另外一種

層面計算，由佛學的論點來說，人有六根（眼、耳、鼻、舌、身、意），六境（色、聲、香、味、觸、法），一心有八識（眼識、耳識、鼻識、舌識、身識、意識、末那識、阿賴耶識），五蘊（色、受、想、行、識）。人先由前面五根接觸到外塵緣境，後來都會匯入到意識，之後先是產生意念，了解了意念以後，然後經過思維，形成念想。意念當然比較粗，念想需經過搜尋許多知識理念才方完成，因此念想自然會比較細。

佛教「大藏經」其中有部「菩薩處胎經」，佛問彌勒菩薩：「心有所念，幾念？幾相？幾識？」彌勒菩薩回答說：「一彈指頃，有三十二億百千念」，百千是十萬，就是三十二億乘十萬，就是三百二十兆。以正常年輕人來說，一秒可以四彈指為標準，因此一秒生出一千二百八十兆個念頭。這個念頭太微細了，一般人哪裡能感覺的到？這念頭是無法止住的，隨時幾千兆的念頭就過去了，後來唯識學專家彌陀菩薩說：「念念成形」，相就是形相，是物質現象，識即是精神現象，而這個「識」即是六根「眼耳鼻舌身意」的「意」（意識），因為前面五根需匯入「意」，爾後才會產生作用，另外還有五蘊「色受想行識」之識，亦就是「業識之氣」。當下起心動念，一秒有一千二百八十兆念頭的生滅，而形成波動及頻率不同而生成「業相（能量），轉相（信息），境界相（物質、量子、場）」，這些現象和哲學家「我思故我在」；和有些科學家的宇宙「弦論」很接近。此時可能大夥兒會有些謎團，待以後談「阿賴耶識」時再細說分明。前面提到佛陀是大智慧者，怎麼還會問彌勒菩薩問題？因為祂一人不能唱獨角戲，因之和未來接班人，唯識學專家，即心理學家的彌勒菩薩，共同來完成這段精闢的對話。

3 魔鬼粒子

前面談到已有「上帝粒子」、「天使粒子」，不由分說自然也有「魔鬼粒子」。由形而上哲理而言：魔鬼粒子是讓「親者痛，仇者快」的惡劣、暴戾之氣。於佛家而言，是善與不善，惡與不惡的「一念之間」的「魔鬼粒子」比較細，這些魔的前身本來是正當的修行人，有的人甚至修為很高，但由於心受到八風「利、衰、毀、譽、稱、譏、苦、樂」吹動，剎那間起了邪念，被魔趁虛所入而墮至魔道，但是為數不多。還有人們由於「貪、嗔、癡、慢、疑」五毒產生的意念，以及「兩舌、惡口、妄語、綺語」等口業，引發出「殺、盜、淫」的黑業行為。尤其是殺業（包括殺動物）更是重中之重的黑業，而它們造出的業氣即為「魔鬼粒子」，更是多如天文數字。另外我要舉出例外的有關於殺業的問題，譬如軍人為了保衛國家，在戰場上殺敵而造成的殺業不能算是重的殺業；刑場上執行處決死刑犯的執法人員也不能算是造殺業；還有特殊的例子：假如一艘載有多數人的船舶，船上出現有個暴徒欲用爆裂物炸毀船隻，一位見義勇為之士即時殺死暴徒，此正義人士不能算是造了殺業。

此外還有所謂古早時候有希臘諸神居於「奧林帕斯山（Olympus）」。諸神也有七情六慾，神與神之間亦有糾纏不清的恩怨，結下殺業的樑子，即使與人類之間也有牽扯不斷的惡業與善業。因此國與國之間因國情不同、風俗、文化的差異，有時對天使或魔鬼的認知會有所不同。比如「浮士德」在德國「布洛肯（Brocken）」山，將靈魂與魔鬼交換智慧時，在峰頂多層暈光圈下看到的是群魔亂舞。而此種有多層淡彩的光環在東方而言，中國人稱「佛光普照」，日本人稱「觀音圈」，所以「境由心生」，「相

隨心變」很有道理。所以「天使粒子」或「魔鬼粒子」存乎於「一念之間」。

在古老不同種族，國家文明，文化裡，各個宗教的「祭司」、「巫師」、「先知」、「神祇」、「妖精」、「惡魔」，為了保護他的團體利益或是詛咒敵對的一方所下的「咒語」，一些是「上帝粒子」、一些是「天使粒子」、其他也有一些「魔鬼粒子」。其實這些粒子屬於哪一種類型的粒子是很難去界定它，但只要把握一個原則：那就是對人們有「饒益性」的就是「好粒子」，如果是對人們會傷害的即是「惡粒子」。

相同道理「心正，粒子則正」；「心邪，粒子則邪」（即是魔鬼粒子），不好意思，老是把物理，量子世界的粒子和業氣、意識、心理扯在一起。但是不得已，因為宇宙最究竟最細微的粒子就是「業氣」。而讓科學家無法探索的「暗能量」，其實大部分是業氣的能量。好吧，回到自然界物理當中，應該是專門從事破壞「天使粒子」及「上帝粒子」行徑的粒子，應該有「反粒子」、「反反粒子」、「非粒子」、「非非粒子」、「暗粒子」……等，其中可能含有「魔鬼粒子」！巧立名目了這麼多反傳統的粒子，我只是替量子物理科學家出了所謂的「新物理」題目，有些標新立異，美其名目，其實還是標榜「唯心所造，唯識所變」的佛理，還請科學家們多多包涵。

參考資料

❶【媽咪説 MommyTalk】什麼是上帝粒子？通俗理解希格斯玻色子

❷【短視頻】張首晟詳解"天使粒子"

＊ · ＊ · ＊ · ＊ · ＊ · ＊ · ＊ · ＊

第三章

宇宙大爆炸
（大霹靂 Big Bang）

1 宇宙起源為「大爆炸」

幾乎大部分科學家們的主流論述，都一致認同宇宙的起源皆是由於一個最原始的「奇異點」發生大爆炸（大霹靂），後來才產生了目前的宇宙萬物。依據哈伯望遠鏡觀測推算，宇宙大爆炸距今為138億年前左右，有些科學家計算為140億年前。但不管怎樣，大家對於這個無以倫比，極高密度的「奇異點」皆持相同理念。但是這個「奇異點」（奇點）是從何冒出來？沒有一位能說得出其所以然，這是一件很奇怪的事情啊！

「物有本末，事有終始，知其先後，則近道矣。」這其中的「道」到底在何處？沒有一位科學家找得出來，而我只能引用中國道家始祖「老子」的「道德經」開章第一篇即說到「道，可，道。非，常，道。名，可，名。非，常，名。」，這句子中的「道」來隱喻宇宙最最初的「道」，請容許我在本書最後一篇再來解開此一謎團。

雖然多數的科學家都一致認為宇宙的起源於「大爆炸」，並且舉出各式天文望遠鏡由各個角度天文物理學理論，驗證「大霹靂」的科學論點。其中包括：

(1)星系在宇宙空間的分布，在大尺度方式上是均勻的，小尺度則是不均勻的。

(2)依「哈伯定律（Hubble's law）」星球離愈遠，它的視星等就愈大，而縱座標它是「紅移」，「紅移」表示速度，觀測的數據證明，離我們愈遠的星系，退行的速度也就愈大。

(3)宇宙背景輻射，由於科學家測出的熱輻射溫度是 2.7K，此黑體輻射溫度分佈是根據 COBE、WMAP、Planck，先後是 3 顆衛星依照「普朗克曲線圖」，除了證明它的溫度有起伏，漲落的高低，我們從「色譜圖像」看這個起伏好像很顯著，實際上沒有，它是 10 的負 5 次方量級上的起伏，這個非常重要。可以看出星系的演化，沒有星系也沒有了恆星，也就不會有人類了。這點起伏，對形成我們今天的宇宙結構來講是至關重要的。

(4)天體之時間標的，科學家觀測我們最古老的球狀星團年齡是 100 億年，這個數字就是告訴我們任何宇宙模型其宇宙年齡的下限，不得少於 100 億年。

(5)元素的豐度：由觀測現今宇宙中「氫」元素豐度占 75％，「氦」占有 25％，於是剩下的沒有多少了，因此重金屬元素不到 1％。經由此點可以說明一個問題，我們知道恆星在演化過程中，不斷地把輕元素合成為重元素，如果宇宙的年齡沒有一個限制的話，沒有一個開始的話，經過無窮的多代，演化到現在的話，那麼宇宙中的重元素絕對不只 1％，由此可見我們可以有一個推論，那就是宇宙應該會有一個開端！

以上幾點是科學家對於宇宙構成的基本條件，間接的證明「大爆炸」的學說理論，也是直接證明「大爆炸」的強有力理論；但是其實最初提出「大爆炸」理論的是「伽莫夫」在 1948 年首創的。當

時他的學說受到許多人的批評和嘲笑，他的學說是將「哈伯關係的膨脹宇宙圖像」中顯示出宇宙膨脹的論點，以及「愛因斯坦」他的方程式。如果不加上後來人為的那個「宇宙學常數項」的話，愛因斯坦也可能，也應該，在當時就能預言「宇宙在膨脹」之論述。

「伽莫夫」想到一個問題，如果把時間倒推回去，宇宙的年齡一定有一個開端。顯然宇宙早期一定經歷過一個高溫，高密度的演化階段。推測宇宙年齡約 200 秒時，溫度達 10 億度，會導致核反應發生，造就目前 25％大量氦之生成，假如只是靠後來的恆星核聚變的演化是無法達到此數量的。另外他計算早期宇宙是充滿熱輻射，這一輻射遺跡今天應該為 5K，後來在 1964 年「彭其亞斯」和「威爾遜」發現了 3.5K 宇宙背景黑體輻射，當然後來精算的宇宙背景輻射溫度是 2.7K，這是繼哈伯之後，現代宇宙學觀測的第二個巨大的成就。是大爆炸宇宙學說的「關鍵證據」，還有宇宙中現在含有 25％的氦亦是支撐大爆炸理論的大證據。從此以後大家才逐漸重視大爆炸的理論學術研究，並依據此理論來推測它的演化過程如下：大爆炸 → 1 百萬年的宇宙微波背景輻射 → 1 千萬年屬黑暗年代 → 之後至 10 億年，依序為第一代恆星……第一代超新星和黑洞 → 10 億年原星系的併合 → 從 120～140 億年完成現代的星系。

2 宇宙結構的元素

依照嚴格的核反應理論算出來，宇宙早期核融合產生的輕元素有「氦」，「氦-3」，還有「鋰、鈹、硼」，「氫」是本來就很多，耗在核融合（核聚變）的並不多，因此有 75％之多。這些輕元素的合成結果，只有大爆炸理論能夠非常圓滿地來回答，並可以解

決為什麼宇宙中的氦有 25％的問題，其他各派的理論皆無法解釋目前宇宙，為什麼氦佔有 25％的原因；另外一個讓大家容易誤解的是大爆炸時的「象狀」。大爆炸並不是大家以為的，像一個威力無窮大的炸彈爆炸時的模樣。它完全是由氣體壓力所引發的爆炸，現代科學家認為它實際上是一種真空能量的釋放，也就是說宇宙創生於真空，是種「無中生有」的「物理真空」。

宇宙天文物理科學家「狄拉克」在 1930 年說是個「沸騰的真空」，就是它自己有正負電子對的這種海（和佛家說的「毗盧遮那佛性海」）很接近。其中負能粒子平常時沒有表現出來，一旦它可以在某些條件下，你可以把它激發出來，就變成我們現在通常看到的這種正能的粒子，所以真空極化就可以產生粒子，蘊含了巨大的潛能，大爆炸是一次巨大的真空潛能釋放，持續到 10^{-43} 秒（普朗克時間），之後才有所謂的經典這種時間和空間的概念，我們才能說時間和空間，它們是連續的。相對的，空間沒有時間會死，時間因空間而生。

還有人要問，宇宙大爆炸之前是什麼樣子？而在那個時候之前，根本沒有時間和空間的概念，這時間和空間的概念是我們日常生活中積累起來的，是個經典概念，在那時刻之前，經典概念是不適用的，時空是量子化的，或者講時空是混沌的，如中國道家稱太極之前，天地之間是混沌不明的。

3 宇宙膨脹論

我們現在再來談一下宇宙膨脹的問題。科學家於 1998 年發現了宇宙在加速膨脹，這就是牽涉到「暗能量」的問題。科學家們大

致上有相同的觀點，那就是現今宇宙可見發光物質成分，包括「重金屬」0.03％，大量的中微子 0.3％，恆星 0.5％，氣體星雲 4％，加起來佔 5％左右，而「暗物質」佔 25％，剩下的是廣袤充斥的「暗能量」。

依據 2013 年「普朗克團隊」公布的測量結果，宇宙中包含 4.9％的普通物質，26.8％的暗物質，以及 68.3％的暗能量。而我個人認為暗能量與「暗物質」相互間有它們連結的關係，並且我向各位讀者提出一個宇宙膨脹的假設理論：目前科學家認為的暗物質是包括一些主要的非重子粒子，它一定是粒子，還有「可能的粒子」，可以行成「團結構」（引力），且分布不均勻。其中有「軸子」、「原初中微子」、「光微子」、「Para-光子」、「右手中微子」、「引力子」、「中微子」、「超中微子」、「磁單極」、「超對稱弦子」……等等候選者。還不能夠一個一個「扶正」，看起來琳瑯滿目。而其天體物理效應有冷、熱、溫熱等效應的暗物質，但它們有個共同特性，就是它一定是個粒子，它可以形成一個團，一個塊，且分布是不均勻的。我覺得它們加起來佔所有暗物質比例不會超過 5％。

科學家們卯足全力，「上窮碧落下黃泉」地找尋，除了運用天體望遠鏡的「重力透鏡」觀測以外，有美國航天飛機「奮進號」最後一趟告別之旅，攜帶著丁肇中博士他們製作的「阿爾法」磁譜儀升天了，去探測反物質，還有探測暗物質。這是在天上探測，那麼地下呢？有歐洲核子研究中心 CERN，也就是環型中子加速器，由高速中子對撞，看可不可以找尋出暗物質粒子。而世界上有很多國家，都在地下很深地方來截獲暗物質，中國也在四川錦屏山建築 2500 米級深地下暗物質實驗室，並研製發射「空間暗物質粒子探測

器」衛星。但目前結果是「兩處茫茫皆不見」，每個國家都在努力中尋尋覓覓，至於我提出「業氣」粒子的「準候選者」希望可以早日被科學證實。

現在再來談一談這「暗能量」到底是什麼？現代科學家一致共同認為暗能量一定是個「場」，它本質是一個「真空場」，代表著「斥力」，在宇宙空間是均勻分布的，在空間中一定有它影響力的存在，否則宇宙演化年齡就不夠長，這是按照「大爆炸宇宙學」標準模型來說，如果不加上「暗能量」的話，也就是不加上愛因斯坦方程式裡面那個「宇宙學常數項」的話，結果算出來的宇宙年齡即會少於 100 億年，甚至小於球狀星團的年齡。

還好後來「超新星」的發現，證實宇宙在加速的膨脹，又因為由於宇宙的加速膨脹，那麼宇宙的年齡就可以大大地延長，完全可以延長到 137 億年多，接近 138 億年，但是當然為了確認這個暗能量，還要做出很多加強證明暗能量的工作，比如說觀測上需要發現更遠的超新星，還有從微波背景輻射的漲落譜，由此漲落譜中再進行譜分析，來研究它裡面的「重子聲學振盪」，從這幾個方面來研究，它們都是跟暗能量有關係的。另外再進行遙遠的，甚至更遙遠的 X 射線源，以及「宇宙伽瑪射線暴」的觀測。至於在地上的實驗室內，還有可以利用超強，超短的「雷射」，可以在一些材料內部製造出反物質來。因此可以推論大爆炸，恆星毀滅剎那，中子星噴流，黑洞吞噬恆星後的噴射流，其產生大量的反物質，也就是正電子與宇宙空間的電子發生湮滅，於是電子的全部質量轉變成電磁輻射，並以伽瑪光子射出。因此目前宇宙中的光子數目，大大地超過物質粒子的數目，這也是「大爆炸」的佐證。最後還有對於理論的研究，比如真空具有的物態方程為何？目前尚待努力中。

　　至於我的「業氣」粒子因為過於細微，以致於目前探測儀器檢視不出來，只好歸類為暗物質。它經過黑洞的淬鍊之後，所發出的巨大能量是難以想像，能隱隱約約感受它的存在，只能無可奈何地認為那是種「暗能量」，也可以說這「業氣」能量主宰著世界時空的運作，掌控地球生物的命運，這暗能量裡亦包括所謂的「超自然現象」，不同空間裡穿越來往名為「中陰身」的「非人」、「異靈」、「天龍八部」中的「夜叉」（別號「疾速鬼」，他的行速超越光速，可說是超越時間和空間的限制）、甚至「下三道」中的「餓鬼道」亦有飛天遁地的本領，只要它的意識想要到哪裡，即可超光速到達所想要的去處。其實「天龍八部」皆有「神足通」的本領，在能場方面自然比「餓鬼道」高出許多。至於「非人」能場有大有小，大部分是捉狹鬼、頑皮鬼者居多，乩童被附身起乩現象，都是它們的傑作。說了一些超自然現象，還是回到「宇宙膨脹」論述吧。

4 宇宙中心

　　我們觀看「哈伯宇宙膨脹」的這個圖像，會很自然想像到，「哥白尼」把宇宙中心從地球換到太陽，推翻了地球是宇宙的中心論。後來科學家又發現太陽系是圍繞著銀河系為中心來旋轉，到現在用哈伯望遠鏡觀測之後，以這個「紅移現象」的發現為基準，從地球的角度為出發點，來看「宇宙膨脹」，好像又回到宇宙以地球為中心了。其實我們可以細心來思考一下，大家都一致認為宇宙是廣袤無有邊際的，那我們要如何才能計算出來？什麼地方才是宇宙的中心呢？既然人類是萬物之靈，又主宰著這個地球，從另一個層

面來看，那當然可以定位地球是宇宙的中心，我們不要妄自菲薄，「您」個人所在之處就是宇宙的中心。

之所以如此認為，因為眾生皆有佛性，有接觸過佛教的人，大部分知道佛陀出生時的傳奇。祂出生時是由母親右手臂腋下生出來的，落地之後即往前走了七步，步步生出蓮花，然後一手指天，一手指地，說出：「天上地下，唯我獨尊」。此時大家會認為佛陀預言祂長大以後，會成為世界上最尊貴之人，而事實上以後被證明祂實至名歸，當之無愧。但如果您深入潛修祂的教法之後，會深刻體會祂那時說四句偈語的真實意義，那就是說每一個人出生之後，以後如有機會能接受祂的教法，且能夠深深思維法義，如實地精進的修行，不斷改善自己身口意的缺失，到最後零缺失了，就會如祂一樣成為無漏「至高無上」大智大慧的尊者。

雖然現在的我們是出生於五濁惡世（命濁、眾生濁、煩惱濁、見濁、劫濁），但如同蓮花一樣，出污泥而不染，於修行道路上，心能夠保持清淨、平等、圓覺，一樣可以如蓮花盛開一樣，證得佛果。另外講一個有趣的、穿鑿附會的、彼此互相呼應的圖案：在秘魯「納斯卡文明」時，在安地斯山中有個小山脈，在廣大山區的斜坡度面，雕刻出了一個巨大圖像，這個類似人像的圖騰，有頭、眼睛、手、腳等，頭上還帶著類似頭盔的圓狀物。大部分的人都以為是外星人的圖像，更奇異的是此外星人一隻右手指天，而左手指著地，大家都不知道它代表著什麼意義。於是這又讓我有了發揮的機會，誰能說當時人類文明裡沒有宗教信仰的神祇，或是說大圖騰是外星人的傑作？那即使是外星人，難道他們就沒有宗教信仰？因為所謂的「神」，祂可以方便自在的示現，會以適合當時及當地風俗民情的形象，來化現其色身。於是「納斯卡文明」就出現有如佛陀

誕生時，有相同的、異曲同工的兆象。

　　現在又回到「宇宙中心論」吧！很抱歉，我的修為無法到達佛陀的成就，但是觀想如佛陀成就的「上師」，在我頭上「頂巖」，我就可以自信的認為，只要「上師」在我的頭頂，我就可以非常自豪地說，不管我到那裡，那兒即是宇宙的中心。基督教的「上帝」也曾經說過每一個人都具有掌管萬事萬物的能力。您也可以沒有懸念的成為宇宙中心，您亦可以將所仰慕、敬佩、心儀或偶像之人觀想在頂上，這樣也可以確定您就是處於宇宙中心。換個方式來說，您所處的地球順理成章也就成為宇宙中心了。

　　由此推論宇宙膨脹是從地球上的人類角度去計量，我有幾個假設性理論如下：

(1)假設其他星球有外星人，有它們自己的智慧，對於所謂的宇宙膨脹只是如「陽燄」一般，溫度高時才隱約可見，時有時無，有如我們的「鏡花水月」，「夢幻泡影」。

(2)我們人類須靠汲取飲食才能維持生命，而吸收食物中的養分才能真正滋養五臟六腑和腦部。其中腦部需要消耗 75% 的養分，剩下的才供應五臟器官。現代人命好，營養過剩，觀測宇宙遠處時，受到個人平時心念的作用，在觀測宇宙膨脹的論點時，受到自身主觀意識影響，儀器屏幕的影像顯現宇宙在加速膨脹。而我個人認為如果超過銀河系光年距離的臨界點以外，可能就會認為宇宙膨脹飛快加速。

　　而談到「臨界點」這個名詞的作用，可以舉例最出名埃及「古夫金字塔」，它座落的斜邊斜率角度恰好定位在 51.8 度角，這是最穩定的臨界點超完美角度，是臨界角和穩定角交會之處，是最和諧、最壯麗的感覺，是人類在視覺上最安定、最穩定的。

另外還有個現代的例子，是關於電流超導體的最新發現，以往科學家研究結果，定義一般物質在零下 273.15 攝氏度為絕對零度時會造成超導現象。但大自然不會出現絕對零度以下的溫度，為了超導實驗把導電的環境皆改為絕對溫度，那是本末倒置，不可能的事！即使後來有科學家發現某種銅氧化合物，在常壓下可以將超導作個轉變，不過是在零下 135 攝氏度之環境，仍就起不了什麼作用。之後的 30 年，經由許多科學家前仆後繼的努力，想發明超導體都徒勞無功，乾脆放棄了！

但是，後來中國一位才 21 歲的天才少年名叫「曹原」，在 2018 年的 3 月 5 日，於世界第一流科學雜誌《自然（Nature）》，連續刊登出兩篇轟動全球科學界的論文，「在魔法角度下，石墨烯超晶格中半充滿關聯絕緣體行為」及「在魔法角度下，石墨烯超晶格中的非傳統超導性」兩論文，他的一記神操作，居然解決了困擾全球百年的難題，也就是將兩張單層的石墨烯重疊在一起，然後偏轉一個小小的角度，此角度為 1.1 度，它們的體系就成為了超導體。也就是可以將電阻降為零，因此這 1.1 度的魔法角度就是一個臨界點的角度，減低了或增加了這個角度，反而成為一個絕緣體，而 1.1 的偏角度則後來轉變成常溫超導體，這些真的是很奇妙的事情。

說個和科學不相關的語句，在中國古代形容當代大美人有「沉魚落雁，閉月羞花」之貌，說到其面容美麗「增一分則太多，減一分則太少」，也是視覺上最高的享受。同樣道理前面提到「低溫超導體」的零下攝氏 273.15 度，也是物理溫度之臨界點，因之我認為人類觀測宇宙範圍也應會有臨界點。對於還有科學家說宇宙膨脹速度，甚至還超過了光速，其實也有可能是自己腦袋膨脹，落入虛擬實境而不知。我在這裡特別聲明，在下不是

罵人，請勿誤會！我自己也是常常腦袋膨脹的厲害，時時刻刻異想天開，哪一天能夠具足五神通、能飛天遁地。說到腦袋膨脹也沒有什麼不好，腦袋膨脹其實是探索科學迷團往前的原動力，希望任何知識的追尋，都能夠「百尺竿頭，更進一步」。

(3)回到「大爆炸」的主題，亦是「腦袋大爆炸」在作祟。幾乎所有的人都喜歡「大」，我的比你大，沒有全世界最大的，只有更大的，許多以大為首的名詞，形容詞更是多的不勝枚舉。於是我認為由於科學家心念的驅使，許多小的物體形成原因，應該是受到「最大作用」的影響而分裂成無數的小塊、碎片。由此推之，我個人以為人類對宇宙的計算，如果超出一個範圍距離的臨界點，則觀測生成的影像會受到個人「心念的『紅移』作用」而「造影」。另外一個學說，大腦可能會受到「曼德拉效應」的影響。根據認知心理學的分析，人類的記憶可能在欺騙我們自己，心理活動是否帶有意志性和目的性，可以將記憶的產生，分為有意記憶和無意記憶二種。天文所有科學家的有意記憶，當然是主觀上的努力所產生且專業的，但吾人從小到大的生活中，可能是由於色覺、聲覺、嗅覺、味覺，有依稀似曾相識的記憶，甚至是自我意識產生的，或是夢中經歷過的模糊記憶，而構成記憶基礎的分子機制，是兩個神經元信號傳輸過程中，長時程增強。簡單來說，記憶形成前，給上游神經元一個刺激，下游神經元會響應一個相同大小的刺激，經過強制刺激產生了記憶後，給上游神經元一個刺激，下游神經元，會響應一個高幾倍的刺激，並且這個效應能持續相當長一段時間，也就對應著記憶生成在腦海中，那麼大腦在編譯類似的信息時候，很可能發生錯誤的重組，當錯誤的神經連結，不斷加強虛假的記憶，再加上隨著年齡的增長，人就

是會有時間變快的錯覺。時間在宇宙中本來就不是恆定的，質量愈大，速度愈快，時間相對愈慢。有些科學家認為實際上整個銀河系是朝向能量漸漸地遞減，星球間引力因彼此之間距離愈來愈大而減緩，因之相對的時間也變得好像飛逝得更快，所以才有宇宙在加速膨脹的圖像論述。

我自己也有腦袋大爆炸的時候，不過層次有點低，年輕時候過於追求男女激情活動，有天晚上夢中出現跨年煙火秀式的好幾個大爆炸畫面，驚醒後暮然覺得，快樂是如此短暫，有如燦爛的煙火，剎那間即湮滅消失。前面談到銀河系內有些星體之間距離相距會愈來愈遠，但銀河系整體是緩慢向著另一個「仙女星」系移動，因此可能會影響地球天文科學觀測者，認為銀河系外之宇宙在向外膨脹，其實是這兩大星系互相拉扯，但是銀河系因為體型比較小，大約只有 2000 億顆星，而仙女系有 4000 億顆星，於是銀河系只好快速向仙女系移動，它們可能大概在四十億年之後，此兩星系舞動搖擺著一場「最後的探戈」，但在曲終人不散結局之下，星系所有星球相互碰撞成一團，將會施放出宇宙最眩麗的一場煙火，之後會開花結果，織造出一個嶄新的「本星系群」。

一般認為宇宙大霹靂起始至今，不超過 138 億年，而 138 億年這個數字來處，是依據「哈伯常數 70」推算而來的，但 2018 年的年初時，英美等國的宇宙學專家，在研究宇宙微波背景輻射時，分別發現了有比現在宇宙還要古老的恆星，他們從數字化天空測量的「巡天圖像」裡，向我們顯示了銀河系中最古老的恆星，它的名字是「瑪土撒拉星」，距地球 190.1 光年，其壽命居然超過了 138 億年，居然高達 140 億年，其實精確的講是 139 億年至 147 億年。要

知道那個時候，我們現今的宇宙，根本還不可能形成恆星，那麼，這些古老的恆星，它會來自於何處呢？不僅如此，除了這些令宇宙學家頭腦緊繃的古老恆星，只是顯現在銀河系，至於在銀河之外呢？於是再經過一層又一層精確推算，它的年齡才確定為 140 億年，足足比宇宙老了兩億年，因此宇宙應該會再老。但是奇怪的是，宇宙既然會老，相對而言，宇宙也有可能會變年輕。

2019 年 7 月，在加州聖巴巴拉市的 Kavli 理論物理研究所舉辦的，頂級宇宙學家國際會議上，天文學家們，對提出宇宙年齡不同的研究感到困惑。他們觀察了相對較近的星系測量的結果，結果表明，與宇宙微波背景輻射確定的年齡相比，宇宙要年輕幾億歲，事實上根據歐洲普朗克太空望遠鏡對宇宙輻射的詳細測量，關於最新的一項研究，提出「哈伯常數」為 82.4，表明宇宙的年齡只有 114 億年，以往哈伯常數 70 的數據可能是受到暗物質及暗能量的影響，產生了和現在的差誤，所以宇宙的年齡老幼，還待懸疑，或許根本就是無法「蓋棺論定」；另外宇宙學家們還從宇宙微波背景輻射中發現了，現有宇宙中殘存一些物理學規律並不符合現有宇宙的巨大殘留物，而這些殘留物，它們又來自何方呢？於是後來有科學家推論有「平行宇宙」，並且「現階段宇宙」是「前階段宇宙」，「宇宙大輪迴」而新一代的宇宙因而誕生，如此一來宇宙何其多，依照「質能不滅」定理，各種不同的殘留物、垃圾充斥著太空中，彗星、衛星、星球……撞來去，隨時皆有「國慶煙火秀」上演。我個人倒是冀望「宇宙有大夢」，希望每一個星系皆有夢想成為「銀河系」之美夢，每一顆行星都有「夢想成真」成為銀河系最美麗的星球——「地球」，那將會是超甜蜜的夢。

參考資料

❶ 【媽咪說 mommy talk】137 億年前的光子？宇宙大爆炸和微波背景輻射是什麼？

❷ 【小葫蘆的宇宙頻道】從恆星核聚變的反應過程，看元素的形成，科學家分析人體元素結構後，發現原來人類非常適合做恆星的燃料

❸ 【媽咪說 MommyTalk】粒子世界（7）第一個反物質！上帝預言家狄拉克預言正電子存在！

❹ 【媽咪說 MommyTalk】宇宙會大撕裂嗎？為何加速膨脹？暗能量的發現過程

❺ 【俗說宇宙】暗物質會是黑洞嗎？探尋暗物質的真相（上）What is Dark Matter? | Linvo 說宇宙

❻ 【媽咪說 MommyTalk】從超導到石墨烯 95 後曹原有何貢獻？100 年內物理學家經歷了什麼？

❼ 【宇宙觀察】瑪土撒拉星 146 億歲，宇宙才 138 億年，為啥它比宇宙還古老？

＊・＊・＊・＊・＊・＊・＊・＊

❶ ❷  ❸  ❹

❺ ❻ ❼

第四章

「納斯卡線」的解碼

1 納斯卡線地畫

　　在人類沒有發明飛行器之前，即使有人多次經過秘魯安地斯山稱為「納斯卡」的荒漠高原上，他絕對不會想到他腳底踩到經過的地方，在他周邊 450 公里廣大之處，充斥著許多各式各樣，尺寸大小不等的地畫、圖騰、圖案、幾何線條……，山區的高度為 3700 公尺，如此「鳥飛絕，雞不拉屎，鳥不生蛋」，「蛇、鼠、蠍」不做窩，人煙罕至之處，怎麼會造出有如鬼斧神工一般的巨型圖騰來？

　　在西元 1939 年以前，即使開車經過幾十、幾百次，也是絲毫看不出會有這麼多的圖案。直到 1939 年有探險家，搭乘小型飛機經過上空，臨空俯視才發現山區平台荒漠高原上，現出一些幾何圖形。消息一出，招來更多考古學家，科學家乘載直昇機，小型飛機，熱氣球，動力飛行傘鳥瞰之下，發現加起來有幾百多個複雜的幾何圖形。其中動物圖像超過四十個以上，植物形狀也有三十多個，但是奇怪的是這些動植物，它們大部分是在熱帶雨林或是在海洋裡面生活的，似乎與安地斯山上寸草不生的荒漠的生態格格不入。到 2015 年又發現 24 個圖案，這些都是上述飛行器視眼看不著的，是從人造衛星在地球低地軌道、中軌、高軌的高分辨定位衛星才拍攝出這 24

個圖騰。

　　在最近日本天文科學家還觀測出上百個圖案，搞不好今後又會發現出更多圖像來。這些偌大的構成圖案，不僅是創作在平坦的荒漠上，還有其圖形的線條是經過山川、河流、谷地等凹凹凸凸不平的地形。其中有一個最新發現，最大的圖型，它連綿延長距離有 52 公里，其顯示出一長條直線並交叉出兩個平等面積的三角形，其中 Y 字形的兩邊精準比例是很相等的，由現今精密的儀器測量其誤差不到釐米，另外山上還顯現出奇怪的現象。

　　同樣在秘魯有一個「帕爾帕平頂山」，科學家說這十多個山峰頂部，好像被一把大利刃一次給削平，像是要建成一個超級大、超級長的飛機跑道。以現今最大的安托諾夫 An-225「夢想」運輸機（簡稱安-225）也用不到這麼大的跑道，而跑道旁有許多不同的線條、圖形、圖案……，大家都不知道是幹什麼用的？我想大概是變形金剛們的祕密基地。此外還有在安地斯山裡有一個「皮斯科坑洞」，它和前面的超級跑道有點類似，其顯現的是整個帶狀延續很長的條形建構，有如網絡交錯的坑洞，估計有 6900 個坑洞，長度約 1450 公尺，寬度約 20 公尺，有如人工製造的，呈帶狀的大工程。這些坑洞有 1.8 公尺到 2.4 公尺這麼大，沒有人知道是做什麼用的，「散兵坑」也不是如此構築的，不知道是不是大體型「土撥鼠」或「兔兒爺」的老巢穴。有人認為是埋葬往生者的墓地，但考據當納斯卡人沒有此喪葬習俗，不會有人把往生者埋葬在坑洞裡面，所以有太多的疑問存在，不知道耗費如此大的工程是做什麼用的。我隨口說說，可能是「雪茄型幽浮」的外星人飛行器起飛或是降落用的。我僅是博君一笑而已，讀者不用當真。

　　另外在中東廣大地區，從敘利亞、約旦、一直到沙烏地阿拉

伯，於西元 1920 年，英國皇家空軍曾經飛過此區上空，有發現過許多「圓形車輪」的納斯卡線圖案，在飛行日誌有記錄下來。後來經過「谷歌地球（Google Earth）」上面看，居然有成千上萬這個大同小異圓形車輪圖騰，經過考證是兩千多年前的產物。有的直徑最長超過 70 公尺，最小也有 25 公尺，而內部圖案皆不相同，可能是外星飛行器也需要打卡，像我們手機上的「QR code」一樣，辨別識碼後才可以去金字塔提取他們所需的能量，這當然是我的冷笑話。

我的推論大概是這樣的：當時的部落文明，不同的族有他們自己崇拜的神明圖騰，在世代交替下，不同的王室、酋長、族長、貴族等都有他們各自的代表之圖騰，地位最高的當然圖騰也就最大、最複雜，地位較低的就簡單且小些。而圓形車輪狀的圖騰應該是代表對太陽神的尊崇，至於阿拉伯地區大部分是長方形、腳掌形……，應該就是代表月亮神。所以都是依個人身分地位不同，祭祀對象的圖騰也就有所不同。好了，因為這些納斯卡線圖騰變化不大，乏善可陳，我還是多琢磨秘魯這兒。

2 普瑪彭古城巨石陣

秘魯除了上述有一些不可思議的奇特地表現象之外，另外在它的東南部地區，有一座稱為「普瑪彭古（Puma-Punku）」的古城，在那邊有著許多難思議的奇蹟工程，他們的石雕工藝，完全超出了我們現代人的理解範圍。這城市是位於海拔 4000 公尺的安地斯山上方，古城留下了許多巨大的石頭，有的重達 200 噸，小的也有 100 噸，高度三公尺，寬一公尺半，另外還有很多像 H 型，有如海邊堤防的消波塊一樣。另外在許多巨石板雕刻出兩個各有層次「三套

疊」狀貌，正方形類似現在窗花陰刻鏤空形狀鑿雕刻工法，其正直角雕刻的工法，用現代的水平儀測量剛好 90 度。在工程界有一句話形容：「上帝不走直角」，因為雕刻直角是難度最高的，尤其這麼大又硬的石頭。這種「安山岩」石頭之硬度是所有石頭中最硬的，它的硬度是莫氏硬度 8，僅次於鑽石，及金剛玉，而一般的鐵礦石才莫氏硬度 6.5。經過玻利維亞科學研究院，專項的深入研究，在 90 公里外運來的石頭確實是安山岩，它的硬度介於 6.5 硬度和 3 硬度的大理石之間，大概是 5 度左右，且都是小塊的石頭。而大塊的石材是從 10 公里外運來的紅砂岩，其硬度只是 2.5 度。但不管硬度如何，它們切割起來也是頗費事的。

3 宇宙中最堅硬的物質

不好意思，我現在再扯個題外話，就是關於硬度的問題，在地球上不管男女，都會毫無懸念的認為鑽石是最堅硬的物質。但是於 2011 年科學研究人員開發了一種新型的微合金玻璃，它由磷、矽、鍺、銀和鈀五種元素組成，也被稱作鈀微合金玻璃，具有強大的韌性和剛性，是最堅固的不含碳的材料，硬度比鑽石高一點點。而「氮化硼」是更堅硬的物質，它是由氮原子和硼原子所構成的晶體，由 43.6％的硼和 56.4％的氮構成，具有四種不同的變體，分別是六方氮化硼（HBN）、菱方氮化硼（RBN）、立方氮化硼（CBN）、以及纖鋅礦型氮化硼（WBN）。其中纖鋅礦型氮化硼，它的結構和鑽石非常相似，不同的是鑽石是碳在高壓力下，經過一定時間形成的，而纖鋅礦型氮化硼，是在火山噴發時，高溫高壓條件下形成的，其硬度還要比鑽石高出 18％。纖鋅礦型氮化硼，可製

成高速切割工具，及地質勘探，石油鑽探用的鑽頭，可用於需要非常高的硬度之領域。

另外 1967 年在美國亞利桑那州的巴林傑隕石坑中，發現了一種礦石，稱為藍絲黛爾石，它也是由碳原子組成，因晶體結構及特性，也被稱作六方金剛石，屬於碳同素異形體的一種結構形。天然的藍絲黛爾石，是流星上的石墨，在墜入地球時所形成，撞擊時的巨大壓力及高溫改變石墨的結構型態形成金剛石，構成立方的六方晶格。但天然的藍絲黛爾石硬度並不高，主要是天然形成礦石純度不高，且結構不完美所致。但是模擬結果顯示，人工合成的高純度藍絲黛爾石，硬度可以達到鑽石的 1.58 倍。

還有現在火紅的石墨烯和金剛石同為碳單質，化學性質完全相同，但由於原子排列方式的不同，使它們擁有了不同的特性。單層石墨烯的厚度僅為一個 C 原子的直徑，是一種質地柔軟的二維薄膜材料，一點點的輕微壓力下就會發生形變。但是美國紐約市立大學高級科研中心研究人員，發現把兩層石墨烯相疊加一起之後，所形成的雙層石墨烯在受到壓力時，其瞬間表現出另人驚奇的強度，理論上來說，厚度為一張 A4 紙百萬分之一的石墨烯材料，疊加後就可以抵擋普通子彈射擊的衝擊力。但有趣的是這種特性，僅僅發生在雙層石墨烯之中，但研究人員再疊加更多層的石墨烯後，其硬度及抗衝力並沒有提升。

最後談到目前為止地球上的最硬物質，它是 1885 年德國有機化學家「阿道夫・馮・拜爾」提出了碳炔的概念，他將其描述為一種無限長的碳單鍵，和三鍵交替而成的碳鏈。但他也警告稱，由於其極不穩定，因此很難製造出來。天文科學家一直強調他們曾在太空中發現過碳炔的信號。化學家們則為了是否能在地球上合成這種材料

爭論了幾十年。直到幾年前，科學家合成出 44 個原子長的碳炔鏈，實錘確定了碳炔的存在。美國科學家通過計算機模擬計算指出，碳炔這種碳原子一維線性帶狀物的強度，應該比任何已知的材料更硬更堅固。模擬結果顯示其堅固程度，超過鋼的 200 倍，超過金剛石的 40 倍，抗拉強度是石墨烯的 2 倍，因此硫化碳炔也是目前公認的地球上最堅固的物質。

至於宇宙最堅硬的物質：在天文科學家眼中，包括(1)星系中恆星產生的變化；(2)奇異的天體現象，例如認為有「黑洞」的存在；(3)另外還有中子星生產的附屬品。這三種都是地球上無法比擬，堅硬無比的物質。

先說恆星核聚變產生的能量，以熱壓輻射的形式存在，對抗巨大的引力，此兩股力量之間，剛好維持一個平衡，支撐著恆星不會坍縮。但當核心的核燃料耗盡，恆星壽命終結時，核心就會因冷卻而內部壓力下降，進而導致在引力的作用下坍縮。對於那些比太陽質量超大的恆星，核心內的熱能和壓力可以使它們合成更重的元素，最終產生鐵原子，但產生出鐵原子的過程，不產生任何的能量，當鐵核在大質量恆星中央累計到一定程度後，輻射能與重力之間的平衡就瓦解了。出現鐵核坍縮，就在幾千分之一秒內，恆星產生自爆並以 1/10 的光速移動，這個過程就是恆星的死亡過程及超新星的爆發。因為雖然產生最堅硬的物質，但後來產生質變，而形成另外一個沒那麼硬的東西，它並不符合永恆定律，所以不列入最堅硬物質。至於黑洞的最深處，極重、極硬的奇點最後也是會噴發出去，也不能算是永恆硬物質。

最後談到中子星，它的溫度高達 60 萬攝氏度，將中子壓成和地球上中等大小範圍的密閉球體，由水晶外殼覆蓋著。中子星最外層

和地球一樣，也被稱為地殼，由外殼和內殼組成，地殼從表面向下延伸大約一公里，但是從外殼愈往下擠壓就愈緊，直到原子非常緊密的結合在一起，原子核形成一個緊密結合的晶體結構。深入到一公里多以下地殼的內部，這些地核會被緊緊地包裹著，在極端的壓力條件下，開始將自己排列成奇怪的形狀，這些形狀看起來像千層蛋糕，有些像刀削麵，而有些像管形狀的義大利麵等等，因此科學家就依照它們的形象，起了個名字為「核麵食」。核麵食一般只有100 到 250 米的厚度，但是它們的密度極高，可能佔有中子星地殼總質量的一半以上。研究團隊利用超級計算機，進行模擬研究顯示，「核麵食」強度能夠達到鋼的 100 億倍，它們可能是目前整個宇宙中，最堅固的物質，但是因為中子星旋轉速度極快，最高能達到每秒 2000 次，它好像是一個超高速的離心機一樣，最終會由外殼開始分崩離析，以至於核麵食亦被解體且拋出老遠，去餵食其他天體，所以最終沒有達到守恆定律。

前面談到的宇宙中三種最堅硬的物質，其實和地球上最堅硬物質關係不大，說它們是宇宙最堅硬的物質，也是沒有什麼意義。而我最後揭開宇宙中最堅硬物質的面紗，還是離不開「老王賣瓜，自賣自誇」的佛家珍寶，那就是佛教大修行者「圓寂」、「涅槃」之後肉身不壞而顯現的「金剛不壞身」。高僧「圓寂」三天後會縮短成一尺多左右，有的是坐缸兩或三年後開缸才呈現金剛不壞身。當然後來會漆上金漆，經金屬棒敲碰後會發出金屬的鏗鏘聲。我想即使地球壽終正寢，飛灰煙滅了，祂們也會在太空漫遊，直到降臨在另一個新誕生的地球或是另一個平行「地球」。

另外還有高僧荼毗（火化）之後產生的「金剛舍利子」也是超硬的，在中國古代東吳「孫權」時，不信佛法，當時有高僧

「僧會」說深信佛法會生出不可思議的神跡，他在佛壇前專心祈禱二十一天後，在銅罐內生出顆黃豆大小金色金剛舍利，孫權拿著舍利丟入另一個銅盆時，居然舍利把銅盆穿出一個洞。後來又叫大力士，將它放在鐵鉆上以鐵錘用力砸，結果鐵鉆及鐵錘皆凹出一個洞來，而舍利子卻絲毫無損。自此之後舉國上下開始皆信佛教，到後來有佛弟子看到其他舍利子亦是如此堅硬，於是山西佛教會延請「美國寶石佛教會」香港分會的高斌博士對應縣木塔內供奉的佛牙舍利做個科學儀器驗測，測試結果讓人大吃一驚。他們用筆畫在舍利子上的一條線，在放大鏡下呈光波的波粒相性，之後又用熱導儀來測試，其導熱率為 $1000 \sim 2600\ W／m \cdot K$。後來又用壓力儀做壓力檢測，結果在極重壓力之下，還是不動如山。最後用儀器分析它的晶體結構，居然是六方晶系，也就是和隕石鑽石一樣，和前面流星石墨藍絲黛爾石同類，都是屬於天外之物。所以「佛法是出世法，但不離世間覺」。另外還有讓人不可思議的現象，這透明的金剛舍利在 1000 倍電子顯微鏡檢視下，金剛舍利內居然顯現「五方佛」像的畫面。

　　好了，跑題太遠了，現在再回到「普瑪彭古城」。在巨石塊切割中尚有其他特殊工法，例如好像用空心金剛管旋轉機將石塊鑽出圓形槽來。後來考古學家又發現，在許多塊巨石板上有開槽用的榫卯，在加工出的直線條，五毫米寬的開槽榫卯旁邊，鑽出一整排許多等距的小孔，做了許多各種形狀的石塊並堆積成不同的陣列，不知道是幹什麼用的？而奇怪的是這座古城，後來發現有被轟炸過的痕跡，這麼硬的石頭，有些被炸的粉碎，於是這古城突然荒廢掉了。有人推測是遭受隕石炸到，但是沒有發現隕石坑或是隕石殘留物，留下的是給大家許多的謎團。

我們現在將普瑪彭古城範圍擴大來尋找一些線索，在往東北方九百五十公尺處，即秘魯與玻利維亞交界的地方，有一座稱為「蒂亞瓦納科」古遺城，城裡有一個廣場，廣場上有一個石門，石門正上方有一尊神。另外普瑪彭古「十一點方向」距離30公里處，有一個「的的喀喀」高山湖泊內有座小島，據說在這島上發現一個大石碗，石碗中寫了一段蘇美爾楔形文，這些都是重要的線索。

美國一位考古學家「撒迦利亞・西琴」（1920～2010），他寫了一部鉅作《地球編年史》，其中第四部《失落的國度》，當中提出的觀點是根據他從蘇美爾泥板中解讀出來的信息，他肯定神族名為「阿努納奇」。於公元六千年前在地球上，除了兩河流域（幼發拉底河，底格里斯河）中的美索不達米亞，創造出來蘇美爾文明，即現今伊拉克地方。這裡蘊藏大量黃金，並建立一個黃金城「烏爾城」，後來可能由於當地黃金已經開採殆盡，就移轉到也蘊藏有大量黃金的南美高原。阿努納奇神族中有個支派，它不屬於主流派，是半神半外星人，名為「吉爾迦美什」，在西元前2500年左右，在地球的另一端，南美洲秘魯的高原上，建立另外一個黃金開採中心，這個黃金開採都城即是蒂亞瓦納科。當時正值吉爾迦美什與阿努納奇當權派鬥爭，人神決裂的時刻，祂就徹底將政經中心轉移到了離2.6萬公里遠的南美洲，之後就看到在4000公尺的高原上，創造蒂亞瓦納科和普瑪彭古的文明，且留下了上述不可思議的巨石奇蹟。

考古學家西琴依照蒂亞瓦納科古城遺址分佈上有一座最大的建築體，是個金字塔狀的主祭壇，旁邊有一座大的神廟主殿還有一座神廟的側殿，在主殿和大廣場的正門及太陽門上方皆雕刻著同樣神像，即是南美洲唯一真神「維拉科查神」（Viracocha），太陽門上

還刻著完美的節氣，曆法和天文記錄。這些高超的天文知識和極端精確的曆法，和南美另一個高度的「瑪雅文明」非常相似，相傳瑪雅文明亦是相同來自「尼比魯」星球，這是一個題外話。此外他們更在神殿的牆壁上雕刻出全世界人種的相貌。

這位「維拉科查神」祂是整個南美文明印加帝國以及前印加的唯一真神，而這個「維拉科查神」和「阿努納奇神」兩位 99 ％「撞臉」，甚至也有人懷疑「上帝」的臉龐亦是相同。而阿努納奇和人類的混血是「尼菲林人」也就是聖經中提到的「拿菲利人」，就是所謂的天使和人類結合生下來的，性情比較殘暴的巨人；傳說「維拉科查神」在南美黑暗時代，從「的的喀喀湖」當中升起，創造了太陽、月亮、星星，接著透過石門變出了人類，但是祂造出的第一批「無腦巨人」人類，既粗魯又不敬神，沒大沒小，讓祂甚為惱火，於是後來發動大洪水，將這「無腦巨人」給毀滅了。然後派他的兒女重建了人類世界，創造了南美的這一批人，長的像大兒子的，自然是酋長、頭頭之類的首領，南美人民說，最終「維拉科查神」消失在太平洋上方，南美人還一直祈求祂能夠回歸。聽完這個傳說，再結合到「阿努納奇」在美索不達米亞，造人，發動洪水與人類決裂的故事如出一轍，簡直就是兩個神話，隔著太平洋互為相應。

後來發生搞笑的事是這樣的，因為「維拉科查神」依祂的外在形象被尊稱為「高大的白神」，留有大鬍鬚。這形象相對於矮小、棕色皮膚的瑪雅、印加、阿茲特克、印第安人、印加帝國人有明顯的不同。於 16 世紀第一次見到西班牙殖民者，帶來了先進的火器、鎧甲、戰馬、大船……，印加人立刻以為西班牙人是他們終日祈求的真神，從海上回來了。進一步詢問他們來意，說明是來尋找黃金

的，於是更讓印加人確信他們就是真神降臨，馬上毫不猶豫的獻上了所有的黃金。

黃金當然是人見人愛的，我想大部分的外星人也都喜歡，它的成色光彩奪目，在科技材料應用上更是廣泛和耐用。可能有外星人是用於折疊電腦、手機上使用。而「阿努納奇」為什麼要在地球上大肆開採及搜刮黃金？據西琴博士從蘇美爾泥板上楔形文字，解讀出來的信息，是神族創造了人類，然後再利用人類去幫祂們搜刮開採黃金，爾後將黃金運回祂們的「尼比魯」母星，用於製造拯救祂們賴以永生但日益減少的氣體，因為黃金的延展性最大，當提煉出金納米離子氣體時，所轉化醞釀出來的大氣，使祂們能順利吸收，就像人類呼吸森林的芬多精、負離子一樣，能增長壽命。祂們也是靠黃金製造出得以永生的空氣機，和中國天道裡「太上老君」煉丹爐淬鍊出來的長生不老的仙丹一樣。孫悟空因為跳進去並偷吃了好幾顆，練就了長生不老和一雙火眼金睛。還有火星男孩「波力斯卡」，說他們火星人呼吸的是二氧化碳，因此比較長壽，地球人吸的是氧氣，肉體氧化快，比較容易老。

不小心又扯題，現在回到被「阿努納奇」排擠出的「吉爾迦美什」，另起爐灶在南美洲建立黃金開採城，而普瑪彭古城內對現代人難以思議的巨石雕刻物，至今仍不知道做什麼用途？我個人想事情是這樣子的：吉爾迦美什他們開採出來的黃金，為了預防母星當權派來搶奪黃金，他們將黃金分別藏在陰刻的石板中，然後將兩塊石板密合，藏入湖畔水中，但是時間久了，沒想到大湖水的面積日益縮減，石塊又重見天日。而沾到石塊上的泥土後來受雨水的沖刷也恢復至今的模樣。至於裡面的黃金早已被「阿努納奇」當權派搜刮一空，前面說過石板上凹槽孔洞是用金釘插入孔內以固定包住石

板上大片金箔用的。這些包金箔的石板是集中在「主祭壇」上，俾利於造訪或是視察的上級神易於俯瞰祭台以便降落用的。當然金箔和金釘等物一定也不會放過的，即使是開礦工口內的金牙亦悉數遭殃，拔個精光。至於城內巨石塊有被轟炸過的跡象，那一定是拆除石塊有些麻煩，為了省事乾脆駕駛了宇航器把它們轟炸一番，容易撿出黃金。祂們先是告知礦工們此地要狂轟亂炸，大家四處逃命，因此當地文明一夜就消失了。至於美索不達米亞蘇美爾文明，後來也被掘起的「巴比倫」帝國摧毀殆盡。他們於是回去自己星球，不再光顧地球。至於吉爾迦美什家底被抄了以後，無奈只好去找尋永生樹，費了千辛萬苦好不容易找到永生樹，但是在回家的路上被改嫁當權派的前妻所變的蛇偷吃掉了，而這條蛇不知道是不是後來「伊甸園」內引誘亞當和夏娃偷吃禁果的那一隻，我就不知道了。好了，說了這麼多的題外話，還是回到秘魯安地斯山納斯卡奇奇怪怪的圖騰吧，而這些圖案的意義，還有其作用的象徵是什麼？對大家會產生疑惑及謎團，下面以個人的觀點和大家聊一聊。

4 安地斯燭台及捲尾猴圖騰解密

最近有科學家在秘魯靠近海邊的地方發現有一座類似噴發過的死火山，頂端有大型凝固的火山口，後來又發現和一般平常的火山形狀有些迥異，又經過進一步的了解之後，才發現其實是一個秘魯的金字塔，它的基本結構比例和普通金字塔是一樣的。起初以人類的視覺是無法判斷，後來經過科學方法考證才確認它是人造的金字塔。其高度是 15.5 公尺，頂端的凹形火山口。開始以為是國王的陵寢或墓地之類，後來可能是經過盜墓者挖掘出來的凹洞，仔細發現

塔邊有一層一層階梯式的結構，因時間久遠及長期風化的結果，大部分都崩塌，造成階梯形狀不甚明顯，但是有少部分階梯仍依稀可見。另外在裡面還挖到一個壁爐灶形人工產物，用磚塊和泥土夯成四方形的洞，壁爐內有被火燒過痕跡，後經過「碳十四」的測定是「印加帝國」時代的產物。是十一世紀到十六世紀，其在秘魯的文化帝國。此金字塔是在十五世紀左右所建造的，推測秘魯地區應該也有許多數量的金字塔，而這個類似火山口形狀的金字塔，造型非常特殊，外型好像現今在中國貴州山上的「天眼」（射電望遠鏡）一樣，再進一步探索原來是「印加人」用來觀察天文的處所，觀望天體運行週期，尤其是觀察四次的日蝕時間，記錄 1521 年、1538年、1539 年及 1543 年都觀看到了，因此它是一個觀星象台或是天文台。

(1)安地斯燭台

　　比印加文明更早些時候，約莫兩千多年前，在秘魯就存在了一批人種，他們觀察天文非常精準，並且他們可製造出大型的工程工具。就在祕魯中部海邊的納斯卡線南方，約莫三十公里處叫做「帕拉卡斯」的地方。這些人可以在很大的一片山壁上，動員了大批人馬，鑿刻出一個稱作「安地斯燭台」的大型燭台。中央主柱的下方，有一個正方形的底座，而三根蠟燭呈現出樹枝形狀的樣子，它是在一整座山，在山壁刻出來的一個浮雕，中間那棵柱子，高度剛好是 450 公尺，兩邊中柱都是 240 公尺。此兩邊柱子底部連接呈一直線，和中柱剛好成一個倒狀的十字架形，這十字型的意義最近才研究出來，它告訴我們它剛好是和 2400 年前的 3 月春分時刻，對應正上方天上的「南十字星」，而這南十字

星的作用是什麼？它是在以前航海時，沒有像現在有很多的導航設備，南十字星就成為導航的標的設施。他們對於南十字星的觀察，在春分那一天時是精細到完全對應。以現今科技來測量，相對於天上的光年，在地球上的此處正下方，其距離只相差了1公里左右，那幾乎是準到不能再準了，因之此圖案100％和天上的星座有關聯。

(2)捲尾猴圖騰

我們在先前觀看許多納斯卡線圖案影片時，幾乎都會有看到一篇「捲尾猴」的圖像。它的圖像可以說是納斯卡代表作之一，它的尾巴是非常長的，並且是呈現螺旋狀盤起來的，大概有八、九圈之多，猴兒的長度超過一百公尺，但讓人感到驚訝的是，這樣一個不規則，不對稱的巨型圖案，它的身體、長腿、腳掌、長臂、手掌、雙臂圍繞著及身軀動作的線條，居然掌握得很得當，還有螺旋狀的尾巴，其繪製難度亦是非常大。人們對於這個圖像特別情有獨鍾，因為大部分的人認為人類應該是靈長類，是由類人猿在1400萬年前慢慢進化而來的。因此把猴兒看成弟兄一般，具有好感。但我現在又來搞佯謬悖論，來個「指鹿為馬」一番。

我引用「物競天擇，適者生存」，「進化論」生物學大師「達爾文」的學說，在他的「物種起源」第6章寫到「眼睛有調節焦距，允許採光量和糾正球面像差的無與倫比設計；我坦白地認為眼睛是通過自然選擇而形成的假說，似乎是荒謬可笑的」。達爾文承認：「到目前為止，每次想到眼睛，我都感到震駭。」所以他在書中共用了1,100多次這樣的措詞：「我們可以如此想像、假如、假設、如果……」，因此我找了達爾文背書，如有誤

謬請大家多多包涵。

　　我認為「捲尾猴」的圖像在現代人的眼視來看，百分之百是隻猴子，準錯不了，但是我個人的假設，即使算是認同這捲尾猴圖像是外星人的傑作，我想外星人也是像人類一樣有七情六慾。這捲尾猴圖像設計師，設計「芯片」時，剛好他的心識狀態是「心猿意馬」，當時他正在想異性外星「馬子」，後來又在腦海裡跑出來一堆猴子亂鬧亂跳，他愈是逃避不去想他的「馬子」，但大腦愈是顯出「猴急」焦慮的信號，我們人類亦是有此同樣的狀態，心理醫學家稱這種現象為「餵食猴子」。外星馬子甩掉外星設計師後，他自然是愈想愈心痛，於是設計出來了猴子，而且是隻「尾長不掉」的長尾猴，現在那就有人提出抗議了，目前除了地球有足夠氧氣，生物才能維持生命，外星怎麼會有猴子？但是最近有位俄亥俄大學醫學昆蟲學名譽教授「威廉•羅莫澤」，他發表了一篇驚世駭俗的專題演講，他是世界權威研究昆蟲的泰斗，鑽研昆蟲四十五年，他說到利用火星探測器「好奇號」，傳回來的照片，仔細觀察，做了各式各樣研究，譬如金龜子，節肢蟲，以及瓢蟲類等等，從照片指示出牠的翅膀是怎麼樣，牠的腿部、關節、複眼、觸鬚是如何如何……，都標示的清清楚楚，且全部都做了完整的報告，其目的當然就是告訴世人，火星上有昆蟲。如果猴子還是晝伏夜出的夜行動物，那外星當然也有猿猴類了。真不好意思，有點強辭奪理，只是難得幽外星人一默，會有些快感而已，因此就會出現那麼盤 8、9 圈長尾巴的孫猴子。

　　回到主題，我現在認為牠其實是一隻「豬」。這會兒「西遊記」裡面的「大師兄」一下子就變成了「二師兄」了？另外，君不見現代的「二師兄」尾巴是帶捲的，連公的「那話兒」也是呈

捲曲狀，在古代豬和猴兒的長相，其相似度達90％。後來人類發現沒有長尖角，沒有大獠牙的豬比較溫馴好欺負，就把牠圈養起來當家畜，等養大了將牠美其名為祭祀神明「拜豬公」，而其實最後是祭自己的「五臟廟」，再歷經多個年代，身材被迫演化成肥滋滋的模樣，和古早時標準身材是完全走了樣，沒有那麼苗條，所以最後錯把捲尾豬當成了捲尾猴。

好了，我現在回到星座的主題，舉出中國唐朝時期「唐玄宗」當時的一段典故來談談：佛教在唐朝之前就已經傳入中國，當時的佛教宗派通稱為「顯教」，於唐朝開元年間「八世紀」，即唐玄宗年號，由印度三位大師「開元三大士」相繼傳入：

Ⅰ、善無畏尊者（637～735年），唐開元四年（716年），從中印度來到唐朝首都長安，玄宗封他為國師，他翻譯出『大日經』傳授胎藏界密法。

Ⅱ、金剛智尊者（671～741年），唐開元八年（720年），從南印度抵中國，也被封為國師，他翻譯出『金剛頂經』，傳授金剛界密法。

Ⅲ、不空尊者（705～774年），北天竺人，幼喪父，十五歲隨叔父來到中國長安，事師金剛智，金剛智圓寂後，他奉師命返回印度廣求密藏，歷經四年後歸唐，大弘密法，廣譯密經典籍，為中國四大譯師之一。

有別於「顯教」，「開元三大士」傳入的佛教，因為都是唐玄宗時期引入的，且傳法、灌頂儀式比較祕密，於是統稱為「唐密」。其別名不少：如「密教」、「祕密教」、「瑜珈宗」、「金剛頂宗」、「真言乘」、「金剛乘」、「持明藏」、「總持藏」、「陀羅尼藏」；「不空」尊者傳承法子「惠果上師」傳給

日本國師「空海」，在日本稱「東密」；到後來先由印度傳至西藏，再由西藏傳入中土為「藏密」。

「唐密」因傳承眾多不再贅述，只講本故事主角「一行禪師」事跡：「一行禪師」（683～727 年），大師俗名「張遂」，因天資聰穎，年輕時即在當時京城頗富盛名，當時是武則天之朝廷當政，她姪子武三思野心極大，對爭皇位包藏禍心，積極招納賢士，於是張遂被盯上，他不想捲入皇位政爭，但是如果拒絕，又會招致大禍，為避免糾纏，他出了京城，遠遁荊州，出家為僧。

一行禪師經友人介紹，來到嵩山少林寺，拜當時為住持的「普寂」禪師為師，後來於禪寺舉行盛況空前的無遮大法會，其時赴會者達千人之眾，當中不乏名僧大德，道行高超，高手如雲。但「一行禪師」在法會表現突出，他的聰慧明利，精諷過人，如鶴立雞群，會中有一位公認學識淵博，修為最為高深的碩德「盧鴻」大居士，亦自嘆不如，盧鴻和普寂禪師於是有個共識：「此君非池中物，應當以天下為師，奉自然為法。」於是一行大師開始雲遊四海，遍訪明師，何處有奇人異士且飽學殊勝之賢達，他必不辭艱辛，跋山涉水，前往求教。有一日他到了天台山國清寺向一位景仰已久，精通「理、象、數」之曠世奇人，向這位老僧學習天文，曆法，他日以繼夜，刻苦學習，而老僧也將胸中積學，傾囊盡數傳授給一行禪師，於是一行禪師習得了當時最尖端，精湛系統之數學知識。後來唐朝政局一直紛擾不安，直至李隆基即位，才結束動蕩局面，之後開始了富強繁榮，到達頂端的「開元、天寶」時期，這時期大唐疆域安定、經濟發達、政治清明，玄宗大舉搜羅人才，廣發求賢詔書。一行禪師精通天

文、曆法、理數、又兼德行高深，聲名遠播，早出佛門，為玄宗所知。玄宗對他更是一再下詔聘請，一行禪師當時正在荊州當陽山中，從悟真律師學習梵律，因而精通梵文，後來由於玄宗特命一行的族叔，禮部尚書張洽出使湖北，再三邀請一行禪師入京。一行禪師衡量當時天下清明、四海來朝，於是在開元五年（717年）隨同張洽出山至晉京。玄宗後來任命一行禪師為顧問，一行禪師也發揮專才，作出有別以往更精準曆法「大衍曆」。開元十三年曹參軍梁令瓚率府兵用銅鐵鑄成，可以測量星宿運行和月球運行規律的「渾天銅儀」。唐代後來也曾改良東漢時期張衡所製的渾天儀，使其更加精妙。

　　唐玄宗詔聘一行禪師入朝，除了借重他的天文、曆法、科學等長才以外，另外一個目的即是請他幫助善無畏尊者翻譯密宗根本大典籍之一的「大毘盧遮那成佛神變加持經」，即「大日經」。於是在此良好的因緣下皈依了善無畏尊者，學習甚深密法，得到無上密法之大成就，後為玄宗尊為國師，在朝廷中可謂位高權重，玄宗對一行禪師極為禮遇，言聽計從。簡單介紹一下一行禪師官宦之歷程，現在回到主題。

　　話說於一行禪師在居權臣時，遇到一件難以處理的麻煩事情，此事件是這樣的：回溯到一行禪師幼年時期，家境貧寒，經常三餐不繼。幸好有一位芳鄰「王媼之」的婦人，時常接濟匱乏之一行禪師有數年之久，一行禪師自是腑銘於心。到一行禪師入朝為官以後，位高權重、聲名大噪，在其故鄉更是無人不知無人不曉。一行禪師幼年時的王婦人，如今已是王姥姥了。王姥姥只有一個獨生子，因和人起了衝突，失手將人殺死，犯了國法，等待秋決。王姥姥此時自持以往對一行禪師有舊恩，來求一行禪

師保釋她犯死罪的兒子，一行禪師顧慮國家法度，不可因人而廢法，未予應允。王姥姥聲淚俱下，痛罵一行禪師知恩不報，如今高為權貴，不念舊時恩情，做人不可忘本，王姥姥罵完後，悻悻然離去。一行禪師當時頗覺快快然，打發王姥姥走後，為此事著實煩惱了一兩天，最後思維出可行之計策。一行禪師於是在第三天晚上，於屋外設了一個簡單祭壇，準備修一座密法，於是拿了一個大布袋，交給淨事房的侍者，並且囑咐侍者，在某處靜僻的街口等待，如果看見一小群奔來的畜獸類，將牠們裝入口袋，拿來我這裡，不足為他人道也。一行禪師看好時辰，於是開始上座修法，等修完一個時辰後不久，另一處「守株待兔」的淨事房侍者正感覺無聊想打盹時，頓時聽見一群獸類嘻鬧聲由遠而近，朝著他的方向過來。說時遲那時快，侍者趕緊打開手中的「乾坤袋」，精準的將這一票似猴又像豬崽的獸畜類，一共有七隻，套進入袋子內。只可惜在最後面壓陣大隻母佬，趁隙逃之夭夭。侍者也管不了那麼多了，紮緊袋口後，背著口袋，回去向主子一行禪師覆命，一行禪師嘉許侍者，並給予賞錢，一行禪師將這一群豬仔放進祭壇旁的一個大甕，蓋好了蓋子，並用封泥封住，還貼上梵文字的封條，之後在祭壇再繼續修了一座簡短的法，於是圓滿完成一件祕密大事。

　　第二天皇帝上朝時，朝廷內專門司職觀察天象的「欽天監」官員，首先匆匆忙忙的上奏玄宗皇帝：啟稟皇上，微臣昨晚觀望天象，不知怎麼「北斗七星」倏忽消失不見，微臣惶恐至極，特此稟告皇上。要知道這北斗七星即帝王之星，紫薇星，和皇帝的關係及命運至為密切。它們不見了那還了得！玄宗於是立刻徵詢一行禪師如何是好？一行沉思了一會兒，回答皇上說，可能是國

內發生些有損德行之事，地方上也許產生了冤獄情況，所以北斗七星暫時隱沒其光，對於國人可起警惕作用。皇帝於是從善如流，昭告天下，全國大赦。之後七顆北斗星，一天一顆一顆逐步恢復昔日光芒。

這段故事就此告一段。故事中進入乾坤甕的是七隻小豬，而跑掉的母豬，應該是「北極星」，北極星是地球上指導北方方向不變的恆星，北斗七星在中國，依序分別稱為天樞星、天璇星、天璣星、天權星、玉衡星、開陽星、搖光星，七星也指春、秋、冬、夏、天文、地理、人道。北斗七星，蘊含著天機，謀事在人，成事在天，其意義即是說，自然天地的運轉，四時的變化，五行的分布，以及人間世事吉凶否泰，皆由北斗七星所決定。英國大文豪「莎士比亞」也說過「星辰主宰著吾人的生存。」中國「三國時代」，「諸葛亮」曾經計畫向上天再借二十年壽命，於是擺下了道家的「七星燈」修法來延長壽命。可惜天有不測風雲，卻被冒失鬼「魏延」莽撞進屋來，至使七星燈熄滅，續命無結果。雖然諸葛亮七星續命失敗了，但是傳說有一個人卻成功了，那就是明朝開國功臣「劉伯溫」，他當時為朱元璋出謀策劃打天下，掃除各路軍頭割據勢力，然後驅除韃虜。途中劉伯溫有天心神不寧，於是心血來潮，掐指一算，大事不妙，感覺自己大限將近，於是使用了七星續命之術，增加了 12 年的壽命，之後幫助朱元璋完成統一中原，光復了原本漢人的江山。

「七星燈續命術」可不是憑空捏造出來的，其確確實實存在，是道家的一種法術，七星術理雖暗藏天機，但也只能用於趨吉避凶，如不修心養性，積聚功德，也不能讓人坐享其成，因之北斗七星是中國人最崇拜的星座，也是天文學中具有很重要的價

值；北斗七星不僅是帝王命運關切的星辰，亦是其他三百六十行，出類拔萃，出人頭地，所謂行行出狀元，演藝界有影帝、影后、功夫皇帝、奧運也有各項運動冠軍、歌唱界有上帝派來教唱歌的「安德烈波伽利」、還有上帝派來教人打籃球的「飛人喬丹」、諾貝爾獎眾多的得獎主、廚神、歌神……等，所以「長捲尾豬」的捲尾顯現的是如此之長，它代表的內在意義就是各個領域都有傑出人士。這「長尾豬」為納斯卡線的地畫代表作是當之無愧。

　　另外有位畢生投入研究納斯卡線神祕地畫的德國女數學家「瑪麗亞・賴歇」，從 1940 年到 1998 年去世為止，在她的 58 年研究的生涯當中，一直都長住在這一片荒野上，開展納斯卡線條的研究工作。她為納斯卡線條投入了全部身心，一生都沒有結婚，也沒有家人陪伴，隻身獨自一人，在大荒漠中進行觀測、記錄和分析。如今在她的故居附近，已經建立一座「瑪麗亞・賴歇博物館」收藏她的照片及測量和繪圖工具，還有一些圖紙等複印件。這些是她在「帕爾帕市」工作多年的成果。賴歇女士曾經求助於秘魯空軍，獲得了第一批航拍照片，再結合實地勘測進行繪圖，製作出這些線條的「全家福」，揭開了納斯卡地畫的全貌，為自己和後人們的研究，打下了清晰圖案的基礎。這些關於納斯卡線條的用途，她曾提出是天文、星座天體的推斷，認為每一個圖案都對應著天上的一個星座，但是其他學者也有各種不同的假說。有的是有關宗教信仰祭祀或者是祈雨的圖騰，還有的是古代競技的運動場，但無論哪一種理論至今都缺乏足夠可信的證據。雖然賴歇女士通過發表論文和出版相關的書籍，始終是「曲高和寡」有共識者「寥若晨星」。但不好意思，我和賴歇女士

「英雄所見略同」，有相同共識。「捲尾大聖」是相對應於天上的「北斗七星」，只是她認為圖案是「西遊記」中的「大師兄」，而在下認定是「二師兄」。因為源於中國遠古時代對天象的觀測來說，中國的星座系統製定從戰國時代到唐代，全天分為「三垣」：「紫微垣」，「太微垣」，「天市垣」。「三垣」之外有「二十八星宿」和三百多「星官」，史籍史記載的恆星約有二千多顆，為了易於分類，簡化為「十天干」（甲、乙、丙、丁、戊、己、庚、辛、壬、癸），「十二地支」（子、丑、寅、卯、辰、巳、午、未、申、酉、戌、亥），而十二地支對應十二生肖，分別為子—鼠、丑—牛、寅—虎、卯—兔、辰—龍、巳—蛇、午—馬、未—羊、申—猴、酉—雞、戌—狗、亥—豬。而北斗七星相對於亥的方位，於是「豬」成了最佳搭配。因此我認定北斗七星以豬為代表，從道家的觀點，「人」所謂有「元神」、「元嬰」，即和各種動物相關聯。星座與「神祇」有關係，眾多「神」亦是動物至少經過五百年或是千年以上才修練成道果，密教許多「護法」也是神獸化現，因之不可將「動物」視為「畜生道」來看牠。這會兒說個不好聽的話，事實上有些人所犯的事，甚至於比畜生不如，因此人類對動物應以平等待之，所以本節總結「捲尾大聖」是「神豬」是也。

5 秘魯大蜘蛛及旁邊大三角形所代表的密碼

在秘魯納茲卡佬大的圖騰當中，有一幅也是大家堪稱經典之作「秘魯的蜘蛛」，它的蜘蛛和世界其他各地的蜘蛛「不太一樣」。以前時期，猛然一看，這蜘蛛外表和其他蜘蛛沒有什麼大差別，而

現代生物學家用精密顯微儀器來檢視秘魯蜘蛛的授精過程，發現原來這隻公的「八爪昆蟲」，用下面最「左邊」的一隻手，或是您稱它為「腳」亦是可以悉聽尊便，將它的「鹹豬手」夾帶著自己的精子，直接伸入母蜘蛛三角形子宮內去授精，繁衍下一代。

我們用現代科技文明技術才可以觀察並了解到「秘魯蜘蛛」整個的完成授精過程。但是在 2400 年前「阿斯卡文明」哪裡來的「電子顯微鏡」可以洞察秘魯蜘蛛傳宗接代的完整過程？在這個大蜘蛛的圖像旁，並沒有另外一隻母蜘蛛，而只有公蜘蛛用最邊邊的腳，拉長延伸至旁邊一個大的正三角形之內，圖騰以抽象的意境來表示它們的意義，但是這個圖騰到底是和什麼星座有關聯呢？我個人認為和「太陽系的八大行星」有微妙的關係。

這會兒有人認為不是還有第九大行星「冥王星」嗎？但這命運多舛的冥王星，是在人類費盡了好大的精力，才發現了它的存在，堂堂正正進入太陽系第九大行星的殿堂，風風光光的在世界教科書中存活了六十年，大家皆可以朗朗上口背誦太陽系九大行星。但是後來有天文學家發現冥王星有顆衛星「凱倫（Charon）」，其直徑居然是冥王星的二分之一，之後又陸續發現有第五號衛星，許多天文學家相信未來還有為數眾多的衛星會被發現，說不定還有體積比它大出許多倍的星體未被發現。其實冥王星的質量只有地球的 0.24％，它的體積只有地球的 459 分之一，即使是月球面積也比它大。還有它繞太陽的運行軌道也和其他行星公轉軌道不一樣，它是傾斜的，與太陽黃道面有一個 17 度的夾角，它公轉的軌道居然和海王星軌道會交叉，和其他行星有「非我族類」的感覺。於是在 1992 年 2 月國際天文學大會，曾經討論過冥王星合法的地位問題，天文學家當時實在捨不得把沿用六十年的大行星將它剔除在外，但是好

景不長，在 2006 年 8 月時，國際天文學會於布拉格開了大會，這次又對於冥王星身份做出討論和審判，經過大家的舉手表決，不僅將冥王星剔除於太陽系行星隊伍之外，有部分天文學家有些不捨，把它稱作「矮行星」，聊表慰藉，真是「賠了夫人又折兵」。

冥王星在最初 1930 年被發現後，沒經過多久，美國有一位名為「倫納德」的天文學家，他思維到冥王星應該不可能是海王星之外的唯一天體，是否還有一大票海王星以外的天體，等著我們去發現，冥王星只不過是第一顆而已。他提出的這個想法，當時得到許多天文學家的支持，到了 1951 年著名的天文學家「傑拉德‧彼得‧古柏」就寫出了論文，說到在太陽系當中有一個狹長的圓盤，而在這圓盤之中存在著海量的天體，冥王星不過是這「滄海中一粟」而已。在之後的數十年當中，古柏的理論，就被天文觀測所證實，於是這天體帶正式被命名為「古柏帶（Kuiper belt）」（教科書稱柯伊柏帶）。因此我們已經知道古柏帶的位置處於距離太陽 40 至 50「天文單位」的低傾角軌道上，這個地方在過去大家皆認為是空無一物的，但事實上卻滿佈著直徑數公里到數千公里，大部分是各種奇形怪狀的冰封天體。依照現代天文學家觀測的結果，估計也許有幾十億個類天體分佈在古柏帶。這些天體絕大多數極為幽暗，光的反射率極低，大約只有 4％，這 4％相當於一塊木炭的反射率。至於古柏帶的起源和它詳細的結構，到目前為止我們尚無法清楚的了解。天文學家推論大概是最初太陽形成時周圍圓積盤上面的碎片相互吸引碰撞而形成，這古柏帶還是短週期彗星的發源地。它們軌道接近黃道面，運行方向有序，其中 76 年才光顧地球一次，著名的「哈雷彗星」，即是誕生於此區。

至於歐特雲（Oort cloud），則是超過兩百年長週期彗星的故

鄉，軌道狹長、運行方向凌亂。許多天文科學家相信在海王星之外一定還有新的第九大行星。他們發現似乎有一個巨大的天體若有似無的以它的引力在影響古柏帶的天體運行的軌道，就連海王星軌道外的十三個太空物體會運行的如此奇怪，它們聚集起來呈奇怪的角度傾斜，那一定是有一顆遙遠且巨大的行星在影響著它們，讓它們都朝著一個方向傾斜。但那個區域並沒有巨大的行星？甚至有人推論可能是被一個所謂不存在的「原始黑洞」所影響，至今仍然沒有觀察出來。

後來還有奇怪的事，有人說尚有第十大行星目前命名為「X 行星」，因為 X 剛好是羅馬數字 10 的書寫字，又代表著未知數的意思，例如 X 檔案，X 光等。傳說它就是西琴寫的「地球編年史」中地球上數個高度文明發源地的「尼比魯星」。至於目前觀測到古柏帶的星球，得到國際認證的矮行星有鳥神星、鬩神星（比冥王星大，好像兄弟鬩牆，專門來鬧，來亂九大行星排名）、妊神星、冥王星、穀神星、賽德娜、厄爾庫斯、創神星、伐羅納（屬於小行星帶）、還有我最喜歡的「靈神星」，它被天文科學家編號為 16 號，直徑約為 200 多公里，質量約 2.41 億億噸。靈神星不僅是一顆巨大的小行星，而且還是一顆非常特殊的小行星，經過科學家的觀測及研究發現，這個小行星可是個當之無愧的「黃金」小行星，因為它是個多種金屬構成的星球但其中黃金比例占大多數，據科學家估計靈神星的價值可達到 7 萬億億美元，我能不喜歡嗎！

至於「鳥神星」我個人認為就是納斯卡圖騰上有一副清晰可稱為代表作之林的「蜂鳥」，這蜂鳥是鳥族中最小的小小鳥，想要飛也飛不高但牠可以以一秒振動兩百多次翅膀的動能，保證超越勝過「蝴蝶效應」。牠可以騰空停在花前用長喙吸吮花蜜，其可愛畫面

讓人感到口甜心也甜，而鳥神星應該有兩個，一個是古柏帶間的矮行星，它和小蜂鳥相互呼應；另外一種也是納斯卡標誌性地畫中的「神鳥」，它有許多寬大的翅膀和大片的尾翼，應該是屬於小行星帶的「鳥神星」。

另外一個稱作「妊神星」的矮行星，依照字面意義，應該和妊娠有關，於是又和八腳蜘蛛旁邊的三角形象徵妊娠子宮互相呼應。它應該是「妊神星」，由於古柏帶的天體幾乎充斥著冰晶體結構，依中國「兩儀陰陽」之劃分屬於陰界，又相當於幽冥界。但陰中也有陽，而太陽系八大行星，有些靠近太陽，依序如水星、金星、地球、火星，它們是岩石質屬陽界；而木星、土星、天王星、海王星有氣體也有冰體，則屬於陰界。陽中有陰，陰中有陽，陰陽交合，產生許多像木星與火星之間的小行星帶，大概有百萬多顆。筆者用個有趣的譬喻，這些小行星帶的小行星，就好像皇帝的正宮和嬪妃，而古柏帶的天體，如同被打入冷宮的後宮佳麗三千，這八行腳蟲蟲和旁邊三角形的妊娠宮，造出大量的蟲洞，將無數的天體匯集成一連續帶，相映成現在的太陽系。

6 大鯨魚圖案解碼

我現舉出最後一個代表性的圖騰，那就是「大鯨魚」。從外表形狀來看，應嚴格稱為「虎鯨」或有人說是「殺人鯨」。這隻鯨魚的圖像是在距離海岸有 5、6 公里處的山坡上繪製而成。談到這個鯨魚嘛⋯⋯，鯨魚實際上不能稱為魚，牠待在水中不會超過幾十分鐘，牠其實和人類一樣是哺乳類動物。只是人們看到牠大部份潛入水中時間比較多，浮出水面呼吸比較短，所以理所當然稱作鯨魚。

除了同為哺乳類動物外，一個體積是如此龐然大物，人類在牠旁邊就好像一隻小金絲雀在大人的手掌中一樣。然而科學家驚奇發現鯨魚的鰭骨，和人類的五隻手指骨幾乎一模一樣！因此鯨魚在億萬年前和人類或許有某種因緣關係存在。容許我在此章節最後部分再說分明。

這會兒我「開門見山」地說這個山坡地畫象徵代表的即是大犬星座的「天狼星 B」。大部分人用肉眼就可以很容易清晰地觀察到「天狼星」，在夏季時抬頭仰望天空，看到最亮的一顆星就是天狼星 A。它等於是太陽的鄰居，距離太陽 8.6 光年，光度是太陽的 25 倍，所以看上去如此之亮。甚至它的光量可以準確無誤的射入墨西哥的「羽蛇神廟」金字塔南方開口。而實際上天狼星是個恆星星系。

「天狼星 B」開始時天文科學家沒有觀測到它的存在，直到1844 年才首次推算出來，天狼星 A 旁另外還有一顆恆星。而一直到1928 年人類首次觀測到天狼星 B，然而根據計算推測應該還有一個天狼星 C。但是人類至今還沒有觀測出來這顆天狼星 C 的存在，事實上在這個恆星系裡，天狼星 A（天狼）雖然目前看起來比天狼星 B（小狼）亮至少 1 萬倍以上，但事實上小狼才是真正的天狼星。因為小狼是一顆已經燃盡的「白矮星」，正在走向黑洞演化，天狼則是一顆和太陽一樣的主序星，小狼的體積和地球相當，可是它的密度幾乎和整個太陽系相當，所以天狼和小狼誰也拉不住誰，它們是兩顆互相纏繞的恆星。

天狼星系裡到底有沒有天狼星人呢？在希臘神話裡，天狼星是「索普德特」和「伊西斯」的住所，象徵著炎熱、乾燥、枯萎和征戰。而在中國文化裡，天狼星下凡都是凶惡的戰神，比如楊家將中

的楊六郎「楊延昭」；蘇軾詞的「西北望，射天狼」裡這個傳說中天狼星下凡的即是西夏的「李元昊」。但最令人驚奇的，而且最系統的傳說莫過於「多貢人」的傳說。多貢人掌握了非常高超的天文知識，尤其是關於天狼星系的相關知識。而多貢人是居住在非洲西部，馬里共和國中的古老原始部落。關於人類學家的研究，他們的祖先是來自於其東北方，大概是約莫西元 1000 前，移居到馬里的。他們將村莊建立在懸崖之上，懸崖延綿 150 公里，懸崖下面是一條尼日爾河，40 萬人就分布在 700 多個村莊裡。他們為什麼要把村莊建立在懸崖之上呢？原來是他們在 1000 年前堅持死心塌地的拒絕了信仰伊斯蘭教，他們絕對不放棄自己本身的信仰和深信不疑之神明，寧願千里迢迢遷徙到現在易守難攻，荒涼不毛的懸崖上居住。雖然依舊過原始部落的社會體系生活以及風俗習慣，他們連自身的文字都沒有，但是他們的高度文明及天文科學知識素養卻遠超出現代人的想像。

在 1931 年兩位法國人類學家「馬塞爾•格里奧爾」和他的女學生「傑曼•迪特倫」，開始深入研究探討多貢人的文化，尤其是在之前的 15 年內，他們和多貢人一起同吃同住，徹底融入他們的生活。由於長期的交往互動取得了多貢人的信任，尤其在多貢人最高級的祭司那裡得到另人驚奇不已的天文資訊。在他們宗教信仰教義的豐富知識來源當中，源自於一顆遙遠的星球，那當然就是天狼星B。他說這顆星球在人類的肉眼是看不見的，它發出白光，這星球質量非常重，它是繞著最亮的天狼星以橢圓形軌道來運行，運轉週期需地球時間 50 年。雖然人類是在 1928 發現了這顆星，它是人類發現的第一顆白矮星。然而多貢人在開始祭祀這顆星球已經有 3000 年的歷史了，而且那時候就知道這星球的體積、密度、及運行軌跡。

人類天文科學家於西元 1951 年計算出此星球繞行天狼星的週期為 50 年又 14 天，和多貢人所說的 50 年只差了 14 天；另外多貢人還知道月球繞著地球轉，地球繞著太陽轉，火星像是被剝了皮的橘子，火星外面有小行星帶，土星有 4 顆衛星，木星有光環等等的天文知識。大祭司並說到這些天文知識是來自於遠古時代由一個來自天狼星系的智慧生物，到達地球後傳給他們的，這種生物叫做「諾母」（Nommo／Nummo）。諾母來到地球，傳授了人類文明、知識和科技，而諾母降臨的地方就是原來多貢人最早住的地方，即是「古埃及」。後來這兩位人類學家於 1950 年，將他們研究成果以「蘇丹原住民傳承中的天狼星系」為題，發表在法國人類學家的雜誌上，文章中說多貢人至少有四個部落掌握著高級天文知識，這些知識甚至還凌駕於現代天文學之上。

1956 年格里奧爾去世的時候，這位法國人類學家被多貢人尊敬為大祭司，有 25 萬多貢人參加了他的葬禮。之後迪特侖獨自一人留在巴黎，整理出版的一本書叫做「青狐」，後來她又當過法國人類學博物館館長，非洲學會的會長，她一直活到 1999 年。可是他們研究的成果，被所謂的正統宇宙物理學權威人們極力否定，質疑他們研究方法，並質疑他們是否準確表達了多貢祭司的意涵。雖然多貢人遭到了以前伊斯蘭教和近代非洲部落的基督教的洗禮，當今世界又給予他們現代化的衝擊，但他們依舊用口傳知識的方式，死守著自己天文知識和神聖信仰。這些神聖知識包括：天空中有一顆用人眼看不見的小星球，稱為「波托羅」。「波」是細小的意思，「托羅」是球的意思。波托羅每五十年繞母星（天狼星）一週，軌道是橢圓形的。波托羅是由比鐵稍微明亮重金屬的物質組成的，這種成分是地球沒有的。波托羅旁邊還有第三顆星「恩美雅」，環繞著它

運轉，這軌道非常大，同樣也是肉眼看不見的。恩美雅的引力範圍之內，還有一個行星叫做「拿托羅」，拿托羅星上有生物，而波托羅上面住著一種水陸兩棲的生物，稱作「諾母」，就是前面提到傳授多貢人知識的高度智慧生物，諾母說出波托羅上面生物是單性生殖，諾母和她的兄長即為波托羅生物之始祖，但他們並不是造物者，只是教導人類天文知識和科學教育的導師。

另外在多貢人壁畫上有顯示，諾母是乘坐像中國龍形的飛行器抵達地球，這和中華文化裡談及族群的始祖是「伏羲」和「女媧」兄妹兩人，他們後來傳導「黃帝」乘龍飛行，教導人民桑植、農耕、醫學、科學、機械的神人，這伏羲、女媧兄妹「人身蛇尾」互相纏繞，而諾母兄妹是「人身魚尾」如傳說中美人魚一般纏繞，兩種文化異曲同工，冥冥中互相相應。

上面篇章提到蘇美爾人文明當中，神族「恩基、寧瑪」兄妹亦呈現出來過蛇之形象，他們也曾經教導過人類，蘇美爾人也留下過很多魚人形態的阿努納奇泥板。更令人驚奇的是西方人發現天主教皇也穿過人魚裝。而諾母還說到地球上的人類最終會回到單性生殖（自性生殖），基因中染色體，雄性 XY，雌性 XX，以後只有 X 和 Y，這也有可能。根據現代醫學家研究人類的 X 和 Y 的染色體愈來愈少，照此情況發展下去，推論在 460 萬年以後，變化成單性生殖來繁殖下一代。還有現代人同性戀、同志、陰柔的男性……，愈來愈多，甚至有醫學家將愛滋病免疫細胞植入嬰兒基因序列，來阻撓因為同性戀產生的「天譴病」。說不定諾母預言講對了，但也有可能等不到那時候，依據「濃縮『世界鐘』」目前只剩下 100 秒在倒數計時。人類會發生了核子戰，互相毀滅或是若干年後，會像恐龍物種一樣大滅絕。

　　我們再回到天狼星 B 和魚以及地球上人類之間的關係。上面提到諾母自稱她們是像魚類的兩棲動物，而地球目前兩棲動物是族繁不及備載。豬都可以上樹，魚兒當然也會上樹。現在我只說說比較稀有傳說的「人魚」。其實考古學家在三萬年前埃及沙漠洞畫中，居然就出現了人魚的蹤影，至於還有多個古文明當中也有提到美人魚和鮫人的存在和蹤影。在 1970 年的時候，德國拖網漁船漁夫在一次回在收魚網時，驚見網中居然有隻類似人頭魚身的生物，而且伸長如人類手臂，但手掌的手指間有蹼，嚇得漁夫們急忙將漁獲倒回海裡，否則恐怕會遭來厄運。

　　而在 1991 年，海洋生物學家在南非外海一隻鯊魚體內，找到了一堆屍塊，其中有尾鰭，腿骨和肋骨，還有一塊骨骸上有類似人類手掌五隻手指骨。更奇特的是在頭骨發現此頭骨曾經受傷過，由刺穿的孔中，發現一塊骨頭上具有人為雕刻的痕跡；另外在頭部發現有很大的共鳴腔，判斷這共鳴腔可發出很強的生物聲納，可能就是海底人互相溝通和聯絡的機制。從臀部的骨頭研究，是可以直立起來的，專家們用其脂肪化驗，居然和人類有血緣關係。進一步去做 DNA 進行分析，和人類幾乎非常接近，認為這是從未發現的類似人類的海洋生物。後來再經過斷層掃描儀器分析，加上電腦模擬動畫，出來畫像結果更是讓人難以思議，根本就是電影《阿凡達》納美人一樣的造型，可以肯定導演「詹姆斯‧卡麥隆」從「美國海洋與大氣總署」參考過人魚的檔案，這海底納美人形象，徹底破壞了人們傳說心目中美人魚的印象。

　　相傳這最美麗的美人魚就是「亞歷山大帝」的妹妹變身而成。在亞歷山大帝的馬其頓帝國滅了希臘、波斯、埃及和印度後，欲繼續向中國挺進。當時他寵幸一位印度大美女，他忘了他的老師「亞

里斯多德」再三叮嚀千萬不要和印度美女發生關係，因為印度有妖術，會用毒草培養渾身是毒的妖女專門對付政敵，等他發覺身體每況愈下時，才驚醒打開老師給他的信，結果為時已晚，中毒已深，任何藥石罔效。當時他年僅 33 歲，唯一能讓他起死回生的是他本國有位「永生者──希德爾」，他馬上下令回巴比倫。回到巴比倫後，希德爾已經不知去向，只留了一張紙條說那一瓶「永生水」送到了亞歷山大馬其頓老家裡。由於家鄉路途遙遠，在半途中亞歷山大帝已魂歸故里。而那瓶永生水正是在他妹妹手中，他妹妹還欣喜若狂的等待哥哥凱旋榮歸。接到哥哥的噩耗時，昏死過去，等到醒來時悲憤的將永生水往頭上倒下去，當然自己是永生了，跳入愛琴海變成了一條美人魚，從此在七海大洋中神出鬼沒，興風作浪。世界各地的水手都曾經見過她，她會問水手，亞歷山大帝是否還活著？如果水手回答他還活著，仍然征服世界，統治著世界，就相安無事；若說不知道或說他早掛了，她則會興風作浪，讓您去當海龍王的女婿。

　　而在中國南海地區也流傳著鮫人的故事，傳說在南海邊住著鮫人（我們今天所說的美人魚），和陸地人產生了一段生死相許的愛情，後來因為始終沒有等到心愛的人出現，每天坐在南海的礁石上，傷心地迎風而泣，流下的眼淚就幻化成一顆顆珍珠（珍珠又名鮫人淚）。這傳說還是很浪漫的美人魚故事。其實中國最早在《山海經》中記載：「氐人國為炎帝後裔，氐人國在建木西，其為人，人面而魚身，無足」，氐人即人魚，也稱赤鱬，互人等。又在《山海經大荒西經》記載了一個互人之國，是炎帝後裔之國，炎帝之孫名叫靈恝（夾），靈恝生下互人，這個互人具有特殊能力，能上下於天，不管是互人，赤鱬，還是氐人都是俗稱人魚，而在宋代《祖

異記》，就有關於美人魚的記載：宋太宗時有一位叫『查道』的人出使高麗國（今朝鮮）驚見海面上有一婦人出現，『紅裳雙袒，髻髮紛亂，腮後微露紅鬣命扶於水中，拜手感戀而沒，乃人魚也』。宋代學者徐鉉的《稽神錄》中，亦有類似的記載；至於在日本古書相關記載，對於人魚的傳說更是驚人，最早可追溯到西元 617 年，當時有漁夫在大阪海邊抓到一隻上半身像人，背部有鰭的生物，還會發出像嬰兒一樣的叫聲，日本人相信這就是人魚，而且只要吃到了人魚肉就可以長生不老。日本京都府有間「空印寺」，拜的是「八百齡比丘尼」，相傳這比丘尼曾經吃過一口人魚肉，而活到八百歲，後來可能悟出人生輪迴沒有什麼意義，還是早點往生西方極樂世界，於是坐化涅槃至西方阿彌陀佛淨土。

甚至在台灣亦有人魚出現的蹤跡，在西元 2012 年，一群日月潭邵族的年輕人，在潭邊看到半人半魚的水中精怪，乍聽之下好像是天方夜譚，但是對邵族人來說，這是他們古老文化的一部分。因為在幾百年前，邵族的祖先，就曾經遺留下人魚的傳說，邵族人稱牠們為「達克拉哈」，到底這人魚是什麼時候出現的？相傳在好幾百年前邵族老一輩祖先就接觸過人魚，他們也是一個族群，在日月潭有水底通道至鯉魚潭。邵族耆老說幾百年前因為人魚惡作劇，弄翻了漁船造成族人溺水而亡；曾在視線不佳夜晚，邵族人射魚誤傷了人魚。因此雙方起了戰事，後來雙方互謀合作達成共識，雙方和平相處。但是老一輩的人還是不允許小孩子去看人魚，因為人魚長髮過長於其身軀，狀似凶惡精怪。另外還有傳說人魚為了阻撓人類補水中漁獲，保持生態平衡，教導邵族人製作「浮嶼」，魚蝦可以吃浮嶼下的青苔及浮游生物，讓日月潭生生不息。以上是東方的人魚傳說。

　　相反的是 1492 年哥倫布於航向新大陸時，在加勒比海時的航海日記有記載，他們一次看到三條人魚，上身及下身長滿鱗片，且面目猙獰，舉止兇惡對人類咆哮。在西南太平洋群島上的美拉尼西亞人也有類似的神話傳說，他們的美人魚名為「阿達拉」，上半身為人形下半身為魚形，原居住在太陽裡，後經由彩虹來到地球。平時隱匿於海上的龍捲風之中，不同於其他美人魚的是，阿達拉在美拉尼西亞人眼裡，是一種危險分子，他們會用飛魚襲擊人類，使他們昏迷不醒甚至死亡。

　　但在不同原始宗教信仰中，人魚本是海洋女神的化身之一。人們相信如果向她許願最終會得以實現。至於我自己認為，那可能是個人因果關係及因緣之不同，所以看到人魚有美也有醜、有好有壞、有善或有惡，也有可能在演化過程中受環境影響也說不定。在1962 年發生過蘇聯科學家探測船，在古巴外海捕獲一個奇特活生生的小人魚，皮膚呈鱗狀，有腮，有類似人的頭，尾似魚，居然還會開口說人類的語言，牠自稱自己來自「亞特蘭提斯」市，還告訴研究人員，在幾百萬年前，亞特蘭提斯大陸橫跨非洲和南美，後來亞特蘭提斯市已經沉入海底，現存留下來的人都居住在海底，壽命可達 300 歲。之後這個小人魚被送往黑海一處祕密研究機構裡，供科學家們繼續深入研究，至今情況如何就不得而知了。其他國家還有在荒島上發現一個放置寶物的墳墓裡面發現一具類似美人魚的屍體，身長有 173 釐米，科學家相信她死時有 100 多歲的年齡。還有其他國家也有發現 3000 年的美人魚木乃伊。也有科學家發掘到完整的美人魚化石，能夠清楚地見到這種動物擁有鋒利牙齒還有強壯的雙顎，足以撕肉碎骨，將獵物殺死。

　　再回來談到海底納美人身體是呈藍色的狀態，是因為他的全

身血液應該是藍色的。在海洋生物例如「鱟魚」的血也是藍色，而且牠是地球上海中少數含有藍色血液的動物。其他還有甲魚、鱉及特殊的魷魚也是藍色血液。但牠們非常不易取得，因此人們獨厚鱟魚，因此鱟血的價值是超過黃金的。不僅物以稀為貴，它在醫學上的用途是非常重要的。牠血液萃取物「鱟試劑」可以準確、快速地檢測人體內部組織是否有因細菌感染而致病。它只要遇到微量細菌因子，鱟血會立刻開始凝集，像果凍狀態把細菌包圍起來使其無法移動。因此人類在外太空探險就非常需要它的幫助，NASA 就用它們來偵測火星和其他星球上可能存在的微生物。科學家可以從鱟的血液中將血球分離出來，也就是「變形細胞」，含有偵測及摧毀入侵細菌的活性成分。至於在製藥和食品工業中，可用它來對毒素及污染進行監測。另外牠的背殼含有大甲殼素，所以又成為甲殼素工廠大肆搜購小鱟的原因。真是「匹夫無罪，懷璧其罪」！

甚至還有不屑漁獵者捕撈鱟魚賣給餐館烹食，這種「焚琴煮鶴」的不當行為，雖然有國家將牠列為二級保護動物，牠們數量依然不斷減少。好在有學術及醫學單位進行人工繁殖，但因採血次數過多，飼養時間只有一年的鱟均出現明顯貧血等現象。原來鱟每冬季會游回深海冬眠，所以鱟人工繁殖難度還是很大，並且還受到地球愈來愈差的環境影響，數量不斷地減少。其實鱟的祖先出現在地質歷史時期古生代的「泥盆紀」，當時恐龍尚未崛起，依據進化論，地球生物的起源最早是 25 億年前的單細胞開始，後經過 5 億5 千萬年前多次海底火山爆發，將深海海床裡大量的微生物噴發出來和先前的單細胞結合成多細胞生物，依憑地核熱能量演變成軟體生物，後來吸收海底的鈣以及其他礦物質，演化成為有殼、有骨骼、有保護作用的盾牌，先是出現原始頭甲魚、盾甲魚，還有形成

交叉食物鏈的各種生物，造就出寒武紀生物大爆發，海中出現脊椎生物。後來為了適應環境將外殼內化至體內，形成脊椎動物，開始進化成魚類。有些魚類可以上岸形成兩棲類，之後有些魚類又慢慢演化出哺乳類，例如海豚。其中有趣的是海豚和人類的基因組有許多驚人的相似接近之處。在染色體塗染檢測，其中間部分是同源，還有從矩陣排列可以看出海豚和人類「頂部」之間，「保守的染色體」片段分佈類似，另外人類染色體與海豚染色體相匹配之顏色均為黃色，尤其是牠的腦容量 1600 立方公分～1800 立方公分和人類最接近，而且腦部皮脂層的皺摺跟人類非常相近。海豚的智商也非常高，在巴西有漁夫和海豚合作補魚，甚至發生過一群海豚阻止鯊魚攻擊人類事情。有些國家訓練海豚來偵測潛艇、水鬼等軍事任務。最後才有人類的進化出現。直到現在我們還可以看到魚類可以上岸到陸地活動，用兩條腿來走路。

我們再回來談鱟魚，有人稱它叫「馬蹄蟹」，牠在地球活了四億五千萬年，可說是個活化石。在牠後來的時期才出現的恐龍遭遇到滅絕的命運，但鱟魚目前在地球上依然屹立不搖。牠的血液裡帶有銅離子，因此流動著藍色血液。科學家在血液裡發現一種「酶」，它能檢測出濃度不到萬億分子之一的細菌，自然成為生物醫學界的寵兒。鱟魚堅守著一夫一妻制度，雄鱟把上雌鱟之後，用牠的後二足及第三足勾住母鱟，之後就跨在母鱟背上搭便車，好在公鱟體型小很多，否則母鱟會被負載超重死。公母鱟黏在一起，永愛此生不渝，讓人有「只羨海中鴛鴦不羨仙」的感慨。不知道有沒有科學家可以研究將牠基因中的酶和人類基因的酶融合，找出關鍵的胺基酸及其序列，看能否改變未來人類同性戀的傾向，不要讓諾母「不幸言中」，地球 460 萬年後人類呈單性生殖狀態。或者改善

血液中的氧化鐵離子減少，增加銅離子比率，人類因此得以獲得長壽。另外，鱟的血液機制可包圍癌細胞，抑制癌細胞繁衍，成為病毒細胞的剋星。

現在最後再談一談綜合以上人類和人魚以及鯨魚的各類接觸，經由各種跨領域生物學家合作推斷，判定有種生物會與鯨豚互相呼喚並且進行合作狩獵魚類，這種神祕的生物極有可能是傳聞中的人魚。有些人類認為它們是捕撈漁獲的競爭對手而對人魚和鯨魚產生敵意。人類應該認識它們早在遠古時代與人類是同源同種，只是後來環境及因緣的不同，到現在呈現出不同的外表相貌。人類可以依照知識經驗的累積，不斷創造出新穎及愈來愈高度的智慧，終於成為現今地球上所有生物之主宰。

我們不僅尊敬鯨魚是海洋的聲樂家，即使在牠死後海洋生物科學家也為它取了一個浪漫且富有詩意的名詞叫「鯨落」，就是 30 噸以上的鯨在海洋中死亡，緩慢的落入深海的自然現象。一座鯨的屍體可以供養一套以「分解者」為主的循環系統長達百年，同時與海底火山熱液及冷泉一同被稱為是「深海生命的綠洲」。於 1998 年夏威夷大學研究人員發現，在北太平洋深海中，鯨落維持了至少有 43 個種類，12490 個生物體是依靠鯨落而生存。鯨落現象分為四大階段：

I、移動清道夫階段：在鯨屍下沉至海底過程中，鯊魚、盲鰻一些甲殼類生物等，會以鯨屍中的柔軟組織為食。這一過程可以持續 4 至 24 個月，其間 90％的鯨肉被分解。

II、機會主義者階段：機會主義者能夠在短期內，適應相對環境而快速繁殖，一些無脊椎動物，特別是多毛類和甲殼類動物，能夠以殘餘鯨屍作為棲息環境，一邊在此生活又一邊啃食殘餘鯨

屍，不斷改變它們自己的所在環境。

Ⅲ、化能自養階段：大量厭氧細菌進入鯨骨和其他組織，分解其中的脂肪，使用溶解在海水中的硫酸鹽作為氧化劑產生硫化氫，再將硫化氫作為能量的來源，利用水中溶氧將其氧化，獲得能量與化能自養細菌共生的生物，同時也有了能量補充。

Ⅳ、礁岩階段：當殘餘鯨落當中之有機物質被消耗殆盡後，鯨骨的礦物遺骸就會作為膠岩，成為生物的居住所。科學家還發現新的蠕蟲品種，「食骨蠕蟲弗蘭克普萊斯（Osedax frankpressi）」，「食骨蠕蟲羅賓普魯姆斯（Osedax rubiplumus）」，他們寄生於鯨的骨頭上，樣子類似於水紋形的螢光棒是雌雄同體。其他新物種還有 15 種，所以「一鯨落，萬物生」，因此人類補鯨和海洋萬物業力的牽扯是很大的，還有在海邊看見大鯨魚的屍體，不要好奇，離開它遠一點。這鯨魚的腐屍會以「大自然的最大爆炸」──「鯨爆」來做無言的抗議，來臭翻人類！因為這隻鯨魚很可能是被人類的大船撞擊致死或是大量吃入塑膠類而致死。是牠對人類發出的警告。但是很不幸的是居然還有個國家假借科學考察名義捕殺鯨魚，後來更是變本加厲，肆無忌憚以商業模式獵捕鯨魚。在外表上好像牟取商業利益大肆濫捕鯨魚，但背地裡其實是覬覦「極地」礦產資源及能源，最後的結果是得到現世報！

先前發生過大海嘯，造成 2 萬 2 千人死慘重災禍，8 年後依然有 5 萬 2000 人過著避難生活，至今十多年後遺禍尚存。近年發生了幾乎所有颱風豪大雨皆襲擊當地區，以致造成數百多人傷亡，如果當局不能以此為戒，痛改前非，當然以後還會不斷發生折損生命和財產的情況。當然嚴格說來，此國遭受的天災同時括囊了地震、風

災、水災和火災,其成因也是所有人類共同心識之投射所造成的。譬如因為人們有「貪心」就發生水災;人有「瞋心」就發生火災;人有「癡心」就發生風災。所以三災是由三毒而生的。至於「地震」則是人心傲慢、鄙視他人、成天只想著如何去鬥爭他人、國與國之間亦只是想發起戰爭,於是造成「地震」。另外還有猜忌、忌妒之心、見不得別人好、想盡辦法打壓別人、妒火中燒⋯⋯,這和火山爆發亦有關聯。

假如人人都具足貪瞋癡三毒之心,再加上二毒,成了五毒之心。若這些心一天比一天擴張,到了一定的臨界點時,就形成災劫來臨。三災是有次第發生的,它們隨著人類的七情(喜、怒、哀、懼、愛、惡、欲)的緣故,這七種情識漸次擴展,每一情發生一次災難,因此形成七次火災;經過七次火災之後,便發生一次水災;另外又因七情中,每一情又各分為七,故這個「七火一水」的順次,往返七回。此後又經過七次火災,而最後又發生一次風災時會把全世界毀滅殆盡。提到火災發生時,這把火能燒到初禪天(色界的梵眾天、梵輔天、大梵天),至於水災發生時能淹到二禪天(色界的少光天、無量光天、光音天)而風災發生時,更能刮到三禪天(色界的少淨天、無量淨天、偏淨天)。所謂:六欲諸天具五衰,三禪天上有風災。因此風災是從七情總結而來的,風災象徵七毒,人到了愚癡的地步什麼都忘得一乾二淨,因此大風一起,上至三禪天,下至地獄,什麼都沒有了,一掃而空。因此不可小覷這貪瞋癡所形成的暴戾之氣,它就好像核子彈中的原子分裂一樣,這原子是個可怕的物質,由我們自己本身內部自性的「三昧火」,出生的原子更為可怕。

我們本自性的三昧真火,本屬「純陽」,但因為不斷以濫情

作用轉變成慾火，道家說人體內有三焦火（上焦火、中焦火、下焦火），這三焦火熾盛能形成火災，變成原子彈，能毀滅一切。因為內在有原子彈，引發外面原子彈產生「核聚變」，造成更大威力的「中子彈（氫彈）」，這是相應相續所形成連鎖反應，現在世界發生的問題也是這種道理。心裡有什麼外面就有什麼；心裡若沒有戰爭外面也不會有戰爭了。所謂「一切為心造」，「為識所變」因之我們要多想怎麼樣來為大眾謀取利益的事情，不要做出損人不利己之事，不要一昧追求物欲的享受，到頭來慘遭「業流」沒頂，輪迴至下三道，永無出期。

抱歉一下子就扯得遠了，不光只是屠殺鯨魚的單一原因，還有是受害者本身的業力使然，尤其是不要造殺業。不管殺的對象是人或是動物，生命均是平等的，如造了殺業，就成了定業，是不可能翻轉的宿命。多人的共業會在奇異的時空點併發，誰也躲不過。我最後做一個結論：吾人觀看納斯卡線的圖像時不要拘泥圖畫的外表，如侷限只觀察其外在顯示之相，往往會執著它的像貌而忽略了它的內在意涵：

Ⅰ、從「鯨魚」的「外相」來看，是表示牠是目前地球上最大的生物，也是最古老又聰明的動物。中國古代稱鯨魚為「鯤」，「鯤鵬之志」用來形容遠大的志向。鯨魚恪守一夫一妻制，象徵愛情百年好合，另外表現出勇往直前，自由遨遊。

Ⅱ、還有其「內相」的意義。雖然鯨魚屬於哺乳類動物，但不會得癌症，可能是牠的基因天生有抗癌細胞的功能，或是牠能夠在水中閉氣這麼久，癌細胞根本無法生存。根據科學家統計，人類中的馬拉松長跑健將，幾乎沒有人得癌症。可能在長時間奔跑之下，身上的癌細胞根本混不下去，所以馬拉松長跑健將對

癌症是免疫的。

Ⅲ、第三個「密相」是人類為了一己之私的利益，使得智慧被蒙蔽，而後產生出「愚痴」的行為。中文的發音「魚」和「愚」相同，英文（fish）和（foolish）近似。

Ⅳ、第四層「祕密相」的意義是有些人「性好漁色」，指的是不正當的邪淫。「色字頭上一把刀」、「萬惡淫為首」之謂也。

Ⅴ、第五層的「極密相」是「人」和「魚」生命是平等的，沒有什麼高、低、貴、賤之別。

Ⅵ、最後的一層「最祕密相」是「眾生皆有佛性」，都有覺悟的本能。在識田裡的佛性種子，在時空機緣條件成熟下開始發芽，經過之後諸多的順緣、善緣、增上緣，最後得以開菩提花，結佛果。

真不好意思，因為鯨魚體積太龐大了，所以拉拉雜雜扯了一大堆相關的物種，最終目的是闡明這些圖騰。大部分圖騰是對於人類都有警示作用，具有深層的啟發性，大家如能一致朝向善良、好心方面去做，就不會造作惡業。善有善報並積累好的福德及智慧因緣，增長美好幸福善種子，希望和大家一起共勉之。

以上列舉了幾個例子，供各位參考，最後來談一下這些地畫和圖騰到底是誰造作出來的？依照目前大部分科學家的共識，舉凡地球上出現了許多現今科學領域無法去解釋的奇特現象，大部分會傾向那一定是「外星人」的傑作，要不然人類怎麼可能做得出來？那一定是「域外文明」久而久之就形成了定論。而我個人有宗教信仰的關係，於是乎我相信大部分的納斯卡線與星座有關的地畫，應該就是該星座的神或是仙人所製作而成。僅管許多人是無神論者，或許他（她）說：只要不是親眼看到的皆不可信。其實每個人天生

都具有如同神仙一樣的「六神通」及「神變」,「老子」在《道德經》「患身章第二十一」說到:「吾所以有大患若身者,為吾有身」。意思是說人類最初本來就有無所不能之能力,但是後來身體受到滿足肉身的「吃喝拉撒睡」的欲望,還有執著自我的五蘊上面,於是本能受到肉體的羈絆,一代不如一代,原來萬能的神通消失殆盡。加上後來人類科學技術愈來愈發達,愈來愈多人相信科學萬能,「此長彼消」,科學愈發達神蹟就愈來愈隱藏不顯。反而許多人認為宗教信仰是迷信,對於古代一些神仙典籍,認為只不過是古人的傳說而已。

其實佛陀講經說法四十九年,看起來包括了八萬四千法門,其實祂只是像醫生一樣對治不同的病人開出對症下藥的藥方,但是終究歸納起來只是闡述「因果」二字。大家也許納悶,應該不是這樣簡單吧!其實科學和佛法的生成及運用軌跡是一樣的,科學的養成開始也是科學家在日常生活中,覺查到某些事情對於人類生活會產生不方便或困擾,於是從探索物質中的物理原理現象不斷研究和實驗,最終發明科技的結晶產品以增進人類的生活便利;而佛法亦是對於人們在日常生活中,由於所遭遇到事物衍生出的煩惱,探討煩惱的原因,進而認識、區別、分析其因果關係及因緣法則,最後顯現在「菩提道理之法」用來解決煩惱的問題,所以菩提是條道路,並且有先後次第。這和科技打造成品的過程,經過多次的實驗,最後呈現出來智慧的成果,兩者並無矛盾或衝突之處。

科學是追尋周遭生活臻於求真及圓滿為依歸,而對於人類本身最初究竟是誰創造出來的?每個宗教、族裔說法莫衷一是,而以科學的角度來探究這個問題,唯一能找尋的方向,由最早海水中單細胞開始演化成脊椎骨魚類,上岸後進化為脊椎哺乳動物,其中一

支進化成猿類，最早的稱作「上猿」，被認為是所有類人動物的祖先；第二個是「原康修爾猿」；後來是「南方古猿」被認為是我們的祖爺爺；還有稱「直立人」被認為是我們的叔叔；「尼安德塔人」被認為是我們的表兄；至於「克羅馬農人」屬於智人種，被認為是我們的兄弟；最後才是現代人的我們，亦是屬於智人種。前面的 14 種猿或是人都已經滅絕了。目前地球上無論何種膚色，我們都是同一種人，只能從猿類進化的方面來推論地球人類的起源。

另外一個迷惑大家的問題就是宇宙是如何起始？這亦是需要科學來解答，但是這個命題實在是太大了，連宇宙有多大皆無法測量，更遑論探討它的起源。因之從科學的領域去追尋，是一個不可能的任務，唯有透過哲理、法理的途徑或許才可以突破並解答這個難題。最終甚至可以用同樣的道理達到把握生命真實的智慧。這些議題容在下於最終篇做個人的闡述。

7 納斯卡線地畫是何者傑作？

不好意思又跑題了，還是回到納斯卡諸多的地畫是如何造就出來的問題上。現在乾脆將這些不同的方法或方式一一列舉出來，給大家做個參考：

(1)這些圖騰大部分是「神祇」的傑作

Ⅰ、如果說這些圖騰大部分是「神祇」的傑作，首先就會遭受到無神論者的極力反對，說有見過神靈的人都是在他精神恍惚狀態下，在其眼中所產生的幻象作用而已。認為若自己沒有親眼目睹，絕對不相信世界上有神的存在。我現在舉出一個

89

強有力的例子，來談一談世上有無存在神的問題。

在西元 1887 年，印度南部一個窮困的小鎮裡，出生了一下名叫做「拉馬努金」的小男孩，雖然他是誕生於印度最高種姓「婆羅門」家庭中，但在當地幾乎都是貧窮的家庭，在那裡的小孩，絕大部分都會以平凡無奇虛度其一生。命運女神卻單單眷顧這個男孩，祂造就他成為世界上無以倫比的一位數學奇才，堪稱空前絕後的數學大師。在他初中求學時期，為了補貼捉襟見肘的經濟，家裡騰出一間空房間出租，剛好租給了兩位就讀國立大學的大學生。由於這個善緣，當時的拉馬努金有機會得以第一次接觸到數學，即刻就產生了極大的興趣，這兩位大學生於是成為他最佳的數學啟蒙老師。

在他 11 歲的時候就已經掌握了大學高等數學的全部知識。這兩名「家教」窮盡壓箱底數學功夫已全部教會了他，於是給了他一本高等三角學，讓他獨自去參研。經過兩年不斷的研究，拉馬努金在他 13 歲的時候，不僅掌握全書精要，無師自通，而且聞一知十，還發現更複雜的定理。在他 16 歲的時候得到了一本「純粹數學與應用數學基本結果匯篇」，書中包含了 5000 多個數學定理和公式，但是絕大部分都沒有經過證明的過程。拉馬努金看這本書的時刻，彷彿有無窮無盡的電磁脈衝，接通了他大腦的所有神經網絡，幾乎是大概看一眼，即可以分辨出那個對或是那個不對。這個公式應該怎麼樣來更改一下，就可以完善，且能觸類旁通又生出新的靈感來。於是他馬上將這個發現記錄在筆記本，在短短的一年時間內居然把這些 5000 多個公式全部引用自己的方式，

完整的將所有公式證明了一遍。高中畢業後，順利的進入大學。由於他嚴重偏向數學科目，幾乎花費所有的時間都在鑽研數學方面，結果導致他的文科及英語嚴重性不及格，結果最後無法畢業。

　　離開了大學後，21 歲的他繼續獨自執著從事數學研究。當時 1908 年末，他的父母幫他找到了一個媳婦，名字叫「賈娜姬」，他媳婦當年只有 9 歲，在那個年代，印度女孩 9 歲結婚是很正常的事情。結婚後總是要找個工作，而他的專長就只有數學，於是帶著他的數學筆記本去各處謀職但四處碰壁，好不容易有個大學數學系的教授缺，可是對方看他這麼年輕，不相信而回絕了。後來拉馬努金遇到當時印度數學協會的會長「艾亞爾（R. Aiyar）」也是當地稅務局的副稅務官，拉馬努金向會長展示了他平常的數學研究筆記本，可是艾亞爾是專攻幾何學的，看他的筆記本後也看不懂，只是直覺筆記本內這些公式定理非常高深，便推薦給一位數學家朋友「拉奧（R. Rao）」，這位大數學家看完他的數學研究成果後，極度懷疑怎麼可能出自如此年輕學者，甚至裡面有許多公式，他壓根兒從來也沒有見過，但經過證明之後，似乎都還對，艾亞爾於是決定給拉馬努金一個機會，讓他在稅務局工作，好養活自己，然後才能繼續從事數學研究，於是艾亞爾成為拉馬努金的第一個貴人，這一回拉馬努金終於可以不用勒緊腰帶，忍受空腹之苦去研究數學了。

　　之後拉馬努金開始在數學領域大放異彩，僅是在印度散發光芒是不夠的，於是他將自己所有新創的數學方面成果，寄給當時數學領域最高殿堂英國著名的幾位學者，大部分學

者皆沒有什麼反應，只有一位名叫做「哈代」的數學家，注意到這個印度小伙子的天賦，而哈代正是這個領域的專家。他說他從來沒有看過這些定理和公式，這些公式讓人看起來非常不能理解，但是心中明白只有一流的數學家，才能夠寫出這麼高深的公式。於是請拉馬努金到劍橋三一學院和他一起從事數學研究，此後拉馬努金展開他的黃金時代。

哈代逢人就誇獎稱讚拉馬努金這位曠世天才，他問拉馬努金究竟是如何能夠寫出這些公式的，因為這些公式顯然不是可以通過常規數理推論得出的。拉馬努金非常老實地說：我經常會在夢中，被印度女神「納瑪姬莉（Namagiri）」的啟示而得到靈感，早上醒來後可以憑藉清晰直覺記憶，寫下這些數理公式。他說在睡夢中，腦部思緒會變得清晰異常，他可以接收到巨大的信息量。在比較特殊的夢中，他可以看到一面巨大的紅牆，空中會出現一隻手，寫下一個又一個的公式，他記住了這些公式，等醒來之後就立刻用筆記本記錄下來。拉馬努金雖然沒有受過正規的基礎數學教育，但是他有一套自身所建立的數學研究方法。事實上拉馬努金所寫的大部分公式，直到現今經過數學專家證明，他寫出的公式皆是最前沿高端的。有人稱他是來自未來世界的人，他成為世界級頂尖的數學論文專家。在倫敦的這段期間，拉馬努金寫出的數學論文當中，其中有一篇震驚了整個數學界，這篇論文突破困擾了數學家高達幾個世紀的「整數分拆」難題。

這整數分拆在個位數時還容易慢慢的逐步算出，但到百位數時就非常難算，如果套入拉馬努金創出來的公式，即可很容易的算出大概有兩億種的分拆方式，正是因為這篇論

文，拉馬努金被題名為英國皇家學會會員，這是數學界的最高榮譽，他也成為了有史以來最年輕的會員。但是由於拉馬努金長年累月，忘寢廢食，專心投入到數學的狂熱研究當中，疾病纏身，肺結核病一直治不好。由於思鄉心切他毅然決然回到印度。他依然不顧自已生病狀態還是仍舊瘋狂鑽研數學，一年後，西元 1920 年，拉馬努金終究敵不過病魔而逝世，當時年齡僅僅 32 歲。拉馬努金在他去世時留下了 3 大本厚厚的筆記本，全部都是他憑藉著直覺寫出來的將近 4000 個數學公式。雖然當時他自己沒有證明，被後來的數學專家證明是正確的。譬如比利時數學家「德利涅（V. Deligne）」，於 1973 年證明了拉馬努金在 1916 年靈光乍現浮出的數學公式，德利涅因此獲得了 1978 年的菲爾茲獎，這是世界上最高的數學獎，其榮譽等同數學界的諾貝爾獎。

　　在他死後的近 100 年裡，於筆記本中記錄的祕密不斷地被挖掘出來。他發現的定理被應用到他當時活著的年代，除了純粹數學方面做出的成就之外，很難想像到還可以影響其他科學的領域。例如他發現的好幾個定理，居然還包括了粒子物理、統計力學、計算機科學、密碼技術、空間計算技術以及天體力學等不同的領域，都引起了相當重要的作用。在 1919 年，拉馬努金生命的最後一年，他的女神納瑪姬莉在夢中，賜給了他最後的一個靈感，一個特殊的函數模式，當時所有的數學家沒有一個人看得懂，直到 2012 年才被一位數學家破解，發現這個公式可以用來描述黑洞的運作。當拉馬努金首次提出這個公式的時候，人類當時對於黑洞完全毫無概念，而拉馬努金猜測，在輸入特殊值時或許這樣能描述出

此特殊函數。它和一般模型外相並不一樣但特性是類似的，這種特殊值稱為「奇異點（奇點）」，後來的科學家認定黑洞的中心其實就是一個「奇點」。在這個奇點上，時空曲率和物質密度都趨於無窮大，時空流動達到盡頭，引力彎曲成了一個漩渦的陷阱，變成一個無限吞噬物質的無底洞。因此拉馬努金是在「相上（居於夢與醒之間）」驚鴻一瞥的那一剎那看到了奇點，而那一時可說是最接近黑洞真相的人；在數學家眼中，宇宙是可以計算的，不一定非得用太空望遠鏡才能窺其貌。數學就是宇宙的通用語言；拉馬努金虔誠的相信，這些 4000 個定理和公式都是納瑪姬莉女神，在夢中賜予他靈感。這「靈感」一詞，也是來源於希臘語文當中「神靈的感覺」，他的這些公式及定理，也慢慢地被一代一代的數學家所證明，說不定他後來又會轉世回到地球的某個國家後，也加入證明他前世所創意的定理和公式。

II、在中國西藏亦發生一個類似類似拉馬努金「神托夢於人」後，產生不可思議的現象。有一位名叫「斯塔多吉」的男孩，在他只有 9 歲的時候，有一天他幫忙父母放牧牛羊的時候，可能感覺有點累了，就躺在柔軟的草地上，望著天上的朵朵白雲，腦中浮現出美麗的憧憬，加上和煦的春風徐徐襲來，不知不覺地進入夢鄉。過了不久，他望見一位莊嚴威武國王裝扮的神明，騎著美麗白馬，身後跟隨著兩名雄壯的金甲武士，奔馳靠近他時翻身下馬，這個國王和藹可親對他說：「小朋友！你肚子餓不餓？」斯塔多吉坐起，靦腆的笑著，此時國王從衛士拿了幾本經書，不由分說地塞進他的口中，狼吞虎嚥了經書之後，這兩位御前侍衛，一腳踏上天空

彩虹，一腳踏著草原。之後，三人及馬剎那間皆消失不見。他心想書本怎麼可代替饃饃，這會兒感受到肚子很脹，於是醒了過來，才知道原來是一場夢。

　　第二天睡覺醒來之前夢裡充斥著萬馬奔騰和戰爭廝殺震天的場景，讓他心有餘悸。又過了些時候，有一天小男孩到學校上課，在課堂上突然覺得肚子很脹，有些噁心，還一直想吐，又吐不出來。過了一段時間好像有點陷入半昏迷狀態，他開始像老學究一樣搖頭晃腦，口中喃喃自語，不斷唸唸有詞，旁邊的同學有的愣住，有的偷笑，也引起老師關注。老師靠近他聚精會神地仔細聽，這下不得了，男孩唸的居然是「格薩爾王傳」，是西藏格薩爾王朝優美史詩。老師讓他不停唸了兩個小時左右才自動停止。他好像大夢初醒也不知道剛才他做了什麼，當時他才是 2、3 年級的小學生，認識的字不會很多，怎麼會背誦出如此長篇大論？他的驚世才藝訊息很快被廣傳開來，自此之後有西藏文化學者對他印證，證明他可以背誦出格薩爾王史詩經典。而這格薩爾王史詩總共長達兩千萬字左右，又長又優美，在詩集造成後歷經千年漫長的時光，它一直在藏族牧區草原牧場、帳篷中被幽然婉約傳頌著。

　　它比希臘「荷馬」史詩多出幾十倍長，另外希臘還有「伊利亞特」、印度的「羅摩衍那」、「摩訶婆羅多」，當然還有其他文明古國的英雄史詩，但全部加起來都沒有格薩王傳那麼多。等他初中畢業後，曾經徘徊在十字路口，一度想放棄此唱誦天賦，西藏傳承文化保護工作人員幫他保送進入高中，在高中時期就曾經到其他班級演唱格薩王傳，後來

也順理成章就讀西藏大學並時常融入格薩爾文學研究所，一起深入探討格薩爾文化。西藏有位高僧說他是一位「神授藝人」，也就是神明揀選之人，要來幫祂弘揚佛法，宣揚佛學理念的。因為西藏人皆相信格薩王是藏密祖師「蓮花生大士」的化身，威儀赫赫，格薩爾王傳即是記述王者英勇無畏精神，一生南征北戰，統一了近 150 部落以及祂有許多勤政愛民的事跡，展現出祂慈悲與智慧二德。

斯塔多吉他現年 30 歲，25 歲時和他高中女同學交往也完成他的終身大事。他是大學最年輕的教授，也是中國大陸的國寶級藝人。中國大陸央視有派小組來為他錄製影視聲音存檔並播放，他從頭開始就一直唸個不停，搖頭晃腦，聲音抑揚頓挫，大珠小珠落玉盤，唱作具佳，幾個小時很快就過去了，將它與前人抄寫的整篇格薩爾王傳來對照，完全一字不差誤。到現在已經有好幾十卷的錄影帶，他的願望是將格薩爾王傳完成漢譯及英譯，讓格薩爾王傳廣為流傳世界。

其實在西藏關於格薩爾王傳奇的說唱藝人尚有八十多位，其中也有女性，還有其他相關的藝術工作者也有一百多位。有畫畫的、畫唐卡的、有音樂編曲的、有編舞的，在拉薩有一家餐館，從早到晚都有請唱頌藝人說唱格薩爾王傳。有人是靠背誦出來的、有的人先是閉目唸完祈禱文後自然生出來的說唱、還有一位是拿出像藏經修法儀軌的白紙條上面空無一字，但可以開始唱誦，如果沒有這張空白紙條他就沒法開張唱誦。另外還有在西藏果洛地區，有一位非常有名的說唱藝人，他是「昂仁」老人，相傳他可以不吃不喝不睡連續說唱七天七夜。2012 年昂仁去世了，但他說唱的樣子依然

深深地留在女兒及外孫女的記憶中，她回想每當有客人到她家的時候讓他說唱格薩爾王，他就喝一口小酒，一開始唱後就停不下來，他並不需要看任何文字即可不間斷的唱出清亮聲音的詩篇，聽了讓人感到通體舒暢，心中洋溢著快樂。他於年近古稀時替中國民族文學研究所，錄製留下了昂仁說唱的八部格薩爾史詩。

　　除了斯塔多吉能唱出全套詩集以外，在他之前，西藏還有一位國寶級的神授藝人名為「桑珠老人」，桑珠老人在央視錄製的更多，他錄製全部大約有 46 本，錄製出來的總長度達 2 千多小時，一天 24 小時，10 天就是 240 小時，100 天才有 2400 小時，也就是他 100 天可不吃不睡不上廁所，如此不停不間斷的唸誦，實在是不可思議，這現象只有一些聖者高僧禪定才能達到入定好幾個月的境界。他的影音錄製帶有完整好好的保存下來，桑珠老人活了 90 歲，直到 2011 年才過世。無獨有偶，桑珠老人的境遇亦和斯塔多吉幾乎差不多，他也是在小時候 11 歲時，有一天作了一個夢，在夢裡他遇到幾個凶神惡煞在追殺他，說他的家人欠了他們很多的錢，當快要被追上的緊張時刻，突然出現一位高大魁武，身穿金鋼盔甲，手持金剛神鞭杖，面相如同格薩爾王一般的人，打的惡漢們抱頭鼠竄，落荒而逃，解除了他的險境，此時他才從夢中醒來。之後也是如同斯塔多吉一樣，會自然流利歌頌出格薩爾王史詩，筆者自己猜測這兩位神授藝人可能是 1000 年前，在格薩爾王麾下三十多位將軍其中之二員，現在轉世回至西藏。我只是隨便猜猜。

　　前面講到的是「人證」，另外一個神奇的是還有「物

證」，在最近幾年，在格薩爾王登上王位的地方，出生了一位稱作格薩爾王的「掘藏師」，這位名為「郭登達覺」，他說在他十二歲時，就可憑藉著神明的啟示，在特定的時間，特定的地點，找到兩千年前格薩爾王的物品。他可以透過禪定來發掘古文物，時至今日「郭登達覺」已經挖掘出三十多件與格薩爾王時期有關的法器與實物，而其他掘藏師也有找出散落在各地寺廟，格薩爾王麾下將軍的衣、冠等文物。「郭登達覺」自稱是格薩爾王後代，能感知天地，經禪定後能知法器等寶藏位置。最近的一次是在他齋戒沐浴後與千里之外趕來參與法會的喇嘛修了一整天的法，然後獨自一人在帳篷內閉關七天，在北京「格薩爾王史詩」文物研究員「諾布旺丹」見證下，開始「掘藏」法事。我想大概是他身上磁場和寶物的磁場能互相感應，愈接近時身上磁能振動愈強，等到臨界點時，他坐在寶物前三米的椅子上，指揮幾位考古人員用鏟子挖掘，在挖掘將近兩公尺深的大坑後，終於挖掘出一尺長，包覆著泥土的「金剛杵」。所以「人證」、「物證」皆齊，最後摘錄出史詩中四詩句，以饗大眾：「在青稞上傾聽花朵，在花朵上吟唱星光，在星光上撫摸銀河，在格薩爾中描繪宇宙。」

Ⅲ、在 2012 年時印尼西爪哇有一位年齡 19 歲名字叫做「蒂娜」的女孩，竟然引起了全世界的矚目。有一天她感覺到眼睛非常的不舒服，請她的父親帶她去看眼科醫生，當醫生幫她檢查眼睛時，將她眼瞼往下翻開時，醫生著實驚嚇一大跳，居然少女眼睛流出一顆鑽石，令人匪夷所思。醫生在詫異之下又壓了一下她的眼瞼，又流出一顆像鑽石的異物，經由如此

緩慢地動作，最後總共流出大大小小將近二十顆的鑽石。這些鑽石經加工後呈現出切割完整的成品，顆顆閃閃發亮，有透明淺藍色、有淺綠色的、有白色透明的……，經過儀器檢測結果居然這些產物和人造工業鑽石硬度一樣！之後幾天少女每隔十分鐘到二十分鐘，眼睛就自動流出一顆鑽石來，雖然她眼睛流出來的鑽石如同蘇聯鑽、印度鑽，但也是世上稀有神奇物品，可賣出好價錢，不無小補。如果全是天然的鑽石，那全家人吃喝穿用住，一輩子都享用不盡了！

醫生問她如此奇蹟現象是怎麼發生的？是否曾經經歷過奇怪的事情？少女回答：是去年晚上她做了一個夢，夢見一位老太婆來找她，那老太婆很慈祥，臉上笑容可掬向她走近，然後手上拿著一顆椰子送給蒂娜，她欣然接受椰子，然後把椰子抱在懷裡，之後就醒來了。第二天白天她感覺眼睛有些刺痛，結果流出深色濃稠的淚水，為了安全起見，於是去讓醫生檢查但也查不出什麼有異之處。後來她眼睛流出的淚液漸漸地淡薄，幾天後自然的不再流了。她就沒有在意，只是心裡會感到有些怪怪的，後來到第二年去看眼科醫生的前一個晚上，又作了和去年同樣的一個夢境，跟以前同一位的老太婆又來找她，這次老太婆也是抱著一顆椰子，但這回和上次不一樣，老太婆是在她面前將椰子剖開，然後送給她喝，她只覺得椰子水如同瓊漿玉液一樣好喝，夢醒後還用舌頭涮了一下嘴唇，意猶未盡。結果第二天白天時，她感覺眼睛怪怪的，有些微的刺痛，但還沒有達到痛楚的地步，可是為了保險起見，還是請老爸帶她去看醫生，最後造就出流鑽石眼淚的驚世奇蹟。那這樁舉世矚目事件和神有什麼關係

呢？筆者認為只有從少女前世因果關係和其因緣法則去推論，應該是她前世是位印度鑽打磨師，樂善好施，並做了些積累陰德的事情，因此「慈悲之神」在她夢中化現成一位老太婆，手中拿著椰子，並且打開，將椰子水讓她喝，而椰子水象徵白色透明甜的糖水，還含有電解質，我們現代人稱為「碳水化合物」，這個「碳」即是鑽石形成的元素，因之給予她啟示的夢兆，最後示現神通，造就出流鑽石眼淚的果報來。

而另外一位在 1996 年黎巴嫩的少女，亦發生同樣的玄異事件，此事件比上述所說的少女的時間較早。一位年齡 12 歲的少女有一天她感到左眼不舒服，覺得眼睛裡好像有異物，於是讓她爸爸檢查一下。她爸爸過來幫她撐開仔細端詳，翻開眼瞼時，著實讓他嚇一大跳，眼睛裡掉下一片如同玻璃一樣透明的硬片。之後她眼睛還是感覺有點怪怪的，翻開眼瞼又是一片頗硬的透明片，她父親於是決定帶她去眼科醫師那兒徹底檢查。這結果讓醫生驚訝不已，又撥出好幾片硬度很高的透明片，只是這些亮片形狀大小皆不規則。之後每天少女眼睛小規模量產出 7 片，經過科學家檢驗這些亮片就是水晶片，但是奇怪的是這些堅硬的水晶片，竟絲毫不會割傷少女的眼睛，也是令人嘖嘖稱奇。至於她和神明的因緣果報關係，我想大概是和該國或是周遭國家有出產水晶礦的山神，有特殊因緣關係，她採集了水晶礦石，以虔誠心意來供奉當地神明，因此有這一世的果報。

引述了上面幾個例子，無非是想說明不論「神明」還是「神祇」都是形而上存在的事實，一般人需要虔敬心及信念

才能和祂相應，所以綜合以上本章結論，有些納斯卡地畫是上天之神的起心動念，「八仙過海，各顯神通」，以祂們的「神通」、「神變」所畫成。

(2)納茲卡線圖畫有些是域外文明之外星人所造就成形

從地球上自古代文明壁畫及文字的記載中，就有親眼目睹外星人或是外星飛行器後以簡單圖案畫在石壁上。到後來人類發明照相機、錄影機，還有現今大部分的個人皆擁有的手機，可隨時隨地在看見上空有不明飛行物體時馬上就用手機拍攝下來。因為發現的飛行物形狀各異，雖然以圓盤碟狀為多，稱作「飛碟」，但是也有其他不同造型，甚至還會變形的，不容易稱呼，後來乾脆統一命名為「不明飛行物」，「幽浮」。從古至今如此累積下來有好幾千幅的圖像，甚至還有各國空軍和幽浮對戰的情況，並且還有擊落幽浮俘虜了外星人的傳說。當然這是列為國家最高機密，是真是假，無從得知。事實上既然大伙都公認不明飛行物，能夠到地球來去自如。其高度的科技文明與地球人類相差好幾個檔次。一般人對此事保持存疑態度。但是對於幽浮發生意外而墜落地球的事件應該是有可能。至於有拾獲外星人屍體，也是有可能。如果說有俘獲存活體外星人，並且和他們能互動溝通傳達意識，還簽訂合約，那則是國家機密。只是傳聞如果是真實，事隔至今已有五十多年，怎麼到目前為止為何尚未看到人類成功製造幽浮飛行器的影子？

談論完了不明飛行器，現在談一談所謂的外星人是何種面貌？至今有許多不同研究發現過外星人或是言之鑿鑿親眼目睹過外星人；還有第二類接觸過外星人的；甚至有第三類接觸的。據

統計資料加起來，總共來到地球上的外星人，居然高達有 86 種之多。大致上分成五類（小灰人、高灰人、蜥蜴人、諾迪克人、喵星人）。有最近幾十年陸續來的，有一兩千年前來的，在文明古國就有文字記載以及壁畫上有圖為證。甚至還有四萬年前經由星際之門來的，現今早已居住在地心當中；有的住在海洋當中；有的住在南極；有的住在深山大澤之中。大部分都是呈現蜥蜴人、青蛙人、蟻人或其他爬蟲類的各種形象分布在地球表面或是地底下生活。這些外星人全是從銀河系內不同的星座，甚至遠從銀河系隔壁鄰居的仙女星系內的星座來的，他們幾乎一致的目的都是為了監視地球人類行為舉止動態；另外一種外星人是從金星、火星、卯宿星、天狼星、天龍星、天琴星、織女星、大角星、阿萊曼 X3（Aremo-X3）、艾薩莎尼星、還有其他星座整體的外星人。例如獵戶星座人，化身成人類肉體形態生活在人類社會中，最著名就是蘇俄的「火星男孩，波力斯卡」。他雖然七歲小小年紀，但對於天文宇宙還有科技方面知識豐富的認知，連當代偉大的宇宙天文物理科學家「霍金」都說已經超出了他的想像，火星男孩的奇事在網路上談論太多了，還有他的預言 2020 年七大災難，三個已經實現，如果大家有興趣上網路去查就可知曉不再贅述。

中國「司馬遷」著的《史記》就有記載，在古代周朝周宣王時代曾提及從「熒惑星」下來的一位紅衣男孩唱了四句預言歌：「月將昇，日將沒，檿弧箕服，幾亡周國。」。熒惑星從堯舜夏商周以來在中國之名稱就是現在所稱的「火星」。檿弧即弓箭的意思，是說將來有一個女子於弓箭之緣，會滅亡周朝。周幽王即使搜刮盡全國弓箭以為可以高枕無憂，沒料到製作弓箭的夫婦在

河上撿到一個女嬰，扶養長大後就是稱作「烽火戲諸侯，滅亡西周」的「褒姒」；後來晉朝官方史官「裴松之」註解的《三國志・吳書・孫皓傳》：「青衣兒乃答曰：『爾惡我乎？我非人也，乃熒惑星也。將有以告爾：三公鉏，司馬如。』」也就是在三國時代，有一位大約八歲左右身穿青色衣服的男孩，而且雙眼放射燴燴光芒，對一群同年齡在玩遊戲的孩童說到：你們不要怕我！我不是一般人，我是從天上火星下來的人，是要告訴你們現在蜀漢、魏、吳三國爭天下，但最後是司馬家族的晉朝一統天下。孩童們聽了之後連忙叫大人來，等大人們來時只見青衣童像長白布一條鍊光直衝天際，至於真假，悉聽尊便。

　　現在談一談由金星來轉化成地球人類型的人，她的名字叫做「歐米娜・歐涅克（Omnec Onec）」，在 1955 年她和另一位夥伴搭乘大型宇宙飛船到地球軌道，後轉搭一艘雪茄型的接駁飛船，抵達喜馬拉雅山麓的一間寺廟。這間隱密的寺廟，在兩千年多年來都是一些外星訪客抵達地球後，為了適應地球的環境，被教導如何在大氣壓力以及重力下，還有在水文中行動自如，並且了解地球人類社會生態的「橋頭堡」。在那裡喇嘛幫她物色一位於美國田納西州，一名車禍剛剛離世的小女孩，歐米娜靈識進入小女孩的身體，小女孩奇蹟似的又復活了。因為那地方處於偏遠鄉下，小女孩從小就是由外婆一人獨自扶養，這種無接縫式的轉身為人類形體，自然不會引起他人的懷疑。至於和她同機的夥伴，我想大概亦是如法泡製成為一位「喇嘛」繼續做修行辦道的事了。而歐米娜在之後的 35 年過著低調平凡的人生，直到 1990 年的時候，她被上面告之是恰當時機，可以宣告人們她來到地球的願望和使命，那即是「讓人類能夠醒悟人生，洞悉實相」，指引

人類朝著對自身及其他大眾具有饒益性的行為為目標。她說金星人是地球人類的祖先，在其他太陽系星球，都有高等文明人類的存在。最早的時期白種人來自金星；黃種人來自火星；紅種人來自土星；亞特蘭提斯人和美國印第安人都是源自於土星人；黑種人來自木星，他們有優勢的運動本能，還有優質的音樂天賦。至於地球上的文明及科技，很多是來自外星人的教導，例如亞特蘭提斯本來是在大西洋上一塊非常大的島嶼陸地，他們得到外星人傳授的高科技後，在精神及心靈方面的成長趕不上科技的進步，導致濫用科技，大概就是發展原子科技，造成核子戰爭，引發不可收拾的災難。大塊陸地四分五裂，均沉入大海，到目前為止人們還在各個海洋尋找亞特蘭提斯失落的城市，有的說是在大西洋，有些人說在太平洋，還有說是在印度洋，可能都對，畢竟他們以前生存的大陸已經四分五裂了；此外她還談到他們乘坐的飛行器是運用永磁力的原理，還有取之不盡，用之不竭的太陽能，互為動力系統來飛行，它們能夠快速移動的祕密，就在於磁場和磁能及太陽能的應用，可能造成重力場形成蟲洞，可以迅速到達其他星球。總之她了解其他外星人和她的金星人來到地球的目的，就是想要幫助地球人從第三物質維度提昇至星光維度，進而更上一層樓之維度。

另外再說一位生活在地球上較出名的外星人，他就是瑞士的一位農夫「比利邁爾」，於 1938 年 2 月 3 號出生，他自稱是從「昴宿星人」轉化成的地球人。從 1943 年他 5 歲時就開始第一次和他老家昴宿星來的外星人接觸，他們很友善告訴他許多天文地理及科技知識，開始時大家都會把他的說話引為笑談，尤其是他的妻子更是數落的厲害，乾脆就說他是個騙子。既然不能把外星

人教給他的特殊知識販賣出金錢來，整天只會吹牛又有何用！終於在 1979 年他的妻子和他離婚，她並且向到訪的媒體說他是個超級騙子，比利邁爾不得以拿出了兩塊特殊的金屬塊作為證物，來證明自己沒有說謊，他說這些金屬是一直和他接觸的外星人拿給他的，並且說是外星飛船的材料之一。為了取信大眾，比利還將金屬送到 IBM 實驗室去做檢驗，這家公司是當時世界最有權威的電腦製造公司，不管是硬體或是軟體皆是一時之翹楚，對於應用材料、物理、化學等方面，都是冠宇全球的。實驗室領導人「馬塞爾」博士是高級研究員之中佼佼者，還擁有 32 項研發的專利，是位學識淵博的科學家。當他檢驗此神祕的金屬後，眼前這塊毫不起眼的金屬，竟然幾乎包括地球上所有元素週期表上的元素，而且每個元素都保持著非常的純度。另外還有一個特殊金屬元素「銠」，是地球上以前從來沒有發現過的元素。之後又另外請了多位冶金方面的專家，他們具有各種合金製造專門技術，但當他們看到這塊金屬時，都有一致共識，以目前地球上的科技是無法將這些元素金屬熔合在一起，外星人的高度科技文明是地球科學家無法想像的。而另外一個金屬塊也是非常的神奇，當馬塞爾博士用儀器不鏽鋼探針接觸它時，這個金屬會出現紅色和淺色的條紋，如同做量子雙縫實驗時，最後背景屏幕皆現出深淺的雙色條紋，而這金屬會迅速脫氧，最後變成純淨的金屬。馬賽爾博士將這兩塊金屬視為至寶，妥善保存，但後來居然發生詭異的事，這兩塊奇特的金屬，居然在保護非常嚴密的 IBM 實驗室裡憑空消失了！不知道是不是外星人展現「五鬼搬運」大法，將這兩塊金屬弄回去了，還是其他人以「瞞天過海」方式幹走了，這成為世界一大懸案。

　　不管金屬塊的事情了。此後只有小學畢業的比利邁爾在蘇黎世他家的門口，經常積聚了許多全世界頂尖的科學家，都要找他談天說地；全世界各國的政要也想向他打探未來世界政治動態；當然政府情治人員全天候監護著他，以防恐怖分子做出對他不利的舉措；另外有許多科研機構，都搶著請他去演講。他可以和所有的科學家談科學知識的問題，大家一致問他的問題是你怎麼懂得這麼多？他回覆只有一個答案：是外星人告訴我的！難怪一個小學畢業的人那會知道這麼多全方位的科學知識，前面提到他從5歲開始後，就一直不斷和外星人接觸，每次和外星人互動時，他會拿著筆記本當場記錄下外星人傳遞給他的科學知識，1975年在第31次見面時，外星人和他解釋地球並不是個正圓球體，而是個不規則的球體形狀。外星人說：地球的腰部總是粗粗的。因此，如果從地心開始測量或是從宇宙高空視角來觀看地球，地球上的第一高峰並不是大家所熟知的「珠穆朗瑪峰」，而是南美洲厄瓜多爾的「欽博拉索山」。當時比利邁爾提出來地球是個粗腰部時，大家都一致的嘲笑他，原因是在1968年「阿波羅8號」太空船，拍了一張藍色地球照片，明明白白看見地球是正圓球體，也是人類第一次看到地球的完整照片。所以大家絕對相信地球是圓形的，不過還好比利在1988年出版了一本叫做「來自昴宿星信息」的書，有一段清楚地寫到，如果從地心來計算欽博拉索山，它山的高度整整比珠穆朗瑪峰高出2150公尺，當時沒有人認同他的論述。直到1996年世界科學組織，利用當時最新的衛星，以最強的雷達探測技術再加上超級計算電腦輔助之下，最後終於算出如果從地心來測量，欽博拉索山會比珠穆朗瑪峰高出2200公尺，這與比利21年前提出的數字，僅僅相差了50公尺。也許有人認

為 50 公尺差距還是很大，但是如果包括地心的長度，欽博拉索山可是高達了 6384 公里，換言之，這 50 公尺相對於 6384 公里的比率，其準確度已經達到 99.99％，而誤差率更是來到了小數點後 5 位數的 0.0000783％。這些數據可是科學家們花費了十幾年才算出來的，而只有小學畢業的農夫竟然比科學家提早 21 年就知曉了，真是跌破一大堆專家眼鏡。

最後談一下比利對未來世界的預言，那當然也是外星人告訴他的，像是 1958 年時比利就提到 40 多年後，地球上每一個人都會隨身攜帶一個電話，不用說那當然就是現在幾乎每個人都擁有一支智慧型手機，甚至還有人隨身帶著好幾支手機。這手機可以通過行動無線網路及通信衛星，在全世界都可以互通多樣的訊息；另外在那個年代，他就提到美國會與伊拉克發生戰事。至於 2020 年在美國會發生一件大事，那就讓大家各自解讀，說的是不是新冠肺炎的大流行？還有他提到中國在未來世界將成為最強盛的國家。比利邁爾和昂宿星人的第三類接觸的證據，有他拍的外星人飛碟相片，還有外星人來拜訪他時他錄到的特殊聲音，經由 NASA 檢驗，證實那不是地球上能發出的音聲，最後結論確實有外星人。

再舉一個有外星人存在的例子，和上篇一樣也是和外星人有第三類接觸。這回發生地點是在中國，在 1977 年的時候，當事人也是一位年輕憨厚種田的農夫，他的名字叫做「黃延秋」，當時他是 21 歲，在河北一個叫肥鄉的地方務農，當地是非常偏遠的鄉下。日期是在 1977 年的 7 月 27 日，在那前後幾天是他人生大喜的日子，他準備要結婚，新房剛剛蓋好，上級批准的結婚證書也領到了，就等隔天新娘的親自簽字後即可成婚。但是在 27 日的晚

上，大概將近 10 點的時候上床睡覺，可是一覺醒來，觸目所及，驚見四周怎麼全部都是高樓大廈！而且看到許多招牌上寫著南京某某公司，南京某某餐廳，南京板鴨，怎麼全都是南京字號，他感覺自己好像在飛行？難道是快要結婚樂昏了頭，在夢中遨遊？但他又明明覺得不是在做夢，為了證明到底是怎麼回事，他用力咬了自己左手臂還真的疼啊！他又想即使在夢中可能也是會感覺痛吧，於是模模糊糊似乎又睡著了。等他再次醒來，驚覺自己不是睡在床上，發現自己被人丟包躺靠在路旁的樹幹，看了一下左手臂，依然有自己的齒痕。在納悶之餘，他只好問經過的路人，才知道自己是身在南京，而且時間已過了十個鐘頭。

要知道河北肥鄉距離南京有 1140 公里之遙，以當時交通狀況，從他家肥鄉到最近較繁的城市邯鄲相隔 45 公里，而且都是鄉間小路，最快交通工具騎腳踏車也要五六個鐘頭，邯鄲有普通火車，到上海需 22 小時，上海到南京可能要三個多小時，雖然他醒來時是十個小時，實際上他可能不到十分鐘即到了南京，一直昏睡到早上七八點才醒來。他當時身無分文只得向當地人求救。後來被送到遣送站，遣送站詢問他的出生地並且向他出生地辛寨村發了通電報求證，辛寨村村委會回電說確實有黃延秋此人，但是搬到肥鄉種田，於是辛寨村電話通知黃員所屬的村委會，消息傳來整個村民都沸騰了。明明黃延秋昨晚在家裡，且明天還要辦喜事，怎麼一下子到了南京，是不是想要逃婚？大伙兒湧進他的屋子，準備看個端倪。結果進入屋內，看到牆壁上被刻了很深的幾個大字：「山東，高登民高延津請放心」，後來進一步查證，山東根本沒有這兩個人，這留下來的二人名字代表著何種訊號？還是故布什麼樣的謎陣，沒有人知道。

　　等他被安排回到了肥縣後，結果才過了一個多月，在 9 月 8 日又發生同樣遭遇，都是晚上十點將近十一點時他睡著後，感覺好像鋼鐵人背著他飛行，一會兒又似乎在飛行屋裡快速移動，沒有多久就醒過來，看了一下手錶才十二點，結果這次身體已經在高樓林立，霓虹燈閃爍的上海。這時有兩個人向他走過來，一人自我介紹是山東高登民，另外一位自然叫高延津，他們說知道黃延秋上海有個親戚是在砲兵營做事情，我們是從超高科技的星球過來的。當時黃延秋表現出甚為懷疑態度，而自稱高登民的人說你要相信我們具有超能力，我們可以將時空瞬間轉移。說完他們三人已經是白天了，並且站在砲兵營大門口。這時站在中間的黃延秋也莫名其妙和他們大搖大擺走進軍營，好像都身穿了哈利波特隱身衣，居然沒有任何衛兵阻攔他們。他們二人在路上說，請你放心，你的親戚會送你回去肥鄉家裡，當他們到副營長辦公室時一起進入室內，此時好像兩人會匿蹤，倏乎不見了。他的親戚也納悶黃延秋怎麼會出現在營內，當然結局是他親戚湊了兩百元送他返回肥鄉。

　　這個第二次的夢幻之旅，是黃延秋真實的與外星人第三類接觸，但是他還是在半信半疑當中，結果「無三不成禮」，在 9 月 20 日這一天，那兩位外星人好像不死心，認為黃延秋似乎不相信他們擁有神通廣大的能力，這回帶著他遊歷了九天九夜的奇幻之旅，他一共繞了中國 19 省城市，先是從肥鄉到西北甘肅省第一站落地，之後到寧夏、陝西、山西、再一路到天津、瀋陽、長春，然後又回到南方的上海、南京、而最南方到了福建，並且為了加強他深刻的記憶，故意找特別的地標及場所，都是他以前一輩子從來沒有去過的地方，例如到北京長安大街的長安劇院，正在演

出京劇水滸傳「逼上梁山」戲碼，自然是看免費「霸王戲」，看完後又參觀了故宮，至於到西安就去了大雁塔，參觀秦始皇皇陵兵馬俑，其他地方名勝古蹟亦復如是。後來經由北京大學教授讓他接受催眠術調查，讓他講出實話。結果顯示證明他去過地方的時空背景完全一樣。我個人想，不知道他有沒有想下一回如果能帶他的老婆一起遨遊那該有多好？老婆絕對不會說他是騙子！

　　在說完黃延秋和兩位外星人的第三類接觸事件，說句老實話，我倒覺得此事件是介於神變和外星人之間，形成一種灰色地帶的事件。另外同樣發生在中國亦有類似事情，據湖北省「松滋縣誌」裡頭有記載，松滋縣當地有一位姓覃的人士，有一天他在屋後的山林間散步，突然發現有一個不明物體在天上飛，然後突然覺得自己身體懸空了，精神有點恍恍惚惚地，頓時耳邊風聲大作，好像騰雲駕霧飛行一般，時間好像只在須臾之間，昏沉過後醒來，發現自己在一座山上。正在徬徨之際遇到了一個樵夫，他就問這個樵夫後才知道，他竟然已經到了今天的貴州境內，距離湖北松滋縣，已經超過了千里有餘。他比起黃延秋更為辛苦，沒有親戚資助，靠著一路乞討，才慢慢的回到家裡，這個過程整整用了 18 天。像這樣的縣誌，全部是官方的記載，所以真實性及可信度，應該是沒有問題的。

　　撇開是否神變或是外星人問題，現在聊一下這高登民、高延津兩位「神龍見首不見尾」的外星人，從他們二位大名上來旁敲側擊一下。高登民可能是比我們地球人類科技高度文明的星球，派來的使民，所以名「高登民」；而高延津則是意味延續比地球文明高維度的金星人，他們應該是比同樣來自金星歐米娜的維度高一層，而他們來到地球的目的是透過黃延秋三次的奇幻之旅，

來告訴地球人類說：他們高度的科技文明是多麼的無所不能。至於選擇中國人民黃延秋為關鍵人物的意義為何？我認為外星人自然有他們的考量，「黃延秋」三個字來說，「黃延」有炎黃子孫的意涵，「秋」從一年四季來觀察，秋天是收割果實的季節，於是外星人可能預言影射，對於未來中國會先行造出如幽浮般的太空飛行器。當然如有這種優勢，對於宇宙星際探訪會無往不利，自然而然是地球人類一大福音，我如此這般穿鑿附會的推論，請大家見諒，這個結論大概需要以後的時間來證明了。

　　至於其他外星人大部分是透過所謂的「通靈人」作為媒介，而通靈人也挾著高維度外星人來提高本身的優質感。因此他們的記錄多半是光怪陸離，特異的宇宙現象。打開人類在地球未解的謎團，甚至還有權威式解答：如何創造出人類，宇宙的起源……等，來突顯它們的高維度世界擁有的智慧，高等科技文明，強大無比的超能力，可控制星球間重力場及磁場等。其實我對於他們的說法不一定認同，因為他們自稱被外星人帶至不同星際間漫遊，說的活靈活現，天花亂墜，但是回到地球後拿不出令人信服的宇宙科學準確的數據，更不用說有實體的證物。還有其通靈的對象有修為道行、精神維度等的高低不同。而且它們只是局限於自身的領域範疇或是偏向於利己的意識形態，顯得有些似是而非的模糊地帶，假借道德高超的制高點迷惑眾生，讓普羅大眾被其催眠而不知，誤認其為大善知識。當然也有通靈人遇到好的高維度外星靈教導他，為人治療疑難雜症疾病的良善行為。這些終究不是本身專業涵養所積累的正常根本之道，而通靈人本身能場無法負荷這麼多人的業力，以至於自己壽命受到減損。因此自身知識經驗的累積才是提昇真正智慧的「自力」，可以用來幫

助他人。而依靠「他力」的外靈智能來解決問題的方式不是究竟之道！

(3)外星人是如何畫出納斯卡地畫

　　最後講一下外星人是如何畫出納斯卡地畫來的，不好意思，我個人的推論是如是說：外星人在飛行器內一定有一台「量子電腦」，電腦裡面的量子晶片有設計好的地畫圖形，幽浮飛抵達至先前就選定安地斯山上的位置上空，然後用超級電磁脈衝波照射地面，地面這時的處境就如同製造華為海思「麒麟晶片」一樣，經過深紫光的光刻機照射後，裡面的晶管功能就和設計軟體圖標誌印合，而地面大小不同的石塊，因為本身震動的頻率不同，經超強電磁脈衝波衝擊後，地面上的石頭沙土被不同的脈衝波控制排列，顯現的圖案即和量子晶片設計圖一模一樣。地面上如果石頭不夠，大概是外星飛行器從「皮斯科」地區吸取過來的。結果造成引人納悶，許多的「皮斯科坑」。還有一些圖像是外星飛行器吸取地面土石所形成的，好像我們雕刻工藝品、印章，有陽刻也有陰刻，因此納斯卡線圖騰也是因地制宜而刻劃。於是人們只有從高空中飛行器上才能觀看全貌。人類在在安第斯山的圖案旁邊，用平面視野是無法查覺，需要上昇 1000 公尺以上才能窺見其全貌。

　　納斯卡地畫有的是安地斯山「山神」所造，我在南美秘魯納斯卡古文明時有提及當時建立了「普瑪彭古城」還有「蒂亞瓦納科」城時，都建立有規模大的祭壇或是較小的祭台。後來還發現有規模較小的金字塔，以及如火山口類似天文台的物體。這些都表示當時部落一定會有如祭師的神職人員，帶領重量級要

員、民間貴族向天神祭拜，或是率領有關執事、貴族等對掌管大地農作物豐收的神明祭祀。而這祭師（祭司）有些是世襲制傳承下來的，有的是因果律及因緣關係轉世而來，所以他們多少有些修為和道行。如果其中有特別專心修練師承的咒術或咒語教法，並且對於苦行修練不以為苦，在功夫精勤積累之下，突破世俗人類空間的維度，甚至可以和神祇溝通。而地方山神在他精神感召之下，可以答應祭師以神變之能力，幫助他完成某個納斯卡的圖騰。

(4)安地斯燭台的工程奇蹟

上述說到納斯卡原始部落會產生出道行較高的巫師或是祭司，他們在專注咒語或類似禪定功夫加持下，身體不受地心引力制約，可以慢慢地漸漸騰空，按照事前講定的手式，便於指揮下方工作拉線人員進行雕刻石工，在山壁上刻劃出整齊浮雕。最典型的圖像即是前面提到的「帕拉卡斯」山壁的「安地斯燭台」。所以人類不需要外星人也可以發揮本身智慧長處，完成偉大的工程奇蹟。

以上對於納斯卡線幾百個圖騰的工法，有上天神明的傑作，亦有外星人域外高度科技文明所展現的工程製作手法，還有地方山神在自己身體上紋身的藝術創作，最後人類可以藉由本身修為產生難思議的智慧能力，不讓外星人專美於前，也可以刻劃出大地的雄偉作品。我想是神、外星人、祭師們可自顯神通、能通，各領風騷。

參考資料

❶【國家地理頻道（National Geographic Partners, NGP）】過了兩千多年，納斯卡地畫仍未被完全發現!!? 而在難抵達的丘陵區竟發現了與納斯卡差異甚大的地畫!!?【納斯卡線最後的祕密】

❷【57 爆新聞 萬象搜奇】秘魯沙漠驚見千年巨貓？ 揭數百神祕地畫「納斯卡線」之謎

❸【紅桃 K 日記】好硬！比鋼還硬 10,000,000,000 倍！宇宙中最堅固的物質

❹【文昭思緒飛揚 162 期】佛陀的舍利子，在 1000 倍電鏡下驚現五座佛像！最先進的 X 衍射儀，掃描舍利子有更驚人發現

❺【Seeker 大師兄】消失的瑪雅 1：傳說中的黃金城！地球編年史 29

❻【港仔浪遊南美】－ 2. 秘魯帕拉卡斯 － C.Bond Wandering

❼【人間修行錄】唐密阿闍黎一行和尚的故事

❽【CCTV 中文國際】《遠方的家》一帶一路（458）秘魯：走進納斯卡平原 探究納斯卡的神祕地畫 20181225

❾ 太陽系邊緣最神祕的地帶 -- 柯伊伯帶，它是如何被發現的？裡面隱藏著什麼驚人祕密？【腦補大轟炸】

❿【自說自話的總裁】天狼星 01：天狼星魚人 & 多貢族傳說，天狼星人或已造訪地球？人類的知識來源於天狼星人的傳授？法國人類學家從多貢祭司那裡了解到了什麼？

⓫【新奇檔案】鯨落，世界上最浪漫的死亡，其中還有壹頭名叫 "52 赫茲" 鯨魚的故事！

⓬【自說自話的總裁】天狼星 03：天狼星魚人來地球的真正目的，人類、諾母與科技的關係，以及一個宏偉的太空移民神話⋯⋯

⓭【好奇檔案】震驚！美人魚居然真的存在｜六個真實的美人魚目擊事件！

✳ · ✳ · ✳ · ✳ · ✳ · ✳ · ✳ · ✳

第五章

地球上最大的謎團
──金字塔解密

1 埃及古夫金字塔的數字密碼及對應天空星座之間的關係

　　人類對於古代最有興趣的建築就是各地大同小異造型的金字塔，所謂的金字塔就是只要建造成三角錐形的建築物，都可以叫做金字塔。按照這些年來的統計，各種類似造型，不同材質，大小不同，有在陸地，海裡，河道中，大略估計共有 8 萬多個。在中國；在印度洋中的毛里求斯島；加那利群島；在蘇丹北部的博爾戈爾山；在義大利米蘭的蒙泰偉基亞；印度南部地區，伊拉克東南部地區以及中南美洲墨西哥，秘魯等地方，都有數量龐大的金字塔，當然還沒有發現的一定也不在少數。

　　但是在地球上金字塔的代名詞，其中比較有名的如瑪雅羽蛇神廟，蘇丹的努比亞金字塔，古羅馬的賽斯蒂烏斯等等。這些都是古文明遺留下來的金字塔，由於金字塔的識別度特別引人矚目，再加上它有許多特殊功能，所以好多現代建築物都採用了金字塔的造型，譬如說巴黎的羅浮宮，拉斯維加斯的盧克索酒店，孟菲斯的金字塔競技場。有些醫學研究中心的內部也建了金字塔，用以研究金字塔內部空間和人體健康的關聯。

雖然世界上有各式各樣的金字塔，但是一提到金字塔，那一定非埃及金字塔莫屬。目前知道埃及金字塔據專家統計一共有 155 座，尚有 20 座未挖掘出來。而這些金字塔內部結構，沒有兩座是一模一樣的，各有各的特色，這些都是讓人著迷的地方，而且就連裡面的壁畫也都不一樣。尤其是觀看過埃及吉薩高地的三座「古夫，卡夫拉，曼卡拉」金字塔後，都會被它們雄偉，壯麗的造型所震懾住，後來經過考古學家、科學家、地質學、建築學家等進一步了解其建築結構、座落方位、建造年代，並測量高度，周圍長度，得出體積、重量等等數據。發現建造於 4600 年前的古建築，以當時的人類科學技術，根本不可能造出來的龐然大物，一致認為是外星人的傑作。

尤其是對最大的古夫金字塔做一翻研究之後，發現了許多另科學家驚嘆不止，嘖嘖稱奇的數字密碼。其中連英國偉大的科學家牛頓，為了要證明萬有引力，必須知道地球的周長。當時因為工具的不足，於是牛頓借用了古埃及人的智慧，確定了地球的周長，發表了萬有引力論，解決了難題。因為當時為了解開這些天體運行的所有祕密，他需要知道多方面的數據，如地球的重量、地球的半徑、地球的密度等，有了這些數據的支撐，他才可以證明他的公式可以放諸四海，放諸宇宙皆準。

他在自己所寫的書中說到，他知道埃及人用來測量單位的「埃及肘」（由手肘到中指頂端的距離），此種人體關節長度產生的「金字塔时」，與英國人的英呎、英吋互相呼應。他只要解開「金字塔时」數字的祕密，就有辦法去證明自己天體運行的這個公式是正確的。其實當時埃及人相傳這「埃及肘」這樣一個觀念和度量衡單位，如果用它來乘以 5 億倍，剛好就是地球的直徑。

　　這數據對於牛頓來說是非常重要的事，因為他的萬有引力公式當中算出兩個球體之間的引力值，是萬有引力常數與兩個球體質量互乘後，再除以兩個球體之間距離 2 次方的數值，即是其引力值。而這兩個球體的距離，不是兩個球體邊緣和邊緣的距離，而是兩個球體中一個正中心半徑加另外一個正中心半徑，再加上它們空間之距離，這才是正確距離的長度。以我們凡人眼光去觀看金字塔，就只是覺得這建築很宏偉壯麗，給人一種非常穩定感。而牛頓等科學專家們，他們看到金字塔時直覺它和地球是互相融合為一體的，它的重量就是代表小地球的重量。因為金字塔的重量乘上 10 的 15 次方，也就是 1000 兆倍，即是地球的重量；而用金字塔的高度乘以 2 倍圓周率，剛好就是整個金字塔的圓周長；更重要的是乘上 86400（一天的整秒數），正好就是地球北極穿過地心到南極這樣的距離，也就是地球的直徑，用它來除以 2，當然就是地球的半徑了。還有如果用金字塔的高度再乘以 10 億，居然會是地球到太陽的距離（約 1.496 億萬公里）。因此有了地球的半徑和太陽間的距離，加上知曉地球的重量，於是套進萬有引力的公式，結果証明萬有引力是經典的定理，可以掌握天體運行的軌跡，以此推論金字塔和太陽系也有關係。

　　我們知道大金字塔高 146.59 公尺，底邊長 230.37 公尺，如此龐大的金字塔，它的四面底邊長度之間的誤差只是 58 毫米，這還是在經過 4600 年風化後的誤差。另外金字塔的魔幻數據也是讓人嘆為觀止，前面說過：例如大金字塔的底部周長，如果除以其高度的兩倍，得到的商數為 3.14159，這就是圓周率。它的精確度遠遠超過古希臘人算出的圓周率 3.1418，和中國 1500 年前一位名字叫「祖沖之」，他所算出的圓周率幾乎一模一樣，而金字塔建的年代比中國

祖沖之所處的年代還早了 3000 多年。

大金字塔與北方對齊，只有非常小幾度的誤差，這個北是真北，現在也很難建造讓建築物與正北對齊。但是再算上地球幾千年磁場偏移的話，大金字塔很有可能在當年建造完成的時候，是精準的與真北對齊，很可能完全沒有誤差；另外一個奇妙的數字是大金字塔的北緯度座標，剛好等於非常接近光的速度，它的座標是北緯 29.9792458 度，而光速是每秒 299,792,458 公尺，這是純屬巧合，還是古埃及人已經測量出光速了呢？

最後在金字塔內發現一組神祕數字「142857」，為什麼它是一組神奇的數字呢？因為埃及當時沒有留下任何文獻記錄，不知道這組數字由何而來？這組數字又名走馬燈數，因為每當該數自我累加一次，累加的結果，就由它的六個數字依順序輪值一次。每一次的累加結果，都是由這六個數字排列組合組成的，但是到了第七次累加，它就變成 999999，現在我們來看 142857 加 0，廢話當然還是 142857；142857 × 1 = 142857，而 142857 × 2 = 285714，大家會發現 285714 也是這六個數字的組合，那麼 142857 × 3 = 428571 也是這六個數字組合，142857 × 4 = 571428，那 142857 × 5 = 714285 亦是這六個數字組合，142857 × 6 = 857142 亦復如是這六個數字的組合，而最後乘以 7 就變成了 999999，也就是 6 個 9，後來我們再將 142857 × 8 = 1142856，之後 1 + 142856 = 142857，怎麼理解這個數字呢？

把第一位的 1 拆開，變成 1 + 142856 = 142857，而 142857 又回到了它自己本身。接下來也是同樣算法，142857 × 9 = 1285713，再將前面的 1 拆開，1 + 285713 = 285714 又是同組數字。於是可以發現，這變成了一個新的循環，然後繼續用前面一樣的算法，

$142857 \times 10 = 1428570$，$1 + 428570 = 428571$，於是就進入了無限循環的模式，傑克真是太神奇了！這還沒完，更神奇的是與這個數字有關的除法。$142857 \div 7 = 20408.142857142857142857142857$……，可以看到無限的 142857 在小數位裡循環，還沒完，把 142857 的 2 倍數 285714 除以 7，$285714 \div 7 = 40816.2857142857142857142857142857142857$……，又是無限的 142857 無理數循環，另外幾個累加數字除以 7，也會得到類似的 142857 無理數無限循環，是不是很神奇？還沒完呢！另外

$1 \div 7 = 0.142857142857142857142857$……，

$2 \div 7 = 0.285714285714142857142857$……，

$3 \div 7 = 0.428571428571142857142857$……，

$4 \div 7 = 0.571428571428571142857142857$……，所有數字除以 7（除了 7 本身），都會得到 142857 這種無限循環的結果，所以這個神奇的數字 142857 與 7 有大大的關係，真是數字魔法的遊戲。

我真希望能從奇妙的數字能夠演算出下一期的樂透彩、六合彩券號碼，那該有多好。可惜我對微積分一竅不通，只有祈求牛頓或是拉馬努金大師在夢中給我指點指點。由上觀之幸運數字 7 卻實是一個非常的神奇數字，在「心理學」當中「7」是一個被學者稱為不可思議的數字。多數人的短時記憶容量只有 7 個，超過了 7，即會發生健忘。因此多數人記憶內容只歸在七個單位之內，而我們生活中有很多地方和七有著密切的關係，例如有時候形容人生氣時「七竅生煙」；彩虹有七種顏色；一星期有七天；大部分人死亡後中陰身有七七四十九天，因此有做「頭七」、「尾七」；女性生理期一般有七天；水的 pH 值是 7；酸鹼中和 pH 值是 7.0；北斗有七顆星；魚類有七星斑；瓢蟲（七星瓢蟲）背上有七點；地球有七大洲；中

國春秋戰國時代有戰國七雄，跟七有關的不勝枚舉。就是隨便找一張紙，將它連續對折，人們會驚奇發現，無論此紙有多大或厚薄不同，任何一張紙能夠對折的次數，最大的限度為七次。「聖經」中說上帝創世用了七天，造亞當用了七天，用亞當肋骨造了夏娃。中國「女媧」創世造人也是用了七天。佛祖剛誕生時即向前東方走了七步，再向南方、西方、北方再各走了七步。撒旦是七頭火龍的化身，撒旦有七個原罪，這些宗教創始皆和七有關。

說完了金字塔的神奇數字，現在談它的建築造型的曲線斜坡度，它的兩邊斜角度為 51.8°。這 51.8° 角對於建築師來說，是所有人類視覺裡面最安定、最穩定、而且是最和諧、還有最壯麗的一種感覺。還有斜角度如果大於或是小於 51.8°，都無法使金字塔的高度於周長形成 2 × 3.14159 圓周的關係。所以這 51.8° 可以說是個關鍵臨界點之角度。另外古夫金字塔內部有發現往「國王墓室」及「皇后墓室」，但是都是空的石棺，裡面沒有木乃伊。它們各有兩個通道，這兩個斜坡的通道建築工法亦是讓現代建築師投降。下方居然沒有支撐柱子，經過四千多年應該經歷了多次地震，然而沒有倒塌。可能是國王墓室有個類似摩天大樓防震「阻尼器」發揮了功效。

這通道的斜度也是令人感到十分驚訝，因為當時是 4600 年前，地球是一直自轉，還繞著太陽公轉，這皇后墓室底部往南有一個狹小的通道，延著此通道直線延伸至天際，剛好對正著「天狼星」；而往北面方向的狹小通道延伸，恰巧正對著天上的「次小熊星」星座；國王墓室的通道往北直伸方向，恰好對應著天上「獵戶星座」腰際三顆星中最左邊的「阿尼塔星（Alnitak）」；而朝北方向通道延伸，則遙對著天上好像一個琴符的「天龍星」最後一個星座。而

巧妙的是柬埔寨的「吳哥窟」亦是對著天上的天龍星星座所建，所以這四個通道的斜角度皆精準無比。

還有更令人不可思議的事情，就是有人研究，大金字塔的結構，和現代的發電機內部的結構，來做個對比的話，幾乎是一樣的。譬如說金字塔的入口形狀，以及皇后通道封閉的底端有銅板，通道類似連接管，上面還有氧化鋅成分，皇后墓室底部似乎可產生氫氣，還有一些推動渦輪的一些裝置如大空氣震動器。國王墓室底座旁有音震過濾器，應對著斜邊上有宇宙微波入口。也有空氣共震器，連結小通道和斜角接連處有類似振動接扣。於是有科學家說這根本是一個大發電機，而大金字塔是個虹吸式大發電站以外，還有人說金字塔是如同勞力士錶，其他牌子石英表動能的石英壓感發電。更有不甘寂寞好事者將金字塔和「特斯拉」的傳說結合起來，試圖論證金字塔是一個地球磁場能量共振的發電站。

說完了金字塔發電機功能，另外一個金字塔作用，話說在 1859 年 4 月 14 日，一位名叫「西門子」的英國發明家，在他的嚮導陪同下，終於攻頂了金字塔。他那時候當然非常高興，於是打開了隨身攜帶的一個酒壺，準備喝酒慶祝一下。結果就當他的嘴唇接觸到酒瓶的時候，好像突然遭到電擊一樣，發明家的本能告訴他這不是巧合，他立刻就用一張溼報紙，結合酒瓶組裝了一個簡易的「萊頓瓶」（荷蘭物理學家萊頓〔1692～1761〕，發明的原始電容器，用於儲存靜電），結果，把這個萊頓瓶放到金字塔尖端的時候，萊頓瓶當中霹靂啪啦的源源不絕的電火花產生了。自此之後，大家都知道金字塔是一個電容器，這種說法就在以後實驗證據下，被很多很多的人所接受。不管還有其他各種不同千奇百怪之論調，但是都指向一個同樣終極目的，那就是金字塔不時地在匯集或是生產不同能

量，這些能量通過金字塔尖端的「奔奔石」（Ben Ben），與外星人不明飛行器加油充電，或是與宇宙空間進行著某種溝通，好像各種頻道的雷達，來幫助外星人導航，還是幫助法老王魂歸他的天國，還是接引他的神明使他復活？是傳輸某種奇特物質嗎？各種光怪陸離的奇談怪論，層出不窮不再贅述。

但是令人非常納悶的是金字塔頂端的奔奔石不知何時不翼而飛，奔走至何鄉？杳如黃鶴，這奔奔石可是一個 20 噸重的一個小型金字塔，以人類的能力，以前哪裡有辦法從 146.6 公尺高的金字塔頂端，不留任何痕跡的將它搬走？除非現在有美國的力士型重載大直升機或許才有辦法吊運走它。我想應該又是外星人幹的好事，因為這奔奔石大概是各種稀土澆鑄而成，對敵對一方的外星人來說是重要戰略物資，另一方面還可以破壞對方導航雷達，一石二鳥之計。

胡扯一通，還是回到金字塔的建築，一般人以平常肉眼視覺看古夫金字塔時，它都會被視為四面型的三角錐體，但後來隨著測量技術的進步，研究人員發現在每個三角形的底邊中心，都有一個凹形的頂點，所以準確的說，金字塔並不是由四個面構成，而它是個八面的三角錐體。但是不管它是四面或是八面，都不會影響它斜坡角度的度數，其高度及面積，大金字塔的面積是 13.1 英畝，由大約 260 萬塊巨石組成平均每塊石頭重約 2.5 噸，最重的石塊有 160 噸重，每一個石塊都切割的十分工整，整個金字塔總重約 625 萬噸，重量相當地球重量的千兆分之一。據估計假設有一萬名工人工作來建造，假設每天能將十塊重達 10 噸的巨石安放完成，那麼也需要費時 700 年的時間才能夠完成，這還不包括採集石塊的時間，這些整個建築工程根本不是人類的能力能夠造得出來的。有人調侃金字塔是拿破崙建造的，那當然純粹開玩笑地說的，即使現代建築設計

師，依照電腦精算，也無法設計出它與地球直徑、赤道周長、圓周率、光速、地球到太陽距離、還有與天上獵戶座、天狼星、天龍星等等。不可思議的設計巧合，而即使現代建造施工的工程師，使用大型吊車，堆高機械機具，也是無法將230萬塊巨石，複製出如此完美的金字塔，何況當時科學不發達的古埃及人，是無法憑藉人力來完成的。

於是有些現代工程師運用各種思考，想像出當時建造金字塔使用的各種工法。有的人說是利用水的浮力、還有利用土坡、利用內部的螺旋結構、利用滾木、利用雪橇……等等各種方式，結果最後都有難處，根本是行不通的。最後的結論：人類力量是根本無法來完成建造金字塔。

2 近代最接近掌控建造金字塔的能人傑作「珊瑚城堡」

但是近代（西元1920年以後），在美國佛羅里達，邁阿密南邊的霍姆斯泰德鎮，矗立了一座「珊瑚城堡」，這可是人類最後一個巨石陣奇蹟。它是的的確確，由人力來完成的巨石城堡公園！而且更奇特的是，它竟然是由一位身高1米5多的小矮個子，並且身體還罹患絕症的人，他獨自一個人來完成整個建設，這位曠世怪傑，可說是當今唯一發現金字塔祕密的人。當然另外還包括古秘魯普瑪彭古城、尤卡坦半島以及亞洲黎巴嫩巴勒貝克，有三塊人工加工重量1000～1650噸的長方形巨石；在印度巴拉巴爾有整塊巨石切割出一個長方形洞穴，裡面四周內壁打磨如同鏡面般光滑；還有「凱拉薩」神廟是由整個大塊岩石鑿出，並且有精雕圖案及人像，動物

像，和「佩特拉」古城一樣也是由整塊石頭雕琢而成。

　　另外各地有眾多巨石陣列和巨石雕刻的建築物及各種巨石文明，我在此不再例舉，而他們如何使用最原始的工具、提舉和安裝重達數十噸的巨石的方法，現代人都無法想像。至於這個珊瑚城堡公園的建造者，名字叫「愛德華・利茲卡寧」（Edward Leedskalnin），神祕的愛德華・利茲卡寧出生於 1887 年 1 月 12 日，誕生在拉脫維亞，父親和祖父都是石匠。大家可不要低估石匠這個職業，遠在百年前西元 1717 年，一群穿著黑衣長袍的男子，他們全都是石匠身份，在城市邊緣絲毫不起眼的偏僻小屋裡，他們建立了一個神祕的組織「共濟會」。他們共同宣誓立下神聖誓言，他們認為在這世界上，除了上帝以外，他們也擁有掌管萬事萬物的能力，他們就是另外一位至高無上神的人間代表。因為他們冶煉過不同的礦石，自認為可以掌握住「煉金術」的術士，並且還是一群通達宇宙起源祕密的人。

　　有了家學淵源的關係，愛德華註定和石族有不解之緣，大概在他 26 歲的時候，他們移民到了北美。他只有小學四年級的學歷，然後在加拿大、加利福尼亞、德克薩斯做伐木工。工作期間他存了一些錢，將他家鄉的女朋友也接到了北美，準備和他的女朋友完成終身大事。愛德華在成名之後，暱稱他的以前女朋友為「甜蜜的 16 歲」。這是後話，但是讓人意外的是，就在訂婚前一天的當晚，這位女朋友居然被一個愛爾蘭小伙子，橫刀奪愛給拐走了。禍不單行，沒多久之後，愛德華被醫生確診患了肺結核症，這個在當時算是絕症，醫生告訴他，只有六個月的時間可活，建議他去溫暖潮溼的南方，或許在那裡還可以多活一段時間。後 1920 年的秋天，愛德華就用他的積蓄，在邁阿密南部買下了這一小塊土地，他利用這塊

土地建造出 6600 平方公尺的花園。雖然失去了美麗未婚的新娘，但他內心深處對她的愛慕情意始終不變，忠貞不二，至死不渝，只好寄情於從小鍾愛，不是凡人眼中的頑石，而是他心目中的靈石，藉著用石雕藝術，建立起他倆未竟的金石盟，唯天地可見證，雖然自己今生無法擁有摯愛之人，但他也由衷希望有情侶來他花園城堡共遊之後，願天下有情人皆成眷屬。

隨後他開始以「甜蜜的 16 歲」為背景，並擁有如交流電之父「特斯拉」相同理論，利用地球磁場和萬物皆有磁性特質，轉化為用愛來發電，打造他的祕密花園城堡，這座公園建築全部都是由離公園 500 公里外的大海珊瑚礁石，切割堆砌而成，總計約有 200 多塊，最大的 58 噸，最小的也有 5 噸，總計石材的重量超過了 1500 噸。然最初開始建造工程時，引起了鄰近人們好奇心而來窺視，看他究竟在搞什麼名堂。這個小個子心電感應異於常人，自然立刻停止手上工作，等到窺伺者感到沒趣離開後，再繼續工作。不久鄰人故態復萌，於是他乾脆在城堡最高處豎立一塊文字牌，上面警告寫著：「窺他工作的人，你們死心吧！除非你們走開，否則我絕對不會開始工作。」但仍然有人遊手好閒繼續偷窺。愛德華最後只好用他終極一招，就是他把工作時間改為每天凌晨到早上 6 點，那些人也沒有紅外線夜視鏡裝備，愛德華成為夜行動物，利用黑夜來完成他的願景。

當這個城堡公園初具規模的時候，愛德華開始就以每個人十美分的價格收取入園門票。參觀者進入公園之後，幾乎都不敢相信自己的眼睛所看到的景象，他們都被驚訝到了！公園裡全部都是巨大珊瑚石雕琢而成，其中有代表公園主題，巨大心型珊瑚的石桌子，是整體珊瑚石切割而；有長方形高達 25 公尺的望遠鏡，精確地對準

了北極星；還有 18 噸的有土星環狀的土星雕刻；更有重達 54 噸月牙形的月亮雕刻；另外有重達 3 噸的搖椅，只需要出一根手指就可以推搖它；其實還有讓人感到最奇特神祕，匪夷所思的地方，則是一個 9 噸重的旋轉石門，隨便一個 5 歲大的小女孩，即可以很輕易的推動它。

在 1986 年的時候，有幾位科學家和工程師，為了研究這當中的奧祕，就動用了一台巨型液壓起重機，將石門吊裝拆卸了下來。結果發現了石門底部有一組大卡車軸承，謎底似乎是解開了。但之後問題也就隨之而來，當工程師們將石門再裝回去以後，卻發現這門根本推不動！這個問題對我看來，大概是他們拆下了大門以後，這石門裡面的磁場就消失了，門和兩邊石門框對應的正負磁極，無法形成排斥及吸引作用，當然再裝回去同樣原來地方就不靈了。

我這裡只是動動嘴巴而已，至於解決方法就請電磁專家去動動腦筋了，至於愛德華他自己透露一些關於操控巨石騰空的方法：他和特斯拉一樣，不去高談理論，他們都可以直觀物體皆有電磁性，也就是「光滴」。其實就是現代科學家了解光即是一個電磁波的現象，波長愈長則頻率愈低，反之頻率愈高則波長愈短。因為頻率及波長的不同，也就形成各種不同的光和電磁波，人類眼睛的可見光是從紅外線波長 300 奈米到接近紫外線的 700 奈米之間。即使是彩虹（紅橙黃綠藍靛紫）的光，基本上是紅藍綠三種基光混合而成。

大自然界的昆蟲及動物比人類可見光，有的多，也有的少。奇特的是海洋生物「皮皮蝦」，牠有六個眼睛，可以看到 16 種基本色光。人類對於 X 光、伽瑪射線當然更看不到了。因此愛德華可能具備看見異於常人的可見光，這和特斯拉可以看見地球磁場的能量，從而告訴人類什麼是交流電，什麼是高壓輸電，什麼是地球能量發

電，什麼是全球無線電力供應網絡。因此有人認為居於同時代的愛德華，可能有聽過特斯拉的演講，愛德華當時曾經說過，地球被強大的磁場包裹，這在後來也被科學家證實了。他說利用這些地球磁場是他操控巨石的祕訣，這個說法理論上應該可以說得通的，還有研究者猜測，這個珊瑚公園所在地的南佛羅里達，是赫赫有名的百慕達三角洲的一個角點，如同一座無形金字塔的頂端，可以詭異的吸引地球磁場的能量。難道是愛德華看見了這個巨大的磁能場，用於修建這座珊瑚城堡？

研究者後來還推測，於1940年整個城堡花園那一次詭異的搬遷，也是與地球磁場的變化有關，搬遷的時候被僱用的卡車司機事後對好奇者說：愛德華從來不讓他看見，他是如何卸貨和裝貨的，都是讓他一個小時以後再來取車。結果一個小時之後，巨石總是能夠整整齊齊地被安裝或者是卸下。在這過程中只有兩個五歲的小孩說他們目睹了，愛德華是如何讓巨石像氣球一樣在空中飄浮後再移動的。也有鄰居說：偶爾會觀察到愛德華曾經撫摸著這些石頭，對待這些石頭好像把它們當作自己子女或是好朋友一般，對它們唱歌，歌聲抑揚頓挫，面部還帶豐富的表情，而石頭也像知音一樣，聽得有些飄飄然。他好像是舞台上的魔術師一樣，一手揮舞著指揮棒，一手好像對著石頭放電，而石頭好像被催眠般，漸漸地飄浮起來。

至於能夠讓石頭飄浮起來這樁事，在中國西藏也有發生過，不是什麼稀奇古怪的事情。當數位喇嘛持著「特長號」一起對著大石頭吹起連綿不絕的音符，而不一會兒，宏亮的聲波會使巨大石頭騰空飄浮起來；另外還需加上一個能場的助力，那就是有十餘位喇嘛在旁邊修法持咒，也是會對巨石騰空具有加持力，這個現象都是有

人親身有目共睹。

③ 聲音亦可控制巨石騰空

　　另外一個聲控巨石傳說就使人嘖嘖稱奇。公元十世紀，阿拉伯歷史學家馬蘇迪寫下了一段故事，這是他在訪問埃及的時候，聽到的遠古密聞。他在書中寫到，金字塔是如此這般修建起來的：修建者先用一種帶有魔法的莎草紙，我想是擁有神力的大祭司先在紙上劃好符咒，把它壓在需要搬運的巨石四個邊下面，然後就拿一根金屬棒，去敲打這塊巨石，然後發出一種獨特的頻率聲音，之後，逆天一幕就出現了，巨石開始緩慢的懸浮到空中，在一個高度懸停住。然後持棒者再去敲另外一塊石頭，讓這塊石頭也在「聲波起重機」的作用下懸浮起來。如法炮製讓許多巨石紛紛飄浮起來，且像士兵一樣整齊的排成一排，然後祭司再敲擊身前的「主巨石」，此時巨石的行列隊伍，就像得到了一個「齊步走」的號令一樣，緩慢的但是有規律整齊往前飄移，整個過程的關鍵就是那根金屬棒，通常大祭司會讓巨石隊伍，飄到自己前方 45 米高的位置暫停一下，似乎是停下來檢查隊伍是否整齊，有沒有脫隊的巨石。然後持棒人再重複之前的操作，把脫隊的再歸隊排整齊，這才是水平傳送。當然還有垂直起降操作，然後繼續敲使每塊巨石翩然的精準的落在它們正確位置，大祭司就好像拿著指揮棒，在指揮整個交響樂團的完美演奏，於是建造出雄偉的金字塔。

　　這種建造法當然使人難以思議；但是從最近的「聲流學」，有點觸動支撐前面的聲控理論。在二十世紀 60 年代，一位名叫「漢斯」的瑞士醫生，拿出了一套震驚世界的圖片，他把石英沙撒在了

一個直徑 60 釐米的黑色鼓膜上，然後在鼓膜的下面，接了一個自製的調音器，然後開始播放歌曲，讓鼓膜振動。結果發現石英砂在不同的歌聲之後，顯示出了不同的幾何圖像，如果是低頻率的歌聲，石英砂就會行成一圈圈的簡單圖案；當聲音的頻率提高，圖案中的同心圓的數量就會增加。測試了各種音樂實驗後，漢斯又突發奇想，他對著調音器，發出了一個奇怪的聲音，他說出了佛教中常用的咒語「Aum」（嗡），是代表佛教「身、口、意」的開頭音節，也是諸多佛、菩薩、本尊根本咒及心咒的開頭音節，是表示究竟無上完美的法身、法界，他也是剛剛從一本介紹西藏的書中讀到的。然後奇怪的事情出現了，石英砂在鼓膜上面，慢慢地出現了一個極奇複雜的圖案，這個圖案把漢斯當場驚呆了，這和書上「曼陀羅」圖案太像了。曼陀羅是古老漢語音譯，按意思可以翻譯成「圓輪具足」，大意就是說，這種以圓形為基礎的圖案裡面，具備了生命和宇宙的一切奧祕。而在密宗一般稱「曼達拉」，其意思是為諸佛、菩薩、護法的「壇城」，漢斯當然無法理解其深層的意義，只能一遍又一遍的重複這個實驗，留下了各種各樣的曼陀羅形狀，漢斯的研究發起了一個新的科學流派，叫「聲流學」，在科學界引起了各種的相關的實驗。

在 1950 年代，美國農業研究人員喬治史密斯模仿澳大利亞原住民的一種叫做「蒼穹之靈」的儀式，做了這麼一個實驗。他把一塊木頭削成了一個特別的形狀，然後把這個特殊的木片拴在一根長線上，在一塊玉米田裡面，就這麼迴旋甩動，然後玉米田裡出現了類似於神祕「麥田圈」的形狀。史密斯發現旋轉的木片所發出的聲音，離他近的玉米桿，就有被細微燒灼過的痕跡，底下的土地明顯比其他地方的土要更乾一些。史密斯就猜測，有可能特殊的音頻會

影響到植物的形態，這也是造成神奇的麥田圈的其中的一個原因。所以大家看，在這個例子當中，就是特定的聲音和與之相對應的神祕圖案是受到各種特殊的能量，而形成不同的麥田圈圖案。這回我又有意見了，除了特殊的音頻及能量之外，還要考慮到不同木雕片雕像的原始圖騰涵義，類似古老巫術雕刻的木俑也有類似的咒術顯現的能場。

時間來到了千禧年，關於聲音的實驗又進了一步，這一天哥倫比亞大學，有一個名叫「安吉羅」的物理學家，在實驗室裡待了一個月多，搞各種聲流實驗，沒有丁點的新進展，他準備休息幾天，整理一下思路再出發，在他收拾好實驗台之後，就順手把一個乒乓球，放到了旁邊的音頻儀器裡面，他隨手打開了音頻儀器。突然從來沒料想到的事情發生了，只見乒乓球緩緩的升起了。他頓時精神大振，再去調整音頻，後來發現只有在特殊的音頻之下，乒乓球才能起空。到目前為止只能起空輕的乒乓球而已，其他物品是無法移動的。

我們還是回到技藝高超的愛德華，他能使石頭飄浮在空中，有他獨特常溫超導「電磁浮」特異功能之妙；另外還有在中國佛教的「高僧傳」亦曾經記載，於東晉時期，高僧「竺道生」自小天資穎悟聰慧，善解佛義，後來講經說法，聲譽遍天下。開講「泥洹經」時發現經中提及除「一闡提（斷絕善根，極惡之人）」外皆有佛性。後經過道生仔細思考分析經文義理，悟出「一闡提人皆得成佛」之說。然而由於當時「大般涅槃經」尚未被翻譯出來，於是被守舊者們視為異道邪說，而被擯除逐出佛門僧團，道生只好棲隱盧山清修。相傳曾經在「虎丘山（今蘇州）」聚集許多石頭前闡述「涅槃經」義理，說到「一闡提皆可成佛」時，群石都點頭相應示

意，彷彿認同他的見解，確實符合佛陀說法。現在蘇州虎丘山仍保留有「生公說法台」和「點頭石」，故有「生公說法，頑石點頭」之成語。

好了，再回到珊瑚城堡，愛德華為了掩飾人們的好奇心，於是從五金市場買了一些起重的原始工具，這些東西依舊是放置在公園的工具室裡。經過仔細推斷這些器材，根本就是個掩人耳目，轉移目標的東西，供人們聊以安慰好奇心，這些簡陋的三角架、絞車滑輪、桿槓、根本無法承受幾十噸的重量，但是能引起科學家興趣的，是在三角架頂端安裝的一個黑盒子。愛德華曾經對人說過那是一個「發電器」，後來經過發現倉庫內還有類似今日發電機、變壓器的部件，但是後人已無法將黑盒子內原來機具結構復原，更無法讓它開始工作，我想黑盒子的功能大概是發出電磁能場功效的裝置，可以吸引珊瑚石塊本身的磁性。

現在又把場景拉回到古夫金字塔，現代有許多科學家認為金字塔大石塊不是由大石頭切割而成，且是由混凝土澆鑄而成的，後來經過化學家用高倍電子顯微鏡檢視其結構，居然內部含有大量的「二氧化矽奈米球」，而這個二氧化矽奈米球，不僅它的強度，是現代混凝土的五倍之多，於是經過美軍研究其結構之後，可用於重型飛機起降的快乾水泥跑道。另外一個特殊用途是目前在醫學上作為最理想的靶向藥物治療的載體，因為它具有穩定的化學性質，且如海綿般具有豐富的孔洞可裝載藥物。所以石塊是將石灰石磨成粉狀，另外加上貝殼、蠔殼等磨成粉，還有不知名的膠著物黏合而成的堅固石塊。而與上述愛德華珊瑚公園的石塊成分略為相同，都是多孔性質，淋上水後可成為導體，和三角架上黑盒子互相產生懸浮作用，我只能說到這裡，其他由各位大德發揮智慧了。

現在解解悶，閒扯一下，無獨有偶，中國在遠古時期「大禹」治水時，他的父親「鯀」治水用的材料為「息壤」，用它來築大壩封堵洪水。這息壤遇水會自己生長膨脹，傳說息壤是鯀打通管道，從天庭弄出來的，後來東窗事發，被天庭發現後收回。洪水決堤，鯀去世後由兒子「大禹」承接治水工作，我想這息壤大概是更早時候「女媧煉五色石補天」後，遺留的庫存之物。這金字塔石塊也有可能是從天庭情商借來一用，不需要一塊一塊 3D 打印，它會自動生出建造金字塔的石塊配額數量，因此造就出這三座空前絕後曠世經典的金字塔。而在對比之下，第四王朝之前的法老王朝命運就沒有那麼好，他們用夯土，磚塊建築起來的金字塔，經過多年的風化雨水衝擊，現在看起來像個大土堆。不管他們造出的金字塔是這麼的粗陋，我個人認為他們起碼盡了全力，至少人工造味很親很濃，至於以後的王朝就有些無可奈何，畢竟古夫金字塔太優秀，無法超越它，只有從神廟、地宮、地墳來表達他們的建築工藝。

4 地球各處其他出名之金字塔

談完了埃及的金字塔，現在再簡單地談一下地球其他較為出名的金字塔。於古歐洲時期，在南歐巴爾幹半島的「波士尼亞」崎嶇山脈，河谷交錯的地方，稱作「維索克」（Visoko）這個河谷地。於西元 2005 年，考古學家發現了巨大的金字塔群，當時震驚了全世界，其中最大的稱「太陽金字塔」，自然還有「月亮金字塔」，另外也有「地球金字塔」，「龍金字塔」，它們之間形成一個三角形地帶，有個「愛的金字塔」被包在中間。事實上尚有其他的金字塔，加起來總共有八個主要金字塔，經過考證後，造建成這些古蹟

金字塔的年代更是久遠，它們是在西元前 300 年到 1 萬 2000 年就存在了。

它們都是呈三角形四面體，而太陽金字塔讓人稱奇的是它的高度，居然高達 230 公尺，比古夫金字塔 146 公尺還高出許多，太陽金字塔附近最高的山脈「聖米歇爾山」，也不過是 650 公尺，有人認為它們不是人為產物，但是考古學家發現離太陽金字塔幾公里外，一個稱作「拉夫內洞穴」。從狹窄的入口進入後，洞裡只有一公尺多高的幾百米通道，而上面所謂的天花板都是整齊的半盤旋形式，證明這洞穴不是自然形成的。後來更發現這些金字塔地下之間，互相有通道連通，步道上鋪有切割平整的石板和取自大自然的小石頭。這些密道建立的作用可能是躲避敵對方的偷襲。後來有一位美國休士頓人類考古學家「奧斯曼里奇」在地道洞內，開挖探勘後，發現 2000 多件的石器材料是天然的，另外居然還有金屬材料與人造陶瓷用品，這些都是需要高溫爐冶煉，或是高溫窯燒製。其他還有發現用有機材料混合成的高強度混凝土牆，最後還發現需要以 500 度高溫以上才能燒出形成的「矽晶體」、「碳晶體」，不知道是不是外星人拿去做芯片用的？後來還有讓考古學家驚訝的是，經過科技考古的驗證，波士尼亞金字塔又似乎是 12000 年前建造的，可是裡面發掘的工具類及藝術品大部分又是石器製品，這和前面的高溫製品陳列一起又相當違和，要講求其中合理之處實在有點難，所以連考古學家只好說都是外星人的傑作。

再回到前面話題，開始時大部分學者還認為波士尼亞金字塔群，只是幾座長的很像金字塔的山，後來研究建造結構物質，居然也是和古夫金字塔一樣，是高強度的混凝土。但是這一萬多年前的人造金字塔可以說是顛覆了人類歷史文明，前面的物件證據，可以

毫無懸念的證明波士尼亞金字塔群是人工建造而成。還有，更發現另人驚奇不已的現象。在 2012 年，某一天正中午的時刻，有位科考學家無意中拍到了一張相片，這張在太陽金字塔尖端，衝出一道強烈白色光束，像一道激光清晰地直衝天際，但此光束沒像激光那麼細，而且非常特別，光是它的半徑就有 4.5 公尺之寬，後經過科學儀器的測量，並且有 28 千赫的頻率。這又是一個讓人驚訝的發現，經過仔細研究之後，這道光的能量愈往上，也就是離金字塔愈遠，它的頻率愈強，能量也愈高，這真是大大地違反了物理學定律，它發射的電磁波，裡面的離子是室外值平均的 43 倍！我想大概是金字塔有反物質製作成的訊號發射器，朝向它的母星發射聯絡訊號，而母星有個超強接收感知吸波器所致吧！

　　無獨有偶，在墨西哥發現的馬雅金字塔頂端也拍到更寬廣的光束，直通太空，這個位於墨西哥烏斯馬爾附近的「魔法師金字塔」，它雖然沒有像古夫金字塔那麼高大，但也算是一個浩大的工程，它底下基座寬度有 50 公尺，高度是 40 公尺，每一塊石頭均重達 10 噸。根據科學家的研究發現，當時馬雅文明並沒有造出有車輪的車子，金字塔周圍也沒有利用滾木拖拉機的痕跡，那金字塔是如何建造的？傳說是從馬雅聖經「波波武經」中記載：以前有一個老巫婆，她用鳥蛋孵出一個小嬰兒，這小嬰兒出生沒多久，即會走路，就會講話，會識字了。巫婆告訴他，你將來會成為一位國王，這小嬰兒很快就長大了，但始終身高長不高，就成為一個小侏儒。有一天這個小侏儒就跑去跟國王挑戰，說我將來會變成國王。國王想戲弄他，給他出了一個難題說：如果你能在一天之內，蓋出一間比我的皇宮還富麗堂皇還高大的宮殿，或是更高大的建築物也可以，我就認輸，並將王位讓給你，如果做不到，就將你的頭砍下去

祭祀神。小侏儒一副成竹在胸，滿口答應了，於是第二天在眾多文武大臣及國王見證下，小侏儒開始吹起口哨，於是從四面八方飛來大石塊，如神奇五鬼搬運般，在黃昏來臨前就蓋好了一座碩大無比的金字塔。此時發現國王整個褲子都尿溼了，「君」無戲言，只好讓出了王位，於是這座金字塔被稱作「魔法師金字塔」。

另外一個在墨西哥更出名的金字塔神廟，稱為羽蛇神神廟，比較出名的有兩座大致相同的羽蛇神神廟，它們是在 2500 多年前馬雅文明下的建築物，其中一座是在墨西哥猶加敦半島的「奇琴伊察」，雖然這只有 20 公尺高的建築物，但從下面看上去，卻是高聳壯觀，氣氛莊嚴，不僅是當時馬雅文明的政治和經濟中心，更是現代新世界七大奇觀之一。其中最為奇特的是，在每年的春分時，下午三點四十分左右，太陽光影慢慢地從上往下，經過七個等腰三角形波動，就像極了羽蛇頭朝下，如同台灣原住民圖騰百步蛇，身上三角形圖案蠕動搖擺成波狀的影像。而所謂的羽蛇神是古馬雅人，崇拜最高的神明，所謂羽蛇，它就有羽毛翅膀，可以在天上飛，又可以在地上行動，還可以在水中游走，三棲空間都可來去自如。而這神廟金字塔奇特的是，在每年秋分的那一天，羽蛇又顯現光影，由下往上回到頂端的神廟。另外一個令人感到稱奇的是，每當有人在下面階梯大力拍掌的掌聲通過了迴響，居然迴聲變成馬雅人崇拜聖鳥「綠咬鵑」的鳥叫聲，綠咬鵑被認為是古馬雅皇室的守護神，它的羽毛可是比黃金還要珍貴。但是為什麼會出現這樣不可思議的回聲？有些科學家解釋，是古代馬雅人透過精心設計，讓金字塔出現回聲，但真相究竟為何，卻說不出個所以然。我想是有智慧的祭師，透過不同密度的石塊，高低位置不同，陣列排置方向，以及突出的間隔、錐牆、石塊等不同地安排產生的影響。而奇異的事不只

這兩種現象,這奇琴伊察金字塔神廟經過透地雷達檢測後發現,這金字塔竟然像包裹多層的「俄羅斯娃娃」一樣,總共包裹了四層,也就是從最裡面的小金字塔開始,每隔 100 年就增加一層,三百年後就變成現在模樣,我想大概像蛇一樣,每隔若干時間會脫皮,那當然連羽蛇神金字塔神廟也不例外吧!

這個金字塔每個面有 91 個階梯,四面剛好是 364,再加上頂端的祭壇就象徵一年 365 天;另外一個同樣神廟稱為「特奧蒂瓦坎」羽蛇神金字塔神廟,和上述神廟造型,特異功能大同小異,在此就不再贅述。當然金字塔下面也是有密室及通道,最奇特的是密室裡發現大量的一顆顆的金屬球,而這金屬球經檢測有很多不同合金的成分,大部分的科考人員認為它是用來發電的,而我是認為是外星人用來打擊敵對方的武器,像是人類使用的刀,槍武器一樣,但他們雙方對於刀,槍是不起作用,只有這金屬球才具有毀傷力。至於密道,有所謂「狡兔三窟」,使用三條密道,大概也是佈下迷魂陣,不讓敵對方容易追蹤吧!

在中南美洲從墨西哥、瓜地馬拉、宏都拉斯到貝里斯叢林裡,都是有重要馬雅金字塔遺跡,據統計一共有 10 萬座金字塔,光是墨西哥就有 1 萬多座,有的造型較為陡峭,其階梯距離有短有長,有的長達 40 到 50 公分,不知是給巨人族走的,還是訓練馬雅人腳的彈跳力設計的,所有金字塔神廟造型幾乎不相同,最奇特的就是墨西哥市,也有太陽金字塔及月亮金字塔,但是事實上它們旁邊所有的金字塔,堆積在一條 4 公里長,所謂的「黃泉大道」之上,它們的比例,剛好象徵著我們整個太陽系九大行星位置,甚至連小行星帶也赫然佈列。因此古馬雅人對天文、曆法、數據、科技等各方面的知識,遠超過現代人的我們!他們有地球曆,以 1 年有 365.2420

天，和現代 1 年 365.2422 天相差甚微。而他們還有 260 天，金星繞太陽一周的金星曆法已行之多年，更奇特的是他們還有「卓爾金曆」，甚至算到 230 億萬日，那將是太陽系以外的星系體了，真可說是天文數字。

最後談到馬雅文明是如此先進，但是它和世界上另外一個先進的印加文明，兩個文明處境堪稱相同，都好像是在極盛時期而突然於一夜之間，國度地區內居民全部憑空消失。詢問以後的部落族民，他們有人相傳，這些人由祭師帶領進入地心世界，繼續過著原來文明生活；另外還有傳說是被外星人帶回金星去了。但是我懷疑哪有那麼多的載運量，除非外星人有將人類縮小的技術？或是有「瞬間移轉」的量子科技裝置？到了金星再還原本來身體。我想比較合理的推論，是後來考古學家發現金字塔下面埋藏了數十萬顆人頭骨骸，大概是為了祭祀神祇，部落間互相獵取人頭，造成大量的殺業，由於造惡業產生的怨氣，轉化成流行瘟疫的病毒，造成居民感染而傷亡，於是居民為了免於被傳染，全部迅速逃離遠方，不再大規模的群聚，零星分散各處，因此看起來好像是當地文明一夜消失無蹤了。

之前有談到波士尼亞金字塔是地球上最古老的金字塔，但是考古學家於 2017 年，在印尼爪哇西部的巴丹山山頂，科考人員在地下 3 公尺的地方，發現了類似用巨石堆積呈梯階形結構的大型人工建築物，但是經過美國邁阿密的一個實驗室用碳十四分析結果，發現這人工建物年代可以追溯到西元前 14000 年，也就是距今 16000 年前就建成了一座古印尼文明的金字塔。研究人員相信爪哇島和蘇門答臘島及峇里島，其他陸地與海上的大量證據，都可以證明遠古的印尼，就擁有先進的文明和技術，才能建造成如此壯觀的建築物。我

想他們建造的目的也是做為祭祀用的；而在印尼其他地方，也都有類似金字塔的遺跡，像是名列四大古代東方奇觀的「婆羅浮屠」，就有印尼金字塔的稱號，它推估是西元 1007 年興建的，位於爪哇日惹市郊的高地上，當時一定耗費了大量人力，才能將石塊一個個地運往山坡上，再用糯米和黏土堆砌而成，塔身一共有九層，最底層是每邊有邊長 118 公尺合成的正方形，它是層層堆疊而上，形成一個四方錐體，錐體第二層以上都有石塊刻成的一個個佛龕，中間有石刻的佛像，或是代表供奉佛陀的寶物圖騰，最上層還有十多座印尼式鐘型的舍利塔，整體顯現莊嚴且神祕，這九級浮屠金字塔，一定是當時信奉佛教，而武功文治皆昌盛王朝的皇帝所建，而經過科考人員測量這九層之間頂端石塔高度距離的比例為 4：6：9，剛好符合太陽系當中，從太陽到水星到金星到地球的一個距離，剛巧也是 4：6：9，看起來當時印尼文明，對於天文曆法的知識也是相當精準。

　　世界各地文明古國都有金字塔，五千年文化的中國當然不會例外，也有好幾座金字塔，其中號稱「東方金字塔」的「血渭一號」大墓，也就是赫赫有名的的「九層妖塔」。另外還有就是在陝西的西安附近，但是對這金字塔最先進行記錄的，居然是美國加州一個叫做「施羅泰爾」的老外，他在他的「旅行遊記」這本書中，詳細地記錄他在西安發現中國金字塔的詳細過程。說到他是於 1912 年那時候和另外一個商人朋友，在遊玩了中國長城之後，就想要到中國內地且歷代建都最多的地方走走，那邊應該有多樣文化相貌的古蹟可看。他們到了西安四處遊走的時候，在路途中遇到一位非常健談的道士，這位道士告訴他們，說在西安有七座中國金字塔，他們聽到有中國金字塔群，自然產生極大的興趣，道士給他們畫了一

張簡單的地圖方位及地點名稱。於是他們興沖沖的花了數天的奔波，終於在一片廣闊的平原上，望見好幾座屹立著像小山的龐然大物體。等走進它時，前後左右仔細觀察了一番，確實是有四條稜角線分明的三角錐體建築物，其中三座比較大的金字塔依次由北向南布列，規模居然比埃及吉薩金字塔還要大的多。高度從 300 米到 400 公尺，最高的有 500 公尺，它們的頂端是平台式的，應該是做為祭祀用途，四周邊坡呈階梯狀，其佈局亦根據類似相同一定的數理公式，還有它們三座地理位置，居然也是和天上獵戶星座腰帶三顆星的位置絲毫不差。而西安金字塔是以金字塔大小，來代表了三顆星的不同亮度，其建築構造物是粗石堆疊而成，但西安金字塔全部外表幾乎都被泥土覆蓋，且上面都長滿了植被樹叢，從遠處看過去，根本就像座大山，當然也就看不出來當初建成時西安金字塔的原貌。

而西安金字塔究竟是為何目的來建造的，從史料上研究發現，其實西安金字塔是西漢幾個皇帝的陵墓，稱作「五陵原」，地形開闊，土壤豐腴，風景優美，大自然秀麗，歷代皇室皆認為是風水之寶地，是秦代咸陽城遺址，西漢武帝劉徹的茂陵即建在此，他在位54 年，而這茂陵就修建了 53 年，每天動用 3000 人來建造它，簡直把它當作了一件畢生的豐功偉業，所以建構成如此的雄偉的金字塔。正因為如此，茂陵自然也成為「摸金校尉」、江洋盜墓者首選目標，有記載的就有 5、6 起之多，其中不乏發生奇特靈異事件，那當然不是主題贅述之處。最後說到西安金字塔和吉薩金字塔如果連成一條線的話，而其中和美洲的交界處，竟然是墨西哥金字塔的所在位置。就好像它們在幾千年前就商榷好了一樣。另外還有寧夏銀川的西夏王陵、吉林集安的將軍墳、安徽徐州的龜山漢墓、河

南洛陽的邙山墓群、還有最威權的秦始皇陵，有時也會被稱做東方金字塔。

5 西藏「岡仁波齊峰」是世界上最高，最大的金字塔

　　最後談一談世界上最高、最大的金字塔、還有最多的金字塔群，它們都是階梯式構造的金字塔。這會兒順便提一提大家皆以為埃及金字塔構造都和古夫金字塔一樣，但是在埃及不太出名的左寨金字塔也是階梯式造型的金字塔。談到世界最高的就是被譽為西藏白色金字塔，神山之王的「岡仁波齊峰」，它是岡底斯山脈的第二高峰，位於中國西藏普蘭縣境內。岡仁波齊藏文的意思是「雪之瑰寶」，「神靈之山」，印度古梵文的意思是「水晶」，它同時被藏傳佛教、印度教、耆那教、還有雍仲苯教皆敬仰為神山，印度教認為岡仁波齊山是毀滅之神「濕婆神」的殿堂，是靈魂的歸屬之地，也是世界的中心。

　　耆那教認為這座山是世界中心「阿什塔婆達」也是岡仁波齊，亦是其祖師瑞斯哈巴惹紮成道之處。岡仁波齊是波斯拜火教的聖山，傳說是阿胡拉的道場，是聖火火種的源頭。還有藏傳佛教認為，岡仁波齊是觀世音菩薩駐錫聖地，但是也有人認為此山是勝樂金剛的壇城，也有唐密修行者認為祂是大日如來的寶殿。但我覺得祂不是單一佛、菩薩、本尊的道場，是眾多仙、佛、菩薩的壇城；另外也有傳說祂是支撐四大部洲的棟樑，佛教卍字的軸心。但不管如何，其意義是代表著無量的幸福及喜悅，還有共同體的慈悲顯現。而西藏原始教的雍仲苯教相傳，他們教的發源地就在岡仁波

齊，苯教的祖師「敦巴辛饒」和這裡有著不解之緣。當初祂從天上降臨之處，即是岡仁波齊山，而且苯教的 360 位神靈，也都住在這裡，就是「九重萬字山」。於是由眾多宗派祖師加持的岡仁波齊山，因此被西方認為是傳說中的「眾神之城」。

號稱「神山之王」的岡仁波齊山，巧合的是，於對面相距 100公里，號稱「聖母之山」的納木那尼峰，遙遙相望，還有奇妙的是，在他們中間有兩個不同對比的湖泊，一是號稱聖湖的「瑪旁雍措」，另外是稱為鬼湖的「拉昂措」，其中瑪旁雍措是世界上海拔最高的淡水湖。在印度吠陀宗教中，此湖最初在「梵天」的思想中被創造出來，而後被顯化在地球上，因此便成為了聖湖，並且這聖湖裡的水特別清爽甘甜。而在鄰旁僅一路相隔的鬼湖拉昂措卻是個鹹水湖，即使旅途的渴者喝起來，亦是苦澀異常，難以下嚥，拉昂措的藏語意思為「有毒的黑湖」。它的形狀類似殘缺的新月，於是被認為象徵月亮的黑暗面，而瑪旁雍措像個光芒的太陽，所以象徵太陽的光明面，它們一正一邪，光明和黑暗，天使和魔鬼的差別，往往在一念之間。

岡仁波齊崇高的地位除了前面介紹的元素之外，它還孕育出數百條冰川及世界級的大河，在它周邊東南西北四個方向，發育了四條大河，人們用四種動物來命名這四條河流，即馬，獅，象，孔雀，東面的馬泉河，是西藏的母親河雅魯藏布江的源頭，當地人稱「當卻藏布」，據說河水中有許多綠寶石，喝到這裡的水，會像駿馬一樣強壯；北部的獅泉河是印度河的正源，藏文為「森格藏布」，傳說這條河裡有鑽石礦，喝了這條河水的人，就會如同雄獅一樣強壯勇敢，為古代印度文明的誕生和發展，提供了源源不絕的給養；南面為孔雀河，藏語為「馬甲藏布」，它流經之處，銀沙遍

佈，喝了這條水的人，會像孔雀一樣美麗迷人，為印度教聖河「恆河」的上游源頭之一；岡仁波齊以西為象泉河，它的下游河是巴基斯坦主要河流，印度河的支流，象泉河也是阿里地區，最重要的母親河，藏語為「朗欽藏布」，河水中有豐富的金礦，喝了這兒的水，會變得像大象一樣壯碩，「古格王朝」，「象雄文明」都在此孕育。所以有如此尊貴的山水得以互相輝映，相德益彰，岡仁波齊就是萬水之源，世界中心。

在 2003 年到 2004 年之間，慕尼黑大學的菲格曼教授，率領國際科學探考隊，通過對西藏的考察研究後，得出了如下的論述，他們認為地球上存在一個全球性的行星金字塔系統，而岡仁波齊的金字塔，即是此系統的中心。而在之前第二次世界大戰 1941 年底時，由於德國納粹在蘇聯戰場頻頻失利，希特勒和他的總參謀部一愁莫展時，黨衛隊領導「希姆萊」密見希特勒，提出如果能找到控制世界的軸心，打造出一支不死軍團，利用軸心來轉換地球時空，讓它回到 1939 年，改正當時的錯誤，重新發動戰爭。他們談了六個小時，希姆萊並拿出一份兩千頁的報告，其中還有張地圖標示出地球的軸心位置，就是在岡仁波齊附近的位置，於是希特勒命令希姆萊率領一小隊探考隊抵達西藏，希望能找到具有無窮能量的世界軸心。

傳說那兒有個地心入口，可以進入到高度文明和高超科技的「香巴拉」王國，納粹可以獲取高端軍事武器的裝備，而軍隊在此大能量場加持下，具備刀槍不入能力，並且可以隨心所欲控制時空背景。但是去了兩趟西藏還是無功而返，最後納粹依然導致敗亡的命運。但是岡仁波齊為世界軸心地位不會因此而動搖。後來在德國慕尼黑科考隊地理測量的支持，更確定它為地球中心位置，並連接

著世界各地的神祕古蹟和能量聖地。英格蘭威爾特郡埃姆斯伯里的「斯通赫」巨石陣到岡仁波齊的距離約莫 6666 公里，這也是岡仁波齊到北極的距離，而從岡仁波齊到南極的距離為 13,332 公里，又恰好是到北極距離的兩倍。另外，如果將墨西哥奇琴伊察金字塔和埃及古夫金字塔，在世界地圖上連線，就會發現更不可思議的地方：岡仁波齊位於埃及古夫金字塔和墨西哥金字塔的延長線上；同時它還位於神祕的巨石陣和智利復活節島摩耶巨石像的連線中間；而更神奇的是，巨石陣到岡仁波齊的距離，和岡仁波齊到復活節島的距離是 1：3；而墨西哥金字塔到古夫金字塔的距離，和古夫金字塔到岡仁波齊的距離，同樣是 1：3 的神奇比例。因此岡仁波齊被認為是世界的中心，也是地球軸心的所在。

現在就列舉地球上著名地點數字上的巧合，岡仁波齊山峰海拔約 6666 公尺，岡仁波齊山峰到巨石陣和北極距離皆是 6666 公里，到南極距離是 2×6666 公里，北極點到埃及金字塔距離 6666 公里，巨石陣到百慕達三角距離 6666 公里，巨石陣到美國懷俄明州惡魔塔距離 6666 公里，復活節島到百慕達三角距離為 6666 公里，復活節島到瑪雅金字塔距離也是 6666 公里，好像這些神祕區域都有某種神奇聯繫似的。

於西元 1999 年，經由俄羅斯「論證與事實」周報，俄羅斯衛生部全俄眼科及整形外科中心，和「巴什基爾銀行」共同出資贊助。由實施世界上第一個眼移植外科手術的俄羅斯著名醫師「里夫卡多維奇」教授率隊的四人科考組，進行神祕西藏之旅。他們在一位喇嘛告知下，在岡仁波齊峰頂有一座金字塔，他們到達岡仁波齊時，驚訝發現附近周圍座落了上百個金字塔群。當時有人認為是自然形成的山體像金字塔而已，後來對大量的科考資料加以進行研究，他

們把所有的照片，繪圖，錄像材料，都經過仔細研究觀察，並且將它們都輸入到電腦當中，之後把主要的輪廓勾勒出來，如此就能清晰地分辨出哪個是金字塔，哪個是自然山體。他們發現了一百多座金字塔群及各種古蹟，它們明顯地朝著相同的方向，如眾星拱月般對著岡仁波齊聖山。這些塔的形狀各異，高低大小不一，經過就近檢視，呈人工建構而成。整個金字塔群年代久遠，蝕壞現象嚴重，但經仔細觀察均可看出其輪廓。這些金字塔高度，經過定向測算，從山腳到山頂在 100 米到 1800 米之間，而埃及古夫金字塔高僅為 146 米。這些金字塔從背景中可以清晰地看出有許多凹面和凸面的石頭結構，在陽光照射下，呈現出一面面的「明鏡高懸」。在附近還發現了巨大的石頭人體雕像，可能是遠古時有心懷不軌的巨人族，經過由三角定點明鏡照射下，現出原形，馬上就變成了石頭人像。俄羅斯眼科醫生科考隊經歷四次拜訪岡仁波齊，確定它們是地球上最多的金字塔群，世界上最高，最大的金字塔。我個人認為岡仁波齊內部，還包含大小不等上千以上的金字塔和外面百座多的金字塔，裡應外合，創造出眾多燦爛的文明，不同國籍、文化和信仰的人們，都在岡仁波齊相聚一堂，我相信還有我們肉眼看不見的「非人」，也參與齊中，甚至有不同的外星人在夜幕籠罩，夜色低垂時向神靈致敬。

6 用佛學「體、相、用、境」

以上介紹了一些較特殊的金字塔，現在我將以本身有限的知識來揭露金字塔建造的因緣，及大同小異的貌相不同所產生的功能和作用，呈現出異中存同或同中有異的現象。我還是回到我的老本

行，任何事情事物的分析皆有其法理的一面，那就以佛學研究探索其中事理，來談一談金字塔的本來面目，它可以分成四種層面：即是「體、相、用、境」來透析其事物及法理。

(1)體

首先談的是「體」，就是金字塔的總體性質，一般的科考學家都認為金字塔和電機、電力、電波、電磁力、導電體、通訊，甚至光波有關。不管如何，它就是和「電磁能」脫不了關係，而佛學認為三角形體的金字塔體性是廣義的，它就好像是一個母體，能產生許多的子體來，它就是一座廣大無垠的「生法宮」，能生八萬四千個無數法來，且是無量無邊的「能所」，也就是產生無窮無盡之智慧及能量的地方。這個生法宮的部位，以人體而言即是女人的「子宮」處。因為男人沒有子宮，只好用女人的身體來標示比較清楚，當然男人的生法宮部位也是一樣。一般飲食男女「生法宮」的作用僅止於傳宗接代，繁衍後代子孫。各個不同宗教有他們各別殊勝修道方法，經過努力精進的修行後，生法宮的智能漸漸地被開發出來。此刻大家或許會產生個疑問，人類生出智慧的地方應該是人類的腦部才對啊，怎麼跑到下面來了？我現在用個科技方面的比方來解釋一下，大家可能比較明白。

在集成電路半導體領域，製造芯片（晶片）是最重要的一環，首先要設計出功能強大的 IC 芯片，例如高通「驍龍 888」，華為海思「麒麟 9000」，蘋果「A14」，聯發科「天璣 2000」等，先是要選用如 ARM 架構去適合各類不同功能作用的晶片，範圍包括物聯網、互聯網、AI 人工智能、汽車、電器等的需要，如射頻晶片、顯卡、閃存晶片、顯示驅動芯片、雲端智能芯片、

高端處理器芯片（CPU）、存儲芯片、閃存芯片、微處理器芯片、圖像處理器芯片、現場可編程邏輯門陣列芯片、5G 的核心芯片……等等。實際上在半導體各種不同功能的晶片好幾百種，甚至更多，這些 IC 晶片都需要頭腦來設計，之後由腦部網絡系統發射電磁脈衝，經過全身神經網路、經絡、氣脈、輪脈到「生法宮」，也就是商業量產就需「台積電」、「三星」、「英特爾」等晶圓代工廠來完成量產。當然製作的工序極為精細及複雜，主要先將矽晶棒切成一片片的晶圓，後塗上光刻膠，再用光刻機刻出畫面，之後再用蝕刻機定型，離子注入器穩定導電效能，徹底清洗，最後晶片的封裝，測試也可以全包，而這些工作都是生法宮來幹的。可說複製、拷貝、克隆等，也是它的分內工作。

當然生法宮金字塔的功能不只是這些，可說是包羅萬象，不止硬體設備，生法宮到後來和腦部互通的功能，形成互補且沒有差別，那是它們均匯入「阿賴耶識」。就好像「安卓系統」，「鴻蒙系統」，「iOS 系統」等等功能，人們的食衣住行育樂生活愈來愈和 3C 科技創新脫離不了關係，於是物聯網、互聯網、通訊方面、AI 人工智能算法、AI 的解決方案、綠色替代能源、航天科技等，另外還有遠遠超過我們今日的科技，所能觸及的範圍，那都是各個國家欲爭取領先的目標。但是話說回來，有些人認為，簡單的生活也是一種幸福。但是不論如何，經過修心養性，修行功德，自身「生法宮」才能產生利益眾生的智慧。而如果修為道行到達高深時，不是只有身體的三角「生法宮」才能生出萬法，身體的五臟，六腑也能生出萬法，甚至全身皮膚、細胞都可成為智慧記憶體，所以大家不要小看難得的「人身寶」。全身都有許多金字塔，身體上的「生法宮」不只有台積電製造芯片功能，

還有像「三星」、「英特爾」集設計、製造、封測芯片於一身，甚至是上中下游供應鏈，形成「一條龍」式，包山包海的產業。

(2)相

再來談到金字塔的「相」，我來假設金字塔如果包括三面、四面、五面、六面、七面、八面、九面（層）等，來揣摩各式金字塔其建造者各有其不同用意的考量，現在就以簡單構思談一談，不同金字塔之面面觀。首先介紹：

有科學家發現海底有座三面體金字塔，它是以水晶為材料來建造的，現在已經因陸沉關係，掉落入海底。至於它以三面體呈現出來的成因，我們可以回想到孩提時代，可能會玩過三角面體的長形稜鏡的「萬花筒」，裡面放一些彩色的碎紙片，用手轉動稜鏡筒時，它每次看到的畫面和彩虹光都不一樣，形成各種不同光彩絢麗的花花世界，那「生法宮」原理應該是一樣吧！積聚了龐大的數據，經過光子量子計算機轉換天文數據的畫素，在視屏上顯現出無量無邊的「色相」畫面（目前電視屏幕有 LCD、OLED、量子點、雷射顯示電視），而人類五蘊起作用（色、受、想、行、識）最先從眼睛看到了「色相」，後經由搜尋引擎「意識」的參與，之後行成了「色法」，再由第七識「末那識」處理器整理下，進入第八識「阿賴耶識」（生法宮），最後可以產生出解決各種疑難雜症的智慧來。（眾生因為堅著於五欲，癡愛故生出許多煩惱），所以覺悟出「煩惱即菩提」之道理。

四面體金字塔，金字塔四面正確對應東、南、西、北四方，以中國地理風水而言，青龍代表東方；南方為朱雀來表示；西方以白虎代表；北方則以玄武（龜蛇）為代表。又象徵春、夏、

秋、冬等四季，對應著少陽、太（老）陽、少陰、太（老）陰等四象，而現代宇宙天文科學四象為「電磁力」、「強核作用力」、「重力」、「弱核作用力」。另外西洋的十二星座以地（土）、水、火、風四象來分類：土象（金牛座，處女座，摩羯座）；水象（巨蟹座、天蠍座、雙魚座）；火象（白羊座、獅子座、射手座）；風象（雙子座、天秤座、水瓶座）。西洋占星術是從巴比倫帝國產生，和中國的占卜相像。於是四面金字塔基本上是以觀察天文星象為主要目的，還有祭祀天地，拜神及太陽，月亮，星座等等。

五面體金字塔：古今中外大家在畫天上的星星時，幾乎不約而同都畫成五個角的五芒星，而在中國「5」字代表「金、木、水、火、土」等五行。八卦中代表巽卦，有五福臨門，財星高照之意。在中國遼寧省有座金字塔，它的每一面均有一個像碗狀的凹槽，因為建造年代久遠，不知道是做什麼用的。有人推測可能是女媧提煉補天需要「五色石」（息壤）的煉丹爐。歐美最早提出自然哲學，先是由西元4百多年前古希臘哲學家「恩培多克里」，提出構成世界的有四大元素「火、氣、水、土」，後來經過柏拉圖認為了解完美理念的世界，要以宇宙為藍本，除了先要認識幾何學以外，還要透過研究宇宙，研究天文學，研究天體運行運動等才可以達到對於理念世界的認識，他也認同上述的四元素。

從幾何學角度來看，火對應的是正四面體；氣是正八面體；水是正二十面體；土是正六面體（立方體）。後來有人說不是有五種正多面體嗎？那第五種正多面體對應的就是「乙太」，於是組成天體的第五種元素即是乙太。但是後來他的學生亞里斯多德

認為除了以宇宙為師之外，還要了解礦物學、氣象學、物理學、甚至動物學、最高的是形而上之學。於是他的自然哲學理論實際上構建了一個所謂階梯性的宇宙，是種分層次的世界觀：最上層是「第一推動者」（絕對靜止的存在，支配宇宙的第一存在）；中間是「天界」（乙太，同心天球，無生無滅，做完美的勻速圓周運動）；最下層是「月下界」（火，氣，水，土四元素，有生有滅，做直線運動）。後來宗教加以融合，最高層即是上帝；中間的天界，每一個天球上都有天使；月下界地球是凡人住的；更下面是惡人所處的地獄，那魔鬼大概是遊走中下兩界，這就是亞里斯多德的宇宙觀。

好萊塢賣座電影「第五元素」，劇中五元素除了土、水、火、風外，第五元素標示為「愛」。那是所有拍攝愛情電影的一貫手法，一吻之下能使垂死之人復甦，甚至是已死的人也可以起死回生，當然是受童話故事「白雪公主」的影響。這種愛是男女之間狹隘的愛情觀，我寧願將這第五元素定義為慈悲的大愛。佛教將世界、宇宙、人身構造五元素為地、水、火、風、空，有些人會把空看做空無所有，那是不正確的。其實「空」能包含萬物，如雲、雷、雨、電、雹、雪等等大自然現象，並包容地球擴展到太陽系、銀河系、本星系群、再到超星系團、最後到宇宙，還沒有完，還有平行宇宙、多重宇宙等。空性可說無所不包，且一般來說物質體需要有空間才能放置。但是科學家研究物質的基本結構是由原子組成，一個原子由中央的原子核及圍繞原子核旋轉帶著負電的電子構成，其中原子核是由帶著正電的質子和不帶電的中子結合而成，但原子核它的半徑約只有原子半徑的一萬到十萬分之一。比方說原子是一個和大巨蛋棒球場一樣大的範圍，

而原子核只是球場中心一枚壹圓那麼小的東西，在球場外圍環繞的電子和中心原子核所處的空間是如此的巨大。

因此我可以聯想到中空的「青康藏高原」，在 2015 年三月，中國、美國、加拿大的聯合科考團隊，在『Solid Earth』（堅實的地球）上發表了一篇論文，論文當中說道，團隊收集了 2007 年到 2011 年間，一共 227 次東亞地震的數據，將這些數據，導入到超級計算機當中，讓超級計算機用了五年的時間去計算，最終模擬，建模繪製了一張深度 900 公里的青康藏高原地下圖，結果驚人的結論浮出了檯面，整個青康藏高原下面一半以上都是空心的。證實這廣大的地心世界，就在青康藏高原之下，這些地下洞穴，依據電腦模擬繪圖的尺寸來看，隨隨便便其中一個很小的洞穴，都有十個台灣大。科學家進一步研究分析後，告訴我們在地表的塔里木盆地、柴達木盆地、還有四川盆地，都有可能僅僅是這些洞穴露出地面的部份。結果後來讓人產生驚訝的疑惑問題，那就是中空的青康藏高原，是如何承載著世界上最高，最大，最重的喜馬拉雅山？科學家們百思不得其解，後來進一步研究，發現了更大的謎團，這些洞穴的導電性超高，幾乎和金屬一樣。我想這些洞穴內當中是充滿了大量的稀有金屬和特殊的元素，甚至還有反物質、暗物質、微中子、暗能量等，以至於形成的磁場及氣場堅若盤石，它的結構就如同一顆碩大無比「原子」一樣，像地球外表有磁場和大氣層，護衛著地球不受小行星和彗星撞擊，以及可以抵擋宇宙射線和太陽風的侵襲。

六面金字塔，在地球上大自然生成的礦物，不管是固體或是液態，但其結晶狀態都是呈六面體，每一片完整的雪花也都是六角形，就像飄雪一樣，一片片的雪花是空中小水滴在零下溫度時

催生形成，隨風飛舞，飄落在大地，呈現聖潔之國的樣貌。因此猶太人建國的以色列，即是以六角的大衛星（Star of David）為國徽，它又稱六芒星，所羅門之星，所羅門封印，希伯來之星，猶太星，生命之星等。它是由上下兩個正三角形疊合而成，當然也是猶太教和文化的標誌，最早的猶太文字關於大衛星的記錄，來自 12 世紀中，當時它是護身符上的一個圖案，在猶太教會堂中以大衛星來裝飾經匣，由於它具有保護功能，也被稱為保護盾。猶太傳說將大衛星與所羅門王的印記，聯繫在一起，相傳所羅門王有一個六角星型戒指可以指揮魔鬼和幽靈；也傳說大衛王有一個保護他的神盾，上面鑲著六角星；還有在占星術中，大衛星也是一個重要符號，有人認為它是象徵大衛王誕生時的瑞星；印度六芒星怛特羅教派，六芒星被神化為聖娟，是「怛特羅神」派來的神女，於媾合中性靈可達天人合一境地，使男子增添法力，此教派於近代仍存在於印度、尼泊爾、不丹、西藏等地。

　　還有生命之星也是藍色，六邊突出的星，它的由來是：

Ⅰ、古希臘神話中的蛇與權杖，是為了紀念「阿斯克勒庇奧斯」，這位偉大的神醫。所以後世大部分國家的醫學組織、團體、單位、救護車，都有六邊形的中央有權杖上纏繞著蛇的圖案。

Ⅱ、還有一個由來是依據舊約聖經中，摩西以青銅鑄造一條蛇的形狀並鑲在高大柱杖上，若有人被毒蛇咬到，只要到柱子下，專注凝視著青銅鑄造之蛇，即可馬上獲得痊癒（民數記第 21 章第 4 至 9 節）。

Ⅲ、第三個由來也是出自於舊約聖經，它是聖杯所羅門封印之形狀（出自聖經以賽亞書第六章第 1 至 3 節及民數記第 21 章第

4至9節）。

另外說到自然界中植物的花卉，百合花是六角形的，象徵百年好合；風信子也是六角形，象徵著愛的聯結；在中國以六爻來代表天地間大自然的交替現象。爻的本義是「交」，「效」，縱橫之交，陰陽之交，「效」則是通過「交」所產生的效用，還有人認為「爻」，皎也，一指日光，二指月光，三指為日月兩光互相投射。另外一種變相為日蝕及月蝕，「爻」代表著陰陽氣化，性剛屬陽，性柔屬陰，萬物的性能，精神分析大師「弗洛依德」解析夢中的境、相、物皆與男女生殖器，性能有關。由於陰陽的組合交替衍生出八卦，可代表八種大自然現象。但是要表示出更多的事物或現象，就需要把兩個卦組合成八八六十四種復卦，可以占卜預測到未來的人、事、時、地、物、因果現象，所以六爻成為古人對於大自然一些規律的系統總結，還可優化的一種方法，進而趨吉避凶。六爻有曰：「一陰一陽之為靜，樂知天命故不憂。」另外造出中國文字的原本稱「六書」，為象形、指事、會意、形聲、轉注、假借。其實可說是文字的六爻，所以「測字」也成為算命占卜的一種方式，當然其準確的程度還是要看占卜師個人的道行，才能說是「鐵口」，「金口」直斷。

談到7這個數字，大家都會聯想到大熊座的北斗七星，筆者在前面納斯卡線「捲尾猴」已經談了很多了。現在簡單的「狗尾續貂」談一下生物界分為7個等級：界、門、綱、目、科、屬、種；在西方文化中，7普遍被視為幸運數字而有Lucky 7的說法；吃角子老虎機大獎圖樣是7；西方古典音樂有7個音階，受到「畢達哥拉斯」學派的重視；七宗含有魔鬼的罪惡：傲慢、忌妒、暴怒、懶惰、貪婪、暴飲暴食、色慾；七美德：謙卑、寬容、

耐心、勤勉、慷慨、節制、貞節；日本有代表春天的七草，指水芹、薺菜、鼠麴草、繁縷、寶蓋草、蔓菁、蘿蔔；秋天七草：是指胡枝子、葛藤、瞿麥、女蘿、蘭草、桔梗、狗尾草；再說到北斗七星的每一顆星，都有它們自己的含義，從勹把「搖光」開始，第一顆星是力量之星，第二顆是智慧之星，第三顆是勇氣之星，第四顆代表著愛情，第五顆是幸福之星，第六顆反其道為災禍之星，第七顆代表著劫後重生；而中國的道教將它們視為推崇尊奉的七位星神：北斗七星為七元解厄星君，居北斗七官，即：

Ⅰ、天樞官貪狼星君，為陽明星之魂神；

Ⅱ、天璇宮巨門星君，為陰星君之魂神；

Ⅲ、天璣宮祿存星君，則為真人星之魄精也；

Ⅳ、天權宮文曲星君，則為玄冥星之魄精也；

Ⅴ、玉衡宮廉貞星君，為丹元星之魄靈也；

Ⅵ、開陽宮武曲星君，則為北極星之魄靈也；

Ⅶ、瑤光宮破軍星君，為天關星之魂大明也。

因為北斗七星主管人間生死福祿，所以特別為道家所推崇；道家有所謂「全真七子」，五當七俠；北斗星在不同的季節和夜晚不同的時間，出現於天空不同的方位，所以古人就根據初昏時斗柄所指的方向來決定季節：斗柄指東，天下皆春；斗柄指南，天下皆夏；斗柄指西，天下皆秋；斗柄指北，天下皆冬。因此七面金字塔功能還是以觀天象和占卜為主。

太陽系原本是九大行星，可憐的冥王星後來被天文學會審判出局，現在只剩下八大行星。我個人認為以前九大行星，每一顆星球命名不管是中文英文都是那麼恰到好處完美，天文的所有科學家們，不要那麼死板，拘泥於冷冰冰的數據條件，觀察科學

也可以帶些藝術、詩意、浪漫的虛擬文創。「冥王」字面意思是代表闇黑、幽邃、地獄、魔界之主，人們總是落在相對二元的世界，分別其好、壞、善、惡、長、短、大、小……等等，忽略了它們其中也有「道」。認為幽冥是負面的、不祥的。其實宇宙中暗物質、暗能量佔據了宇宙全部的92％，你排除了冥王星，想要獲取暗能量及暗物質就會是很困難的事。

現在談一下在現今巴勒斯坦附近，距離死海上方6、7公里處，有一個叫做「特萊拉圖—加索爾」的小山上，考古學家發現了一處倒塌的壁畫。這壁畫除了許多不同造型的人和動物像，還有各種不同的圖案，其中有最大的，最精美的就屬一幅「八角星」（加索爾之星）的美圖，它的直徑有1.84公尺。而在科考人員研究之下，真不得了，居然是7000年左右的傑作，分析它包括紅色，灰色，白色，黑色等豐富色彩顏料成分，竟然是12～18種礦物質的化合物組合而成。在當時等於石器時代人類，怎麼會有這種技能？而這種八角星符號不是單純八角星，它中央有三個圓，兩個齒輪狀的八角形，最大的圓內緣有十八個小的正三角形圖案，它的圖騰代表著是何意義？至今讓人無法了解，有人說是祭拜太陽神的圖騰，在中國天文星象也有「八寶琉璃星」，其光芒大概也是這樣。在蘇美爾文明，阿努納奇標誌也是八方形，指著八個不同方向，另外大概代表天地及陰陽，描述祂最愛的一個孫女伊南娜，也有八角星的標記；後來太陽神沙馬什，也是另外一種圖案的八角星。巧的是中國在凌家灘出土，5000年前的古玉，上面也雕琢有大圓內有小圓，周邊八角星的圖案。

另外說到中國「八卦」可說是從古至今皆重視的文化寶藏，八代表吉祥數字，從八字學可推算命理。八爪章魚哥預測世界足

球杯準確無比，每一場預測皆沒有失算。八字命學衍生自陰陽五行，五方與天干地支學說，是一種根據生辰推算人一生命運的方法，於古時戰國時代就有記錄，到了宋代「徐子平」奠定時辰、日、月、年等四柱推測命運的方法，故八字命學又稱子平法或子平八字學。中國流行最廣傳說中的八仙（鍾離權、呂洞賓、張果老、韓湘子、鐵拐李、何仙姑、藍采和、曹國舅）最膾炙人口，因為他們出身和平民百姓最為接近，所以後來有「八星報喜」、「八星祝壽」、「八仙過海，各顯神通」，是說他們各持自己的寶物，拋擲海面，輕踏寶物如舟以渡海。鍾仙持蒲扇、李鐵拐持葫蘆、藍仙持花籃、何仙姑持荷花、呂祖持寶劍、韓湘子持竹笛、張果老持魚鼓、國舅持玉板等寶物，均代表吉祥之意。

　　另外有「八星高照」，有人說是「達摩、壽星、文財神、武財神、劉海禪師、鍾馗、彌勒佛、天官」八福星；還有八星是「福、祿、壽、喜、招、財、進、寶」。也有所謂不好不壞的八星「守護星、劍星、弓星、殺星、魔道星、精靈性、治癒星、護法星」；西方基督教也有「天國八福」；天主教有「真瑞八端」，是指虛心的人、哀慟的人、謙和的人、飢渴慕義、憐憫人的人、清心的人、使人和睦的人都是有福的人，他們必見神，因為天國是他們的（馬太福音第 5 章）。天主教「思高本」是指神貧的人、哀慟的人、溫良的人、飢渴慕義的人、憐憫人的人、心裡潔淨的人、締造和平的人、為義受迫害的人都是有福的，因為天國都是他們的（瑪竇福音第 5 章）。

　　說來說去八面金字塔還是和祭祀有關；但是在中國江西婺源考山村對面的黃杜塢，有座「明經胡氏」大墓，即是八卦八面形，上方呈三角圓錐形，並開有兩個圓孔，以引導天地陰陽之

氣，藏風聚氣，為絕佳的風水寶地，後代子孫當出貴人無數，光是進士即十數人，更出高官，明代太子少保，戶部尚書，工部尚書，兵部尚書，到了清代出了紅頂商人胡雪巖，江南巨商胡貫三，近代的國學大師「胡適」皆為其後代。

　　從前面談到這最後各面面觀的金字塔，似乎都是在玩數目字遊戲，和金字塔關聯不大，只是在相上濫竽充數。這「九」字可是終極之數，在中國九是一個極陽之數，代表至高無上，無窮無盡，在玄學上是充滿意義的數。如九九歸一，是一切還歸於自然的意思。在易經中說九五至尊，飛龍在天，被視為持盈保泰的至尊之位；至於上九卦象為「亢龍有悔，盈不可久」，因此帝王不想造次。另外是中國古代的一種地理區劃分概念，從夏禹時代的「禹貢」記錄九州成為人們理解現實世界的地理座標之一，而九州則被視為中國最早的領土。到了春秋戰國時期的「星野」一書，是通過整合天文學、地理學和占卜學理論所創造出的，通過將天文的二十八星宿和地理的九州諸國相聯繫，以日月星辰的變動，來辨別各地吉凶的一種占卜方式。「史記」諸多書、志皆有記載，對其發揚起了重要作用。星野之說從漢代興盛，直到清朝末年才開始沒落。還有象徵九州的「九鼎」，據傳是大禹建立夏朝後，用天下九牧所貢之金鑄造成九鼎，被認為是代表天子的地位，祭祀的時候只有天子才能用九個鼎，九鼎都是國家擁有政權的象徵，直到秦統一天下後，九鼎卻不知下落，有人說九鼎沉沒在泗水彭城，秦始皇派人潛水打撈，結果徒勞無功，可能早就被龍王取走，做為鎮宮之寶，免得後世之人爭奪，大動干戈，造成無數百姓傷亡。但後世帝王亦曾屢次重鑄九鼎，以武則天和宋徽宗最為有名，動輒幾十萬斤的黃銅鑄造的，外面還將黃金液澆鑄

在上面，閃閃金光。因此有「君無戲言，一言九鼎」。另外構成日本的四個大島，其中一個大島也稱九州。

最後說到九層金字塔，其實秦始皇陵墓為九層金字塔，也被稱作東方金字塔，另外也被稱為九層妖塔，秦皇陵集 72 萬人力，耗費 38 年之久才建成，史書記載陵墓設計複雜，還有許多機關、巧思，它用水銀做成江河大海，用機械來模擬江河流動，而在頂壁還裝有天文星座圖象。而這九層妖塔可使人屍身不腐，甚至死而復生，但陵墓內卻是防盜的機關重重，曾經有盜墓者闖入，誤觸機關被萬箭射殺，更不要說進入內層，被水銀毒害，讓許多摸金盜墓的人鎩羽而歸，甚至死亡。而之所以被稱為九層妖塔，我想是警告盜墓者會遭受妖魔鬼怪侵害，絕不能輕舉妄動，如果真的是充斥著大票妖怪，那近朱者赤，近墨者黑，時間久了，被葬者豈不是會變成了殭屍。在中國還有一個出名的九層妖塔，那就是前面提到過青海省都蘭縣察汗烏蘇鎮，東南約 10 公里熱水鄉血渭山腳下的「血渭一號」大墓，因為大墓周圍附近有 200 多個墓群，而血渭一號是最壯觀的一座墓。古墓就位於自然造就的「崑崙山（金），大非川（木），青海湖（水），柴達木（火），祁連山主峰（土）」五行星陣之中，這個星陣正是中國龍脈的「要害」，而在當地的藏民傳說，古墓曾經是格薩爾王與妖魔激戰的地方，經過三天三夜殺得天昏地暗之後，格薩爾王終於將眾妖魔鎖在了一個九層塔中。這座大墓高 33 米，東西長 55 米，南北寬 37 米，墓陵後方有兩條巨龍般的山脈將其拱衛，如同雙龍搶珠的絕佳風水寶地，當地藏民稱其為「古達空」。因為有祖輩告誡說，其內有妖異之鬼怪出沒，荒涼的土堆，慢慢地在當地人心中，形成恐懼的禁地，塔堆之下有三層石頭疊成的護牆。

相傳在 40 年代時，西北軍閥馬步芳曾率隊橫掃這片戈壁，來到熱水鄉後，在這座土堆旁紮帳營時，一名曾作過盜墓賊的下屬向馬步芳彙報，說這座土堆其實是座古墓，可能藏有重寶，其中的金銀財寶讓大軍幾輩子都享用不盡。馬步芳頓時眼睛一亮，管它是什麼鎖妖塔，馬上命他率人進入挖寶，進入第一層之後果然發現了大量的財寶，讓他們足足運了三天三夜才運完。馬步芳大喜，下令他們繼續挖掘古墓第二層，但是發現了大量的動物骸骨。正當他們清理完這批骸骨，又想尋找第三層墓門時，突然令人意外的是，這深入後的馬家軍，士兵們忽然窩裡反，頻頻發生奇異的自相殘殺互射事件，有些逃出來的人都不顧軍令，發狂式的逃離戈壁。驚恐之下，馬步芳帶著第一次探索時運出的寶物，一夜之間匆忙撤離熱水，再也不敢踏足此地。後來當地人壯起膽子，重新填埋好被馬家軍挖掘的破洞，自此之後，再也沒有人斗膽靠近古達空了。關於這個另人驚恐的靈異事件，我又有揣測了，可能是這批被活埋的馬匹屍體產生屍毒，不斷繁衍下去，於是這些軍人沾染上了怪異病菌毒株，可立刻使人產生恐怖幻覺，將對方看成欲撲上自己的妖魔鬼怪，於是喪心病狂般地掏槍射擊，亂殺成一團，有些人看見大批妖怪向他衝來，只好發瘋似的頭也不回往外逃竄。後來馬家軍藉口支援外地作戰，突然就全部撤走，甚至還有很多金銀財寶都還遺棄在墓穴當中。

另外讓人疑惑的是，鎖妖塔裡面怎麼會有這麼多貴重的金銀珠寶，只有國王、皇帝身份之人才會擁有如此財富。後來經過考古文物隊，比對挖掘的寶物才證實是「吐谷渾」帝國慕容鮮卑國王的陵墓。這吐谷渾國王同樣看中這風水寶地，於是在上面建立七層金字塔式陵墓，每層疊有整排巨大粗圓上幾百年的柏木，

上面並有多層大石塊堆積，於是柏木和石塊層層疊疊共七層，金字塔造型使他通往天庭而得以永生，柏木也是有相輔相成作用，還可以防止地下妖怪侵擾，並且可借助人們害怕妖魔心理，打消盜墓賊的覬覦。但是一位當國王的人，哪裡會知道德行卑鄙之人認為貧窮、戒酒、戒色、戒賭、戒毒比鬼還可怕，哪會怕鬼！所以盜墓者層出不窮，後來由當地掌管文物單位任命考古人員負起保護寶貴文物責任，這些寶物為全民所共享，因此不會被毒咒影響，或是被妖魔鬼怪所侵害。

(3)用

　　勉強談完了金字塔的面面觀，接下來談金字塔的「大用」：金字塔的「功用」以廣義來說「大矣哉」！它的超自然能量，遠遠超過目前人類科技的範疇。大部分的考古科學家都認同古夫金字塔是個大型發電機。以狹義的角度來看，於 1930 年有一位熱衷於超自然科學的法國人「安東尼博維」，在吉薩金字塔群中參觀時，無意間在國王墓室垃圾桶中發現裡面的貓和老鼠的屍體，皆成為完全脫水的「木乃伊」，後來他又拿了蛋和肉片，放在金字塔中，結果依然一樣。這些東西都以非常驚人的速度，完成了脫水過程，難道金字塔中，蘊含著什麼奇特的能場？結果後來坊間許多作者，也幫襯著博維在金字塔的神祕傳奇實驗，後來卻有人揭露博維根本未曾離開法國，他只是在他的家裡做了一個 13 公寸高的大金字塔，木製縮小模型，然後放進一隻貓屍，最後貓屍竟然變成木乃伊，當然以後有許多人也同樣複製類似實驗。1940 年捷克斯洛伐克的放射學專家「德鮑爾」，用馬糞紙做了幾個縮小比例的小古夫金字塔模型，來驗證金字塔中是否有神祕能量的存

在。他分別將牛羊肉、沾水的生銹刀片、雞蛋、鮮花、動物屍體等放入其中，實驗結果讓人驚奇不已，那枚生銹刀片，一段時間後很快就脫水，非但沒有變鈍，反而更加鋒利。

2001 年俄國科學家卡拉斯洛維茲博士也做了刮鬍刀試驗，並透過掃描電子顯微攝影，證實金字塔型結構，確實可以改變刮鬍刀片邊緣的分子結構。而且更進一步發現，如果把刮鬍刀片以南北走向放置，就無法讓刮鬍刀片變得銳利，如果放成東西走向，反而使得刀片變銳利。在顯微鏡下可以看到，又直又平坦的表面，變成凹凸不平的波浪狀，這顯然無法以傳統科學來解釋。這會兒我又有想法，刀片方向是受到地球南北極磁場作用影響，所以產生利鈍不同，至於刀片呈波浪狀，那電子顯微攝影的電磁波亦是受到同樣影響，所以呈波浪形狀。另外放入複製金字塔的其他東西，如食物、蔬果、生鮮、魚肉、奶製品等都有保鮮作用，剪下來的花也可以保持鮮豔色彩與香氣。此外據說咖啡、葡萄酒、烈酒及煙草放置其中更散發出誘人的香醇。至於放入死亡的生物體，它們非但沒有出現腐敗的現象，皆會神奇的快速脫水。其他科學家在進行相當數量類似實驗後，得出了另人驚訝的結論：因為金字塔特殊結構和空間形狀，讓金字塔中擁有某種奇特超自然能量，會使得它形成一個很好的微波諧振腔體，其中產生的微波能量效應，不僅可以殺菌，而且可以使其迅速脫水，因此法老在往生後，先將身體做成木乃伊，再移至帝王專屬墓群。各別法老的墓宮，經由國家祭師修法後，將其靈魂導入「中繼站」，即是原本金字塔空的花崗岩石棺內，看好時辰，經由通道發射至原本神族星座的天堂，得以永生。

另一方面近代有些國家，「依樣畫葫蘆」，在國內建造金字

塔，俄國早在 1990 年開始，當時莫斯科科學家兼國防工程師「亞歷山大‧葛洛德」，他在俄國與烏克蘭境內，開始建造大型金字塔，一直到 2001 年，總計在八個城市建造了 17 座金字塔，那麼到了 2010 年的夏季，全球總計有超過 50 座金字塔，其中多數還是在俄國與烏克蘭境內，那麼他們所建造的金字塔，內部皆是以 PVC 管為架構，再覆蓋上玻璃纖維板，表面看起來很光滑，所有的金字塔都按照黃金比例建造，即是 1 比 1.618；它這種比例建造的金字塔，比古夫金字塔更陡峭，傾斜角大約有 70 度，此種造型看起來像煙囪，葛洛德最大的一座金字塔高達 44 公尺，重達 55 噸，歷經 5 年才建造完成，花費超過一百萬美元，這座金字塔於 1999 年完工，使用非導體材料，沒有一絲一毫的金屬元素，為什麼製造這些金字塔不能有金屬的元素呢？他發現如果金字塔結構含有金屬，就會降低神奇的效應，甚至完全消失，無論大金字塔具有如何的神祕能場，金屬物質和能場產生量子抵消效應，甚至完全消失。

　　許多領域都用這些金字塔做實驗，包括物理學、醫學、生物學、農業學、環境生態學等等，這些實驗之所以意義重大，是因為實驗者都是頂尖的科學家，並且以科學方式，記錄金字塔內部所發生的變化。例如有一種可以幫助人類對抗病毒的藥，如果它的功效可以增強百千倍，那該有多好！於是伊凡洛夫斯基病毒研發機構，裡面的柯林曼可博士與諾席克博士，他們把一種人體自然產生對抗病毒的免疫球蛋白（venoglobulin）稀釋成每毫升 50 微克，放置在金字塔一段時間，短短的幾天後，這種化合物對抗病毒的效果，就變成了原本的三倍。但是奇怪的是，就算稀釋得再淡來作實驗，抗病毒的效果依然不減。於是後來他們準備兩

組普通的實驗白老鼠，在一天給每隻老鼠注射同樣劑量的 415 型鼠傷寒沙門氏菌，唯一的差別是第一組老鼠放在金字塔裡，第二組則不是。神奇的是，金字塔裡的老鼠有百分之六十，成功對抗疾病，而對照組只有百分之七。就算增加到足以讓每隻老鼠病死的劑量，金字塔組的存活率都有百分之三十，不幸被分配到對造組的老鼠只有百分之三存活率。他們還為老鼠注射致癌物質，幾乎肯定會讓這些老鼠，長出巨大的癌症腫瘤，博士餵這些老鼠喝金字塔水，而讓對照組喝普通水，實驗結果是喝金字塔水的老鼠，所長出的腫瘤數量遠低於喝普通水的老鼠。在這些實驗中，從未觀察到出現危險或負面的效應。葛洛德的團隊還發現，金字塔愈高，效應就愈強，大概是離天堂愈近，加持力就愈強。如果在太空船內設置金字塔，那加持力可能無以倫比（我開玩笑的啊！）。另外在金字塔內種植物也比外面成長快三倍。還有一位熱衷神祕自然人士，建造一座吉薩金字塔 9 分之 1 大小的建築物，當初具規模時，另人驚訝的事情發生了，金字塔中層居然冒出水來，照道理應該是從底層湧出來才對，可能是金字塔產生的能量吸引出地底泉水。同此理欲探勘挖井，甚至油井，應可如法泡製。喝了金字塔的泉水可以降血壓，對健康有幫助，真是好處多多。

中南美洲有三大文明：包括馬雅、印加、還有阿茲特克，這阿茲特克文明最有名的即是在墨西哥南部的特奧蒂瓦坎一個古城，西元 14 世紀它就存在那裡了，但是據考證在 6000 年到 12000 年前就建造了，著名的太陽金字塔和月亮金字塔就在那邊，科考隊在太陽金字塔考古過程中，在它的地下室發現有一條大的江河，這河道居然注滿了水銀。第一個疑問：在 6000 年前人類是沒

有提煉水銀的技術；第二個疑惑是需要這麼多的水銀是要幹什麼用的？在秦始皇陵墓的大量水銀是用來防屍體腐壞，以及防止盜墓的，無獨有偶，另外還有一個專門用人頭踢足球的柯潘足球場地方，經過考古隊挖掘足球場下方，竟然發現底下全部是個水銀庫一樣，也是不知道這麼多的水銀其作用為何？後來在 1997 年有科學家發明了一種離子推進器引擎，可以用在低成本且長距離飛行的，太空船旅行推進器，而其動能燃料就是水銀。所以科考人員推測，這古城可能是外星文明飛行器降落的地方，並且和當時人類互動聯繫之處，而域外文明的飛行器所需要燃料的補給，就是儲存這些大量的水銀。另外一個支撐此推論的證明，就是在阿茲特克文明中，有一座帕倫克神殿，底下有一個國王的墓室，在他石棺的棺蓋上面，刻著清晰的圖案，這個國王坐在一組長型飛行器裡，他手中握著操控桿，在他的後方有個噴火的畫面，在整組飛行器裡有許多管路，據離子引擎專家敘述，這些管路即是噴射供應水銀燃料的管路。於是科學家推測這飛行器是域外文明穿梭外星及地球古城之間的航太飛行船，很早以前他們就教導當地人們建造古城及金字塔，後來還教導國王駕駛飛行器。

另外一個證明，就是在太陽金字塔左邊，大約 100 公尺左右，有一座叫做羽蛇神殿的金字塔，後來被人們改名為雲母神殿，因為後來科考人員發現在這神殿地板下面，嵌入一塊長十幾公尺，寬五、六公尺，厚度有 15 公分的整片大雲母片，而雲母片在現今電器方面的用途是隔熱或是作電阻的功能。另外在核子反應爐裡面是減緩燃料棒不受控制時，產生意外爆炸的高熱能，有隔熱及終止熱輻射外洩的功能。所以塔頂天花板的大雲母片及地板的雲母片，是阻絕飛行器降落時高熱噴發的絕熱板，因之推論

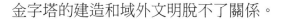

金字塔的建造和域外文明脫不了關係。

(4)境

　　最後談一談金字塔的的「境」，即是觀照金字塔後所產生個人精神層面的境界，一般人皆認為觀看吉薩三大金字塔有穩定雜亂心情的作用，有療癒不安精神的功效。我們不要依照慣例，死盯著金字塔觀看，要放鬆心情練習金字塔在看著我呢，如果能配合莫札特音樂的放送，效果更佳，對於失眠，精神衰弱應該有所幫助。現在談一談金字塔對於物質的一些影響，我們都知道幾乎所有的物質都有它的結晶體，但是把物質放置在金字塔內，觀察它的結晶和放在外面的結晶，在相互比較之下，居然會產生不同的變化。大部分的人認為放在金字塔裡面的結晶比較漂亮，更為通透。讓我想起另外一個實驗，當我們在觀察水的結晶時，觀察者對著水的晶體時，他的意念一直對著水說：「你好漂亮！你好美麗喔！」結果出來的晶體外形是比較好看的，若反其道而行，晶體的外型是醜的。其實在自然界的物類，沒有所謂的美與醜，有缺陷美、內在美、特殊怪異的美、醜到頂的美、都是人們自己去分別美與醜。

　　另外說到，在現代的量子力學對光子各種雙縫實驗時，不用儀器觀測它時，其背景出現多數一序列條紋狀態；反之則出現經典物理學，宏觀世界的雙槓現象。而人類在實驗室外開個小窗口看實驗時，出現的條紋會呈現明暗的現象。於是我又會產生佯謬想法，您怎麼會知道當時有靈異非人、外星人、暗能量、暗物質、上帝、先知、仙、佛、菩薩、神……等，也在端視你實驗的整個過程呢？抱歉又扯題了，又有科學家在金字塔內合成的鑽

石，硬度更高，純度更純；又有將兔子與白老鼠放進金字塔後，牠們的耐力會增強，白血球數量也會增加。這對專業比賽運動員知悉此功能後，當然可以提升比賽的表現，不用擔心非法服用類固醇帶來的風險。事實上金字塔給力法能使運動員更健康，爆發力更為原來的兩倍，但是長時間運轉此方法，身體會脫水，還可能會對金字塔有倚賴性，或是對身體長壽方面有無影響，可能就不好說了。

　　還有俄國科學家研究金字塔可以淨化被污染的水，只靠一座金字塔就淨化了被鹽分污染的水。我想乾脆在海岸邊和海水中間建造一座金字塔，將海水抽到金字塔中央容器裡貯存一段時間後，再打開另外水管出口，不知道會不會流出來的是淡水，那果真如此，其建造金字塔的成本，應該比造海水淡化廠節省多了。我知道還有一個不須要錢的方法，那就是在日本有一個「琵琶湖」，因為是灘死水，所以湖水久而久之成了微臭污染的湖水，後來請來一位得道高僧，帶領一百位居士及學生對著湖水唸淨水的咒語，並配合以意念祈願湖水淨化，三個月後奇蹟出現，湖水變得乾淨而沒有臭味，但是過了半年後，湖水依然如故。

　　另外金字塔還有令人難以置信的功能，它可以保護人類不受大自然毀滅性的災害，譬如地震、火山爆發、颶風、颱風、海嘯等的天災，如果這些天災仍然發生，那就是「神通也抵擋不了業力」。至於人禍亦是如此，天神、金字塔也無能為力，戰爭，兵荒馬亂，那亦是人們的共業所招致。我們不能將家搬遷到金字塔旁邊，憑藉其能場躲避災難，或是乾脆天天安住在金字塔內，而且也不能整天頂著金字塔四處遊走，所以最好的方法是將金字塔安住在您的心中，把你心中所仰慕的聖山金字塔建立在心地

上。可以把岡仁波齊山、其他國家各自心目中的聖山、埃及西奈山、希臘奧林帕斯山、日本富士山、朝鮮的長白山、歐洲的阿爾卑斯山、羅馬尼亞的布切吉山、耶路撒冷的橄欖山、加州的沙斯塔山、澳洲紅色的艾爾斯岩（烏魯魯），當然還有其他許多國家有各自的聖山，我就不再列舉。中國有句偈語：「身中本自有靈山，靈山切莫往外求」，靈山就是萬寶山，摩尼寶山，用修心養性、清淨、平等、覺之三心，用三心挖礦機，才能挖出您的比特幣寶山。

參考資料

❶【自說自話的總裁】百慕大、地球磁場和巨石奇跡：這個能操控巨石的人，留下了和特斯拉相同的言論

❷【文昭思緒飛揚第 68 期】曼陀羅密碼啟動 88 萬年前的飛行器，解開金字塔建造、和《聖經》神蹟之謎，串起上古三大文明

❸【紅桃 K 日記】顛覆認知，金字塔最詳細合理的建造過程！不需要 10 萬奴隸，也並非外星技術！

❹【牛 X 研究所 Master Lab】最神祕的白色金字塔：神山之王「岡仁波齊」之謎

✻ · ✻ · ✻ · ✻ · ✻ · ✻ · ✻ · ✻

❶ ❷ ❸  ❹

第六章

埃及獅身人面像

1 獅身人面與希臘「斯芬克斯」的關係

說完了吉薩金字塔，怎麼能忘掉了它們前面的獅身人面石像。地球上有好幾個獅身人面像，有雕塑成型的，也有山上天然石頭很類似獅身人面像。位於羅馬尼亞克爾巴千山脈的布切吉山，山頂就有一整塊巨石像極了獅身人面像，後來人造衛星發現它下面也有密室和隧道。另外在 2004 年的時候巴基斯坦人們說，他們也發現在山上有個酷似的獅身人面像，牠的爪子下，還有類似人型，摸著爪子祈求加持圖像。後來還有更神奇的是，美國 NASA 在火星上也拍到了極相似的獅身人面像，後面居然有座像金字塔的山，真是太神奇了。

還有在 2018 年後，埃及在修馬路時，發現第二座的獅身人面像，它座落在國王谷，也就是在法老們陵寢附近大概 9.6 公里處。發現和尼羅河旁的吉薩金字塔，幾乎一模一樣的獅身人面像。到目前為止還沒有被開放觀看，不知道這獅身人面像是不是傳說中的另外一個獅身人面像。在法老特摩斯的石碑中，有一幅描述獅身人面像的畫，畫中兩個互相對稱的獅身人面像，位於一處建築上。1665 年在吉薩建築群的草圖中，有兩個頭冒出沙塵向外看，其中有一個明

顯的女性特徵。地質學家巴拉卡特博士認為，目前大家已知的獅身人面像的臉型，是一個男人，相對應另外一個石像的臉龐，應該是女性。在國外的兩本地理百科全書中提到，在埃及吉薩地區有兩個獅身人面像，其中一個在尼羅河附近，那當然就是大獅身人面像。而歷史學家穆薩比西，在「拉比二世編年史」一書中寫道，在尼羅河對岸，有一個相對較小的獅身人面像，它是由磚頭和石塊組合建成的，那應該是大石像之後，為了和它配對而建的，像牛郎織女星一樣，隔河相望。

現在談主角，位於古夫金字塔南側是最大的，且是現今已知最古老的紀念雕像，雕像高 20.22 公尺，差不多有 6 層樓的高度，全長有 72.55 公尺，相當於一架波音 777 的長度，獅身人面像頭部以下的身體部分，是由一整塊巨石雕刻而成，更是壯觀且氣宇非凡。首先其實它本身並不叫做獅身人面像，當年的建造者是如何命名則不得而知。至今發現的埃及古王國記錄銘文中，也沒有任何關於此座雕像的訊息。在新王國時期，挖出「圖特摩斯」四世法老的記夢石碑中，稱這座雕像為地平線上的「荷魯斯」。祂是古埃及神話中法老的守護神，象徵著王權，也是復仇之神。祂是冥王奧西里斯和伊西斯的兒子，祂的造型是一位佩戴埃及王冠鷹頭人身，手持沃斯手杖與安卡（生命之符）的神，而祂的另一個名字「斯芬克斯」（Sphinx），則淵源於古希臘神話。斯芬克斯是女巨人厄克德那與她兒子雙頭犬奧特修斯所生的怪物，祂有著人類的頭，象徵著智慧和知識，具有獅子的身體，帶表勇猛，並生有一對翅膀，代表可迅速到達要去的地方。

傳說斯芬克斯本性極為殘酷，且從智慧女神繆斯那邊學到了許多謎語題，於是每天蹲在貳拜城附近的懸崖上，攔住經過的行

人，行人就被要求回答祂出的謎題，猜對了才能通過，猜錯了，很抱歉，就會被吃掉，遭受此災難者不計其數。後來有一位受神教化過的青年「伊底帕斯」知曉了此事，決心要降服祂。他來到了斯芬克斯把守的路口，斯芬克斯選了一個特別難的謎題讓他猜，其謎面是這樣的：「什麼動物早晨用四條腿走路」？「中午用兩條腿走路」，「晚上用三條腿走路」，「腿最多的時候，正是他走路最慢，且體力是最弱的時候」（嬰兒抵抗力最弱），「這是什麼東西？」；聰明才智的伊底帕斯很自信的揭開了謎底：「是如假包換的『人』！」（嬰兒時期，會走路時期，老人時期）此刻斯芬克斯當場羞愧難當，便跳崖投海自殺而死，以贖回之前所犯的罪孽，因此斯芬克斯代表著邪惡之物，還有代表「神的懲罰」，是一個會使人致死的怪物。

　　而最早已知斯芬克斯的雕塑像形象，是在公元前 9500 年在土耳其哥貝克力石陣中被發現的，它和獅身人面像有些區別。斯芬克斯是女性的頭顱，並擁有老鷹的翅膀，而獅身人面是男性的頭相，但沒有翅膀，也找不出它曾經有翅膀的痕跡，他們相同的是有獅子的身軀，且有人類的頭型，只不過在埃及的那個時代，人們是用斯芬克斯這個名字，來稱呼這座雕像。最初這座雕像幾乎是一直被埋沒在沙裡，只有一個大頭露出了外面，直到 1818 年，一位法國人集合資金，花了 11 年的時間，全部身體才被挖掘出來。一般考古學家認為它是建造於 4600 前，和古夫金字塔同時建造的。獅身人面的人面是依照古夫法老的面貌雕塑的，但古夫法老是留有鬍子的，獅身人面則沒有且頭上的「奈姆斯」皇冠和額頭刻的「庫伯拉」聖蛇浮雕也都不翼而飛。後來有位麻州波士頓的地理學家羅伯特‧斯克齊博士，他潛心研究獅身人面像的地質，地理環境特徵，超過了二十年

之久。他發現獅身人面像風化和水侵蝕的程度，和周圍的薩哈拉沙漠情況完全不符。獅身人面像的建造年代距今 11000 年左右，和古埃及記載 12500 年前開始所謂人神共存的「黃金時代」不謀而合。

2 通靈預言家「愛德加凱西」說獅身人面像內有個「宇宙記錄廳」

巧合的是，另外有一位美國最著名的通靈預言家「愛德加凱西」，他在發表通靈言論中，說他曾經有一次的前世，是位古埃及的高級祭司。他在當古埃及祭司期間參與了獅身人面像的建造。他記憶此雕像是建造於公元前 10490 年，也就是距今 12490 年前，同時他還斬釘截鐵的告訴世人，獅身人面像右前爪下面，有一間密室，內有存放著「上一波人類」留給我們有關當時歷史及文明，甚至是人類的起源的檔案館，還有一些先進科技的記載，愛德加凱西稱這個密室為「記錄廳」，這上一波人類即是「亞特蘭提斯」文明。至於到 1978 年，愛德加凱西基金會經過埃及政府同意後，準備推動尋找獅爪下方的密室，他們用科學儀器找到了密室方位，正準備開挖的時候，埃及軍方命令他們緊急叫停了。

另外在 1987 年時，日本早稻田大學，有一位叫吉村作治的教授，他帶領了一個團隊，對獅身人面像進行了電磁波掃描，結果發現在獅身人面像下面，有兩個巨大的空間，並且有通道連接。這空間如同兩個大的房間一樣，後來他們又仔細地掃描了一遍，確實發現同樣的結果。於是也向埃及政府申請挖掘的准許令，結果也是被埃及政府給拒絕了。

有歷史學家猜測，可能是基於宗教上的因素，因為在古埃及

的宗教文獻裡有記載說，獅身人面像的爪子下面，埋藏有神賜予的兩塊正三角形石頭，一塊向上的叫做 Urim，另一塊倒立的叫做 Thummin，這兩塊會發光的石頭合在一起就成了「大衛星」。有宗教家說這兩塊石頭就是舊約聖經裡所提到，叫做 Zohar 的這麼一塊石頭，稱之為「賢者之石」。舊約聖經裡說到這賢者之石如果被發現了，世界末日即將來臨，所以石像下面密室的石頭，如果被挖掘出來曝了光，那豈不是世界末日到了？

我想在亞特蘭提斯大陸沉沒時已經曝光一次了，大家不用恐懼，在「千禧之年」，有人說是世界末日，瑪雅文明說 2012 年是世界末日，結果都沒有發生，而所謂的世界末日，佛法的「末法時期」，只是種隱喻，那是每個個人心裡的「成，住，壞，空」，「生，住，異，滅」，「正法，像法，末法」劫數，才會產生有末日，末法來臨的說法，那兩塊石頭我寧願稱作「公平」，「正義」之石，合成為「聖者之石」，如果這個世界沒有了公平正義，那才是世界末日的來臨，不好意思又借機會表現自己一下。

另外關於密室裡藏有宇宙的祕密及起源之說，在舊約聖經有一版副本，名叫「梅路西」，裡面有一個古老傳說，記錄了說天神「伊萬卡」書寫了護佑萬物的「智慧之書」被偷了，被藏在獅身人面像的附近，很多人相信這本智慧之書，就是打開人類生命起源的鑰匙。於是科考人員大規模的搜索石像周遭，果然在獅身人面像，前足下兩公尺左右的地方，正對著天上黃道面獅子座的地方，發現了一個洞穴，裡面有一部羊皮書手稿，作者署名丹尼斯，他是傳說中的一位修行者。

書稿約在西元前八世紀時期，於是很多人就認為這手稿就是智慧之書。因為丹尼斯闡述了獅身人面像的意義，他說獅身人面像其

實由四個星座的合體：獅子對應獅子星座，象徵著權力，代表著一個社會政權；人頭對應著天秤座，象徵精神信仰，代表一個社會的宗教；鷹翅對應著天蠍座，在古代天蠍座又被稱為天鷹座，象徵著智慧，代表一個社會的科技文明；牛尾（獅尾），看起來差不多，對應著金牛座，象徵富裕，代表一個社會的經濟。雖然現在只是看到一個人頭和獅身，但是提起它早些時的稱呼「斯芬克斯」，祂的造型就是由人、獅、牛、鷹共同組合的物種。

現在我們再談另外一個神祕密室，它就在距離獅身人面像200英呎的地方，有一個神祕的地下洞穴。在1934年的時候，才第一次被發現挖了整整65年，直到1999年的時候，才完完全全的挖個徹底。它應該是個墓穴，大致分三層，每一層都有一個獨立的房間，最下面的一層，足足有地下10層樓那麼深，最深的一層放的就是冥神歐西里斯的石棺。如何知道是祂的石棺呢？原來在石棺四周立了四根高大石柱，石柱上面赫然寫著「冥神歐西里斯」字樣，但是讓考古學家失望的是，石棺裡面也是空空如也，沒有木乃伊，也沒有什麼遺骸。根據古埃及的古籍裡記載：歐西里斯不是地球人，祂來自獵戶座，藉著墓室的石棺為中繼站，回歸到獵戶座或是天狼星座。而法老們是神化現為人，因此靈魂須經過金字塔空石棺，才能魂歸獵戶星座。

3 夢之碑

前面提到在獅身人面像兩個前爪子中間，立了一塊高144厘米，寬40厘米的一塊石碑，石碑上面有圖畫也還有文字。當時埃及史學家們和考古學家如獲至寶，立即開始研究，發現石碑上面記載

了一段故事，說是在大約 3400 年前，有一位稱「圖特摩斯四世」的古埃及法老，在當時他還是一個王子身份時，外出打獵，經過好幾個小時的打獵後，感覺有點累了，就靠著石像旁邊睡著了。其實當時石像只有一個大頭露在外表，根本不知道沙子下面還有一個龐大身軀，在他模糊的睡夢中，獅身人面像的神給他托夢，在夢裡這神對他說：「我已經屹立在這片土地，很久，很久了，四肢和身體已被黃沙淹沒太久了，如果你能夠把我解救出來的話，我就承諾，讓你當上這片土地的國王！」。

於是圖特摩斯醒了之後，趕快命令他的下人，按照神的指示，把黃沙掩埋的下身，全部都給挖出來了。至於近代人的挖掘算是「二挖」了，結果後來石像神果然沒有食言，讓圖特摩斯四世擠下了其他競爭王位的王子兄弟們，順利的登基當上王位。在他當上國王之後，他也對獅身人面像之神還了個願，在獅身人面像兩個前爪之間，立了一個精美的對神還願及恩謝石碑，史稱作「夢之碑」或是「記夢碑」，歌頌石像神的神力加被恩典，以及立此碑的緣由，其他至於獅身人面像建造的原因？或是何時？是由何人建造的？完全沒有提，因為神也沒有在夢中告訴他這些情形。

而且在他之前，法老們留下的歷史記載，對於石像的記錄均隻字未提，但是居然有提到人類起源的真相，就在石像的下面埋藏著，這下把歷史學家及考古學家都打敗了。後來也有人說這獅身人面像身體和頭部的比例相當不對稱，最初建造時應該是個胡狼的造型，也就是在古埃及神話故事裡的「阿努比斯」神，也稱作木乃伊之神，王室墳墓守護之神。當然在旁邊 200 公尺深達十層的「歐西里斯」神的墓地，也是祂護衛的職責範圍。

至於後來有人傳說，古夫法老建好金字塔後，一併將胡狼的頭

徹底整容一翻，把自己帥氣的頭，偷天換日，移花接木改成目前的造型，不知後來是不是報應，長鬍子被扯了，鼻子不知道被誰打掉不見了，頭上戴的奈姆斯皇冠，額頭上聖蛇，都不知去向，總之到目前為止，沒有科考家能說出獅身人面像的來歷。既然獅身人面像下方的密室，埃及當局不准許開挖，那石像的祕密，還有人類的起源就無法得知了。

4 火星男孩「波力斯卡」說石像右耳後有開關打開後藏有大祕密

從另外一個管道，俄國火星男孩波力斯卡，他說他曾經飛過古埃及，而火星文明與古埃及有著密切的關係，特別是古夫金字塔旁的獅身人面像，具有深遠的意義。當打開它的機關時整個地球會發生翻天覆地的大變化。他並且指出這開關就在獅身人面像右耳朵的後面。他說：「當獅身人面像打開時，人類的生活將會大大的改變，這個機關被打開後，可以打開通往未來世界的入口。在這石像耳朵後面，找到某一個地方，有一個特製的開關，可以打開這機關，我不記得它到底在哪裏了。」

之後有一大票好奇的人們來到獅身人面像，觀察右耳朵下面，確實有個開口，但是這開口卻被一個石塊給牢牢封住，無法打開。去詢問波力斯卡如何打開機關時，他說已經忘記了打開的步驟，並建議人類目前不應該用強迫的方式打開，時間到了自然會有「有緣人」掌握打開機關的步驟及方法。根據他的觀點，地球和人類的所有進化史，太陽系與天狼星之間的進化關係，星際間太空航行技術的祕密，甚至宇宙的起源和形成的奧祕，都會有圓滿的答案。另

外還有一個使者會來到這個世界，到那時一切問題的答案都會水落石出。

　　但後來有人問道使者何時降臨？他說該來的時候，自然就會到達。又有人問及此使者是否以偉大的科學家身份出現在世界上？波力斯卡說：「他將比一名科學家更偉大，因為他幾乎是全知全能的」。如此說來他的身份接近上帝了，他的降臨將帶給人類進入前所未有的全新大時代，可說是新一波亞特蘭提斯文明又將誕生了。

5 四星座及中國「四大天王」神與石像關係

　　前面大致談了一下獅身人面像，還有科考學家們對它的神祕推測，以及通靈預言家的論點，我最後順著火星男孩波力斯卡對於獅身人面像耳朵開關的祕密，來作為總結。我認為建造獅身人面像的真正內涵及意義：耳朵是人類眼、耳、鼻、舌、身、意六根之一，它的基本功能是用來聽聲音的。是在中國文化裡，它還有另外一個功效，能同眼睛觀看文字一起，吸收資訊的功用，行成了約定俗成的「成語」。例如「聞一知十」、「百聞不如一見」、「友直、友諒、友多聞」、「博學多聞」、「聞風喪膽」、「久聞大名，如雷灌耳」等等……。所以耳聞成為吸收知識的一大方法，愛因斯坦說過「知識就是力量」！其內在含意不是狹義的單指一種知識，而是指人們可以將多數的知識累積後，把這些累積的經驗綜合起來而生出了智慧，這個智慧就是力量。

　　在中國佛教，道教有所謂的「四大天王」，俗稱「四大金剛」，祂們最早出自印度婆羅門教神話的二十諸天，後來成為佛教的護法天神。祂們位居天道的第一重天，是諸多天神當中最接近人

道的，是與平民老百姓關係最密切的，分別鎮守著四方，保護人民生命安全。

I、在北方的天王稱為「多聞天王」，祂左手拿著寶傘，有防止天災危害人民功用，還有防護空氣污染，以免受其侵害；右手持著錢鼠，牠可以咬斷敵人弓箭的弦，所以可以保佑國土及人民的財產。在印度稱「尋寶鼠」，用於降服魔眾，護持眾生資糧，又名「施財天」，還又名「毗沙門天王」，是古印度的財神。在中國唐代時期供奉的「多聞天王」，右手也有持著寶塔的造型，也是有降服妖魔，保護人民及增進財產的功能。

　　筆者現在打開讀者腦洞，談論獅身人面像和多聞天王是八竿子打不著一塊的關係。獅身人面像耳朵後面的機關暗藏著它的所有祕密，不管怎麼樣的原因，畢竟現在它沒有了鼻子，這是個事實，所以失去聞的功能。因此造就了耳朵多聞的功能性，也順理成章身負著多聞天王的豐功偉績。

II、接下來談獅身人面像的兩眼一直看著東方，如果用雷射光直射方向走延長下去，最後一定射在岡仁波齊金字塔山上。所以它的千里眼不可否認和四大天王的「廣目天王」有著密切關係。

　　「廣目」意為能以淨天眼隨時觀察世界，護持人民，且能事先洞悉妖魔危害人民之能事，可以立即除奸鏟惡以保護善良的民眾。西方廣目天王身上纏繞著一條赤龍，右手持夜明珠。龍神也是保護地方山川的，神龍經常是見首不見尾，表示著現實世界人、事、物是變化無常的，變化多端的。我們一定要看清楚事情的真相，才能從容地以智慧化解煩憂，應對困擾。而夜明珠功能也是洞察事物的黑暗面，明察闇黑世界，不讓宵小得逞。

Ⅲ、由於見識多廣，增長見聞，讓我們欲求千里目，更上一層樓，百尺竿頭，更進一步，南方「增長天王」能加持您，增長您的智慧。

　　天王手握寶劍，象徵以智慧之劍斬斷愚癡和煩惱，快刀斬心之亂麻。揮慧劍斬造孽緣情絲，寶劍有懲惡揚善之意，可斬妖除魔，護持佛法，不受侵擾。斬除障礙，續佛慧命，增長之意，能傳令眾生，增長善根，並增益眾生的福德資糧，五穀豐收。至於幫助修行者在修行的道路上砍除荊棘，揮斬令人在茂密稠林中迷失方向的遮蔽樹叢，開出重現光明之路途，順利連接進入菩提大道，到達究竟圓滿成就。

Ⅳ、具足了前面三大天王之功德，最後導入「東方持國天王」。能護持國土，保護眾生，護國佑民是獅身人面建造的原始基本意義所在。持國天王手持琵琶或是稱作阮琴，此樂器有四種含意：第一、弦樂器之琴弦鬆緊要適當，太緊則易斷，太鬆則成泛音不響亮，因此要行中庸之道；第二、其樂音不能如狂風驟雨，山洪暴發，要如涓涓細流，水聲潺潺，和風煦日，如沐春風。治國亦是如此，琴瑟和鳴，鸞鳳和鳴，對百姓好的政策如繞樑三日，餘音繚繞，舉國一片歌舞昇平；第三、能震斷惱人的魔音、鄭衛之音、靡靡之音，能將戾氣之音轉化為祥和之音，能「震聾發聵」，可以使人民之間展現一團和氣，和諧之氣後則能生財；第四、有慈悲之義，能觀其音聲，尋聲救苦，胸懷大慈大悲，慈悲看似溫文柔軟，其實產生的力量巨大無比，能化堅鋼為繞指柔。

　　闡述前面持國天王四大功德，其實和斯芬克斯四大星座功德很類似，只是四大天王和地球平民百姓更接近，都是希望執政者

依此作為治國之道。個人亦可從本身做起，修身、齊家、治國、平天下。

6 蘇美爾十四塊泥板「地球編年史」記載古代東西文化起源的雷同

從民族文化、宗教信仰、風俗民情來看，埃及和中國似乎很難拉得上關係，但是如果從最早蘇美爾文明的神話到埃及、希臘、羅馬神話，幾乎是一脈相傳。

中國有好幾部典籍，記載著黃帝和蚩尤率領諸神部落戰爭，到最初「女媧、伏羲」創造人類，相關記錄的文字和圖畫，其天神造型皆有許多相同之處。如果從音樂這個無國界的語言來突破，也是有互為相應之道。

從「夢之石碑」上面記載，埃及信仰的神祇大致由獵戶座還有天狼星或是獅子座下凡來的。另外「智慧之書」上面提到有金牛座、天秤座、天蠍座、獅子座等神的合體。圖特摩斯四世認為這些來自星座的神，只是半外星人半神。他後來認為埃及只有一位神，祂是宇宙唯一的造物主「拉」（Za），還有獅身人面像本身「石像的神」。

其實地球上各個遠古文明，傳說中的神祇具有驚人的相似之處。我本身對於神的觀點是這樣的：所謂的神應該不只一位，但有些神，祂可以應對各個文明，不同文化，風俗民情，化現出適合當時當地相應的造型；有些還可以投胎成未來的民族英雄、國王、王后、或是對國家有貢獻、影響力的人物，甚至有多位神集合成一位神。因此獅身人面像之神，一定是掌管全能智慧並具足雄壯威猛力

量之神。

　　而另外一個建造緣由，是埃及最早時期沒有像現在那麼多沙漠，以前降雨量是很豐沛的，土地肥沃，農業發達。後來因為全球氣候變遷，埃及雨量逐年減少，耕地愈來愈少，因此國王聽從大祭司建議，建造一座代表「風、調、雨、順」的四大王天集一身的獅身人面來祈雨。至於獅身人面像的建造，我的推論是石像神附身到12500 年前當時埃及的大祭司身上，使他具有如超人一般的力量，在人們都熟睡時刻，以極短的時間內將小石頭山雕刻成獅身人面像。等人們白天看見石像時，只有紛紛頂禮膜拜了。

　　至於地下密室如果有石板記載宇宙及人類的起源被解讀出來，我想大概也是如同 1849 年英國考古學家亨利萊爾德在古亞述首都「尼尼威」，發現了一個古代圖書館，經過 3 年的挖掘，發現了 2 萬多塊的的古代楔形文字泥板，其中有 14 塊大的整塊泥板。經由撒迦利亞・西琴依據這些文字圖畫，著作了一部「地球編年史」，它詳細的記錄了英雄「吉爾迦美什」和創造人類的神，也就是來自尼比魯外星人阿努納奇的某些鬥爭。他們為了找到地球上能為挖金礦而又聽話的物種，最後他們在非洲原始類人生物身體內取出了卵子和阿努納奇男性的精子互相結合受精，終於培育出滿意的物種，就是稱為「智人」，並且取了名字叫 Adamu（阿丹），恰好和舊約聖經上帝創造的「亞當」，幾乎發音相同。後來智人繁衍了不少，「人工智慧」愈來愈聰明，而且阿努納奇男人覬覦智人女子的美麗嫵媚和她們自然地交配，結果生出了巨人族群「尼菲林人」（Nephilim），後來巨人族愈來愈聰明且不被駕馭，阿努高層「恩尼爾」算準尼比魯星 3600 年一循環最接近地球，在那個時刻是太陽風焰最劇烈，地球磁場最弱，會造成冰山迅速融化，再加上海神助威

之下，鼓動大西洋和印度洋造成大洪水，將巨人族一舉滅絕。阿努善神「恩基」得知此計謀，預先告知友善智人朋友，建造大型船並載著許多動物得以逃過一劫。當然地球上住在高原的人類也沒受到洪水的災難。

這蘇美爾文明編年史和舊約聖經有許多相同之處，我個人認為這些傳說頂多只是地球上某個地區文明記載當時人類的起源，並不能代表所有人類的起源，何況可能只是那一波人類的起源，在這之前可能還有數多波的人類起源。就以天神來說，其他星座來的神，只是比較後到達地球的神，即使是傳說中唯一最原始的神，也不一定是最究竟的神。許多古老的神，在地球還沒有生成的時候就在宇宙遨遊了，我更不好意思說許多「佛」在宇宙還沒有開始時就存在了，祂是無始無終的。好了，不要扯那麼遠，最後引用「愛因斯坦」一段話來做此章結尾：「我們生活中所經歷最美妙的事情，就是『神祕』，它是人的主要情感，是真正的藝術和科學的來源。因為不再感到好奇，不再表現出驚訝，那就和行屍走肉沒什麼區別，和一支熄滅的蠟燭沒有什麼不同。」

參考資料

❶ 【你可敢信 & Nic Believe】獅身人面像埋藏的真相，一個解開了所有謎團的地下密室：「記錄廳」（2021）

❷ 【地球旅館】腦洞大開！揭開「獅身人面像」神祕面紗！原來它可以改變人的命運？！

❸ 【你可敢信 & Nic Believe】伏羲和女媧原來都是「天狼星人」，華夏文明和古埃及都是「神」選之族（2019）

※　‧　※　‧　※　‧　※　‧　※　‧　※　‧　※　‧　※

第七章

「白洞」

1 在母體內胎兒每個月接受不同的「胎氣」

什麼？「白洞」！聽都沒有聽過，更不要說天文的所有科學家有觀測過。「黑洞」傳說了許久，好歹經過幾百位科學家數年的合力之下，終於在 2019 年拍攝合成人類第一張黑洞照片。我在夢裡當然也沒有見過，現在僅以愛因斯坦的相對論和「相對的世界」理論來推論，有黑洞嘛，自然就會有白洞。

「白洞」的來源也是從愛因斯坦的場方程，但它目前仍然是一個未被證實的預言。一般認為黑洞是吸收一切物質，連光也會被收納，那白洞應是吐出一切東西，只出不進。白洞的時空曲率負值無限大。白洞的理論最早由前蘇聯理論天體物理學家和宇宙學家「諾維科夫」，通過對「史瓦西解」的進一步計算從而提出的。它只能算是數學上的解，定義黑洞可以靠它產生的引力效應，還有靠它周圍吸積盤產生的輻射。但白洞到底在哪裡都不知道，因此就無從探測。

姑且聽一聽我對白洞的看法：前面說過黑洞以及所有的天體，我們不能視它們僅是物質，要把它們皆看做是個有機體，並且善念及惡念它們都可覺知。不好意思又給大家開了腦洞，因此筆者把黑

洞定位為「業力整合器」，而這業氣，業識可說是宇宙中最細微的物質，由於業的力量，形成了物質，在母親子宮內胎兒的液態身、靈魂、心靈的細微本質與業的力量，這三種結合在一起，啟動了一個新的生命。我們不可否認人類身體相當於一個「小宇宙」，和大宇宙之間其實是息息相關的，兩者皆是奧祕無比。

在目前的普遍觀念，認為佛教是所有宗教中最科學的一個，原因是我們可以從佛法中找到任何世間現象及精神現象的答案。因為佛法本身是真的，人們可以透過問問題，探索自己，去找答案。佛法強調它是可驗證的真理，所以認為是科學，尤其是「藏傳佛教」還講解殊勝的生命科學，特別講究次第分明，以便各個主題更清楚被理解。

真理是可被檢驗的，佛陀在證悟後，講經說法超過四十九年，祂的每個教授都是符合科學，沒有時間和空間的藩籬，放諸四海皆準，到今至未來都適用，在科學家愛因斯坦的筆下可以找到佛法思想的影子。相對論的理論，就是佛法的論點，所以有黑洞，而自然相對地也就應該有白洞。密續科學是從科學方法去探討心靈，理解心靈的細微處，所以從透過人類的身體來了解，再擴及整個宇宙。人類身體是個體心靈的家，沒有心靈則身體如行屍走肉，不論身體狀況多麼良好，只要沒有心靈，就如同殭屍一般，只有身體與心靈結合在一起時，身體才是活的。心住在身內，透過身來運轉，心靈一般是指細緻的心，經過修心養性達到崇高的心靈，性靈合一才是究竟圓滿的心，那我們現在就開始談一談密續的生命科學。

最初教法的傳承乃是源自於釋迦牟尼佛，祂曾傳受了最高密法之一的「喜金剛密續」，而這個稱為「喜金剛本續第二品」的教法便是屬於「喜金剛密續」中的一部分，它涵括了某些無上密法，可

啟發眾生的心性，引導眾生開悟，甚至也可以增強改善整個外在環境，後來經過噶瑪噶舉的第三世大寶法王「讓俊多傑」，依照「喜金剛密續」、「時輪金剛續」與「那洛六瑜珈」做了一個論釋，曾經開示依照前三教法寫著成「甚深內義」噶瑪噶舉教法，而法王本身更是實修實證了兩種密續和「那洛六瑜珈」法，所以法王的「甚深教義」根源是無庸置疑的。

現在概括簡單的介紹胎兒在母親體內第一個禮拜的狀貌。當然首先大家都知道胎兒的生成，是由於父精母血（卵子）結合後而完成。其當下胎兒前世的業氣，習氣同時入胎身，再加上命氣及五大（地、水、火、風、空）造成肉身。前面兩氣（業，習）合稱為「識大」（第六大）。第一個禮拜的胎身形像一條非常細的線，沒有固定的形狀；第二個禮拜它變成一個團狀物，像一坨融化的奶油掉在桌上，形成一個圓形的東西，但沒有堅實感；第三個禮拜開始，在圓狀物內形成一些堅實的固體東西，但這個步驟必須藉著不同的氣能運作，才能辦到；第四個禮拜，已經變得十分堅實的圓狀物從邊緣凸起，中間則是空的。之後它的形狀持續不斷地變化，但真正是什麼東西讓這些日復一日在改變的呢？

一定是有某種元素在運作的關係，它是排除一切不淨，而收聚一切清淨的元素進入胚胎，這是我們身體的一個形成過程。當排穢和收聚清淨的過程開始時，胚胎便會不斷改變。在這第四個禮拜時，胚胎裡的神識就像一個酒喝得爛醉的人，不能辨別東西南北、是非善惡，這時神識已經存在，但它不怎麼清明，無法像我們通常在日常生活中能分辨一切；胚胎在 29 天以後，業氣開始在身內攪動，由於這個過程，本來由邊緣凸起，而成中空的胚胎，現在變平了，在這個時間內，它變大成為一個類似長形，但仍無固定形狀的

東西。增大的長度則為胚胎本身的十二個半指長。

然後稱為「烏瑪」的氣脈在體內形成，它是最主要的氣脈，又稱中脈。接著命氣進入到中脈，它是我們體內最重要的一種氣。當命氣進入到中脈時，它分開了父能量和母能量。首先它將清淨與不清淨分開，接著在中脈中將父能量往上拉，而母能量則被向下推。在中脈形成的當中，一個七萬二千條的氣脈組織也開始形成，此外還有十種氣，幫助胚胎發育。在中脈形成的時候，胚胎的外觀就像一條長形魚一樣，為了讓胚胎成長的速度加快些，中脈便與母親的右脈連接，而連接的這條脈，則稱為胎兒的右脈。中脈在中央，右脈在其右側，而左脈則在其左側，借著命氣所供給，以及經由母親右脈所接受到的能量，這個生命體每天在中脈產生二百條氣脈。每天兩百條氣脈的產生，是開始胚胎形成的第一個月末，並持續到整個第二個月。

到了第二個月時，藉著中脈和命氣和其他組織的運作，它又產生了「下行氣」。當然它是掌管身體下半部的功能，它使胚胎的外形變得更為圓滑，就像一隻烏龜一樣。當下行氣在身體下半部運行時，自然同時在這些部位形成更多的氣脈與「脈輪」。在第三個月時，「上行氣」開始在身體的上半部起作用，並在此處形成更多的氣脈與脈輪。第四個月時「遍行氣」開始佈滿全身，此氣的作用在於形成身體的手腳四肢，也同時協助此部位形成輪脈和神經組織。

「平住氣」（或等住氣）是在第五個月時開始活動，它幫助胎兒體內形成更多的器官，例如心、肺、腎，以及連接這些器官的神經和氣脈組織。此氣亦對整個身體的成長有所助益。當胎兒慢慢的成長，有了軀體、四肢、器官、神經和輪脈時，他就可以動來動去。由於他能移動，因此又長出了骨骼、關節、背脊椎等。我們剛

剛所講到的氣，都是在中脈裡流動的，由於它的作用結果，整個身體便慢慢發育完整。到了第六個月時，一個藏語稱作「魯依龍」的分支氣開始活動，它也在中脈裡流動，它能增進「地大」的元素。當它起作用時便形成眼睛及其開合的功能，但此時它並不代表有看視的功能。第七個月時第二個分支氣「龜氣」開始在中脈運行，而在各種氣中，屬此氣最有意思，它是由命氣而來，能增長胎兒「水大」，形成耳朵並打通其氣道。

　　第八個月時，稱為「臟皆龍」的精氣形成，它也是源自於命氣。「臟」的意思是清淨或精煉，此氣可增進胎兒的「火大」。此氣在中脈運行，並打通鼻子的氣道，這樣人才可以呼吸、嗅聞。第九個月時，由命氣產生了所謂的「天施氣」，它可增進胎兒的「風大」。此氣在中脈內運行，協助形成胎兒的舌頭以及味覺。在這些都發育完全後的胎兒，不僅依賴母親所供給的能量生存，現在他也有屬於自己的感覺，因此學會翻動身體，知道能量養分供需的來處。在第十個月時「推行氣」（又稱勝寶氣），將胎兒推離母親的子宮，此時胎兒已完全發展出身心內外的感覺，因此能感受到在母親子宮內的不適感，由於受壓擠而覺得疼痛，急於想離開那裡，藉著這種意念以及推行氣的力量，胎兒便呱呱落地了。

② 女性 49 歲，男性 56 歲之前，每年會接受一種「先天之氣」

　　胎兒在母親的子宮時便已形成五萬四千條氣脈，出生後的頭三個月，胎兒的脈絡組織繼續成長，直到最後總數成為七萬二千條。而其末端均連接著中脈，由於和中脈相連，於是各脈間產生了種種

不同的作用氣，這些統稱為「業氣」。這些作用氣均源自於命氣且與它相連，當氣脈和氣，以及父母能量（紅白明點）（精氣）完全具足時，身體的組成才算告一段落；自此之後每一年有一種氣進入新生兒體內，一直到成年。女性是七七四十九歲就停止，男性是七八五十六歲停止。男子們不用高興，以為多撿到了七種氣。其實不管男女，到了四十歲以後，每一年所接受到的氣，都是緩慢漸漸地在走下坡。而多接受的氣，並沒有多少好處，除非適當運動，或是練瑜珈術，及宗教的修法，才能相得益彰。

　　至於每一年進入人體的氣，於外在顯現出來的功能，一般人們都可以覺查的出來。例如幫助胃消化的氣，幫助排泄系統大號、小號、汗液、淚水順利排放的「推出氣」，它還可以發揮冬夏季驅寒、散熱功能。不過我指的是年輕人，尤其是女性，因為她們另外含有將胎兒推出體外強大的推出氣。但像我一把年紀的老人家，夏天不容易降體溫，冬天時體溫不容易上來。

　　另外概括的舉出其他幾種功能，當然這些氣，都是對於人體的組織、五臟、六腑、骨骼、神經、循環系統的運作有所俾益，皆可以促進身體能夠保持物質的平衡狀態。有三種物質，例如膽汁、唾液、以及氣流（風）等，帶動身體內的循環，當這些元素平衡時，我們身體健康，當它失去平衡時，我們就生病。這些元素不但影響我們的身體，也影響我們的心靈。

　　其實每一年進入身內不同氣的本質，都包含有代表著智慧元素，如果能善加運用，可以提昇自身心靈的智慧層次；如果讓這些氣或氣能白白流失掉了，我們便開始生出許多妄念，產生貪、瞋、癡等各種念頭。氣能的智慧特質減少或變弱時，它會讓我們產生許多迷惑及煩惱；前面談了進入人們身體的命氣、氣能及智慧氣

等，可以說是都由「白洞」自然來供應，是人類身體才享有的殊勝待遇，所以有了這個非常難得的「人身寶」，需要好好的珍惜和把握。

3 人類，動物，植物是互相依存

地球上其他動物當然也會從白洞那裡得到這些氣及氣能、命氣，但不能像人類得到的那麼完整，而且唯一不同的是牠們只能得到微許薄弱的智慧氣，牠們生存的目的只有傳宗接代，以及食物的獲取；地球上的植物亦是相同，從白洞那得到生長茁壯的命氣，還有吸引動物及昆蟲幫助它們繁衍後代的些微智慧氣，以及各個物種相互共生和競爭優勢的氣能。

另外地球上不同的礦石也是有得到白洞的氣能，只是它存在的時間比動植物久遠太多。接受到白洞不同特殊氣能影響，加上地球的「地、水、火、風、空」五大助益之下，地球內生產了許多種不同的「稀土」。當然之後地球上的動物、植物亦受到五大影響，生命躲不過「成、住、壞、空」，「生、住、異、滅」業力的劫數，形成現在的石油、煤礦。後來人類的智慧，將這些礦產轉換成所需要的能源，並衍生出許多利益生活上的用品，都是科學家的智慧結晶。另外還研究出動物、植物、礦石對人類醫療疾病都產生效能。但是最好不要殘殺動物，因為當你殺害動物的時候，動物一定會產生怨恨，此恨會生出毒素，積聚久且多了，最後造成流行性病毒的毒株或是瘟疫的流行，如現在的新冠病毒（COVID-19），那是人類殺生過度所造成，是病毒業力的反撲。還有，雖然不是你直接殺生，但是你很喜歡食眾生肉，也是有點間接沾上殺生的邊。

另外說到人與人之間都是有互相依存的關係,不可能單獨生活在世界上。各人的食、衣、住、行、育樂都是其他人集合出力的結果,因此要盡力利益他人,心中常懷抱利益一切眾生的善心。人和動物,之間也是有共同生命體的關係,要不然石油、煤礦這些能源從哪裡來?所以盡量多吃素食,少食肉,關懷大自然,愛護動物。

4 地球外圍除了「大氣層」以外的「鐵布衫」

說完了地球上的物種,現在談一談地球上方外圍保護層。大家都知道除了大氣層可以減少彗星撞擊地球,還有南北極形成的磁場可以抵擋對人體有害的宇宙射線。在美國太空總署 NASA 科學家蓋瑞研究發現,地球外層還有一層祕密的物質,在保護著地球。這些是人類肉眼看不見的,一層層充滿由暗物質形成的結界。更另人驚訝的是,由科學家電腦儀器結算出,這些暗物質的形體,就像一根根長矛,分佈在地球周圍,靠近地球的一端是矛根,遠離地球的一端是矛頭尖,每個矛的長度長達 300 萬公里。這些天衣無縫的保護機制,在無形中保衛著地球上的生物,如果有對地球侵害的物質衝向地球,這些長矛可以將它們推出去,當然受惠最大的是人類,所謂的暗物質是肉眼不可見的神祕物質,組成宇宙第三層的物質和能量。和光線也沒有發生任何互動,也不受重力場的影響。它們穿過地球時就像一根根的髮絲,向外發射的形狀,而地球就像刺蝟有著一層保護罩、金鐘罩、鐵布衫,護衛著地球,不受宇宙輻射線、太陽風暴、還有許多星球爆炸後的殘餘物質、以及隕石傷害地球。

於是大部分的科學家推測,認為是有愛好和平且先進的域外文明,暗中發出能場在捍衛著地球,不受宇宙中有害的物質侵犯地

球，這些暗物質粒子束，為一般暗物質粒子密度的 10 倍。從地表開始計算，其長度延伸可達地球到月球的兩倍即為 100 萬公里。「暗物質毛」是它的三倍。另外還有一種像星雲旋轉的星系，它的結構是由 99.9％暗物質組成的星系，它被天文科學家命名為「蜻蜓 44」（Dragon fly 44）星系。它的大小和銀河系差不多，它的中心有著如同黑洞一般的強大吸引力，周圍如星雲那麼多的暗物質快速旋轉。但它的物理規則和銀河系天體旋轉方向相反，我們是逆時鐘旋轉，而它周圍是順時鐘旋轉，所以如果有靠近地球的有害物質，都會被它強力反彈出去，進而達到保護地球的作用。

　　我個人覺得這些暗物質或暗能量，它們都是「白洞」的傑作。大家都知道 1908 年在俄國上空發生了一件驚天動地的「通古斯大爆炸」。科學家及考察隊皆認為是巨大隕石撞擊地球造成的恐怖現象。白晝持續了好幾天，但到達現場後找不到隕石坑，之後於不遠處發現有個湖，說是其碎片斜角度撞擊後而成，但是依然找不著碎片。有人推論是星際飛行物摩擦大氣層造成，還有人說是大電力科學家「特斯拉」設計的電塔之實驗而引發的，尚有其他推論，結果最後都缺乏證據而無定論。

　　至於在 2013 年 2 月 15 日上午白天，於俄羅斯的「車里雅賓斯克」，發生了一件小行星撞擊地球，此小行星進入大氣層時直徑為 17 米，而重量高達 7000 噸速度為驚人的 54 馬赫。按照其落地軌跡只需幾秒鐘，撞到車里雅賓斯克，那兒有巨大的核電廠，附近還有個大量核材料儲存基地，如果被波及將會有不堪設想的後果。但後來只是震碎了十萬平方米的玻璃，受損了 7000 棟房子，另外超過 1200 人受輕傷，沒有任何人畜死亡，按照其原本爆炸當量為投放「廣島、長崎」原子彈加起來的總和。當時有妙不可言巧合，剛好

有架民航機和它擦身而過，機上乘客恰巧拍下了這一瞬間不可思議的畫面；另一方面同時地面上也有人用手機拍到相同畫面，在大光亮離地球約莫 30 公里時，隕石後面有個飛行物以 100 馬赫速度追撞擊碎前面隕石，產生大火球及大爆炸。爆炸後的碎片大部分掉落在附近湖裡面，只有少數碎片落在地面，而最大的隕石塊僅約兩公斤。因此目前撞擊地球隕石區掉落處幾乎都是落在大海或是沙漠及無人區，所以這些地球防衛聯盟，我想應該是「白洞 AI 智慧」的傑作。因為撞擊地球的隕石絕大多數都是小行星帶，它們之間互相撞擊結果，是它們之間業力的關係，不要扯到地球上，所以白洞就出手了。

現在再談一談由白洞輸出到人類身體的「先天之氣」。我想應該雨露均沾，其他動物也會得到，只是牠們不會像人類智慧，有運用修練之道，枉費了這麼佳的先天之氣。當然也有一些較具靈性的動物或是和修道人有緣，還有窩居於寺廟、道觀之旁，牠們具有很強的模仿性、學習性得到薰染之利，吸收日月精華，也是有可能修練成出仙氣，變化成古靈精怪、成精、成仙，有些早已達到神性，例如龍、大鵬金翅鳥、二郎神旁的哮天犬、姜子牙坐騎「四不像」、老子騎的「青牛」，其他如貓、狗、龜、牛、馬、鹿、象、獅子、鶴、麒麟、猴子、「狐狸、黃鼠狼、刺蝟、蛇、老鼠」（中國北方薩滿教五種《出馬仙》），鸚鵡、燕子、鯨魚、烏魚、蛙、兔子、蟬、蝴蝶……等，不勝枚舉。

樹木年齡高達千年以上，吸收天地間靈氣，日月精華，也會生出樹精靈、花仙子。我想這些動植物現出精靈，皆是拜白洞所賜。印度「吠陀文獻」研究者認為，地球是佈滿脈輪點和能量網絡的生命系統，地球的能量是從此處流經彼處，就像人體內的血液循

環、神經網絡系統。根據古印度文化記載，認為人體是個發光體，由七個主要脈輪，互相串連而發出如彩虹七彩的光芒，並和宇宙的能量互相流動，行成了一個特殊的能量場。吠陀文獻稱人體有七個脈輪，位於體內的脊椎柱前方，由下而上依次排列，分別是根輪、腹輪、臍輪、心輪、喉輪、額輪及頂輪。而古代文明則將地球尊崇為一個神聖，且充滿活力的生命實體。中國古代就有「天地同體，萬物同根」，佛教的「無緣大慈，同體大悲」，所以人類、地球、宇宙皆是共同體。古代就有「天人合一」觀念，地球也是像人類一樣有口鼻，會呼吸。譬如新疆塔里木盆地，古代軍隊用「尋龍棒」找到有地氣穴的地方，用一堆乾艾草點燃之後，觀察遠方如果有冒出煙的地方，就知道兩地互相沆瀣一氣，兩支隊伍可互通情報，相互支援。

我們看到近代二十年來，全球氣候異常，各處出現極端氣候，那大部分是人類製造二氧化碳結果。而各地方驚現天坑，可能是人類製造大量化學污染物埋入土地中，以及倒入河流。所以各地有塌陷的天坑，好像地球皮膚長出蜂窩性組織皮膚炎一樣。地球和人類一樣也會生病，像是近幾年，全球暖化，許多大城市溫度高達攝氏四、五十度，很多地區高溫也打破以往的記錄，連北極居然有天氣溫是攝氏 22 度，地球好像發高燒了！

而有些地區在五、六月還下雪。在春季下大雪，低溫攝氏零下二十度，還有連沙漠地區下大雪，有的下大雨，地球有如得了瘧疾一樣。如果我們恣意地破壞環境，妄想還有另外一個舒適的外星球可以前往，有了這樣的想法和行為，是違背因果的。我們這一代要將地球視為人類及其他生命體的樂土，還要為了今後生生世世人類，來永續經營，所以人類應好好呵護地球，地球也才能善待您。

5 羅布泊「彭加木事件」及「雙魚玉珮」傳奇

　　筆者另外扯個跑題，在 1980 年 6 月 17 日，一個由官方成立的科考隊，對於羅布泊的樓蘭古國古遺址附近去進行探察，因為相傳遺址附近有一個陳舊的上古高科技工程設施。這科考隊由一位彭加木博士帶隊，他是一位著名的生化學家、植物學家、病毒學家。當他們進入如廢墟般的科技設施場，彭加木單獨在一個高級實驗室內發現了一個傳說中，上古神族的發明，可以複製人類或是其他生物的「雙魚玉珮」；以及培育出有特殊功能的植物種子。當人類或是猛獸服用此植物時，可以被打造成一支勇往直前，不計生死，如喪屍般一樣的無敵兵團。但後來他發現隊伍中，有混入覬覦寶物的美俄特務。在躲避被爭奪追殺過程中，他不得已複製出另外一位彭加木，即是「鏡像人」。所謂鏡像人就是複製出來的人。如照鏡子後，鏡像出來的鏡中人成像左右般相反，因此鏡像人的心臟是生在右邊。於是「鏡像人」彭加木帶著寶物找隱密的地方躲起來，而彭加木本人則死命的往沙漠裡奔逃。兩個俄美特務在後追趕，此時沙漠狂風暴起，飛沙蔽天，等了許久風沙過後，二人繼續搜尋，但彭加木早已杳如黃鶴，不知所蹤。而鏡像人彭加木在觀察安全無虞後，走到工程設施邊緣時，地上突然冒出大氣場，彭加木彷彿進入了「時空之門」，抵達地心城市「香巴拉」。據俄羅斯穆爾達瑟夫教授，在西藏之行以後，將自己多年的研究和西藏經歷，寫進了「我們來自那裡」這本書中，他在書中詳細介紹了，大洪水前存在的兩個種族，「列木尼亞人」和「亞特蘭提斯人」，而且他還講述了當他深入西藏當地時，喇嘛大師告訴他的事，地球上遍佈著通往地心城市的隱密「時空之門」通道，只有「有緣人才有機會

進入」。

教授說岡仁波齊峰地底下存在著兩座地下城，分別是香巴拉和「阿加森」，是人類文明的兩個分支，。阿加森其實就是遍佈地下的城市網絡，其首都是香巴拉，最大的城市是「桃樂市」，總共有超過 120 個地下城市，大部分城市都處在第四維度，住著從地表遷移而來的列木尼亞人和亞特蘭提斯人。有張地圖描繪的就是通往地心阿加森網絡的路線圖，彭加木大概是有緣人才可以進入了上古神族的地心世界。以上純屬個人科幻推測，博君開開腦洞而已。

6 地球亦如人類一樣有「脈輪」

現在回到地球上也有脈輪，分佈在世界各地，而古代文明則將地球，尊為一個神聖且充滿活力的生命實體，是宇宙能量矩陣的具現化，有著類似於人體的能量領域。這些充滿能量的脈輪，就像人體的七個脈輪一樣，位於七大洲，是最強能量漩渦點的體現。此外還有數百個小的脈輪，遍佈全球各地，這些脈輪被認為是個球形，在全方位上做著螺旋狀的運動，半徑可達數百公里，可順時針或者是逆時針方向旋轉，而能量流經的路線，則被稱之為「雷線」，經由雷線連接傳送地球的能量，來平衡地球的能量場。

西方人普遍稱之為雷線（Ley Line），北美薩滿稱為靈線（Spirit Line），澳洲土著稱之為夢線（Dream Line），而中國人習慣稱之為龍脈（Dragon Line）。在 1967 年勞伯特・肯（Robert Coon）發表的書籍「Earth Chakras」（地球上的脈輪）當中，首次將地球的七個脈輪所在地區，明確的標註了出來。那現在就大概的將它們介紹一下，這七個脈輪所指向的地區：

(1)根輪：在美國加利福尼亞州，沙斯塔山（Mt. Shasta），位於喀斯喀特山脈南端，是最原始的地球脈輪，據說它是世界能量系統的基礎，生命的原質就是在這裡，被釋放到大氣環流中，並開始進化的。

(2)腹輪：玻利維亞和秘魯邊境的「的的喀喀湖」（Lake Titicaca），在湖中間的「太陽島」，發現精美的印加人古蹟，這是第二個地球脈輪的幾何中心點，傳說這裡也是世界創造新物種，和現物種大進化的地方。

(3)臍輪：在澳大利亞，烏魯魯（Uluru）和卡塔丘塔（Kara Tjuta），這兩個地方位於澳大利亞的北領地，是世界的臍輪，也被稱為「太陽輪」。烏魯魯原名艾爾斯岩，這塊巨大的紅色原石和雪梨歌劇院，一起被認為是澳大利亞的著名地標。跟烏魯魯大單塊巨石不同的是，卡塔丘塔是個一系列的紅色巨石所組成的。據說這個脈輪的全球功能，是維持地球和所有生物物種的活力，還有藝術方面的智慧，將通過澳大利亞臍輪，傳送到世界各地。

(4)心輪：位於英國的格拉斯頓伯里（Glastonbury），沙夫茲伯里（Shaftesbury），在中世紀時期的傳說中，格拉斯頓伯里是聖杯的家鄉；而沙夫茲伯里則是聖矛的所在地。據說當地球能量在格拉斯頓伯里和沙夫茲伯里相結合時，那麼不朽的能量頻率就會像從心臟輸出的新鮮血液一般，被傳播給芸芸眾生。相傳18、19世紀多達有1000英國人無意中進入時光隧道或是時光裂縫中，進入過去時代或是未來時代。不過還有比較倒楣的人進入時光靜止地區，沒有看到耶穌基督當時被釘在十字架上的情況或是無緣看到幾十年前維多利亞時代的美女。他當時進入麵包店後，買好了麵包要出來時，突然進入一個空曠世界，感覺過了幾分鐘後就走出

店門，沿著舊路回家。奇怪的是原來的家找不到了，後來經過地區公家機關查詢，發現時間已經過了 35 年，等找到他從前的妻子。妻子找了十多年找不到失蹤的丈夫只好改嫁，而他自己的容貌也是老了三十多年。問他去了什麼地方，他的腦海裡卻是一片空白。唯一可證明只有麵包是從前的形式，居然還可以吃沒有腐壞；還有他身上的衣物的確是三十多年前款式。

(5)喉輪：吉薩大金字塔（Great Pyramid of Giza），埃及的西奈山（Mt. Sinai）以及耶路撒冷的橄欖山（Mt. of Olives），這三個地點是這個脈輪的中心，世界的喉輪被認為是地球聲音發出的地方，人類只有學會聆聽和尊重地球的靈性聲音，才能與萬物和諧共存。所以這位於中東世界的喉輪，是全球聖地中獨一無二的存在。

(6)額輪：沒有固定地點。這個地球脈輪和其他脈輪一樣，具有一個理想的幾何中心，類似於人類的第三隻眼，也就是松果體，但是和其他脈輪不一樣的是，這個脈輪沒有固定的地點，因為它會隨著地球自轉軸的變化而變化，目前大概跟地球心輪位置重疊。

(7)頂輪：在西藏，岡底斯山脈，也就是神山岡仁波齊峰的所在地方。慕尼黑的菲戈曼教授率領國際科學探征隊，在 2003 年到 2004 年之間，通過對西藏的考察研究後，得出了以下結論：地球存在著一個全球性的行星金字塔系統，而岡仁波齊的金字塔，就是這個系統的中心。

因此了解人類身體有脈輪、氣能、經絡，地球本體也有輪脈、網絡、能場；地球和天上星座也有連結的網絡、脈輪和傳輸動能。由是觀之，宇宙的星系應該也有脈輪、星系網絡、互動能場。我相信「銀河系」鐵定是宇宙脈輪之一。

7 道家「太乙金華宗旨」造成修道風尚

　　說完了人，地球，星座，宇宙之間互聯網的關係。人類藉著本身氣脈（中脈、左右脈、脈輪），明點（光能）依次第來修行，經過明師指導，且閉關十數年後，或許才能達到究竟圓滿的境界。我指的是「藏密」的修法，當然其他宗教，教派應該有他們自己的修練方法，希望他們也能夠超出三界之外，並和宇宙的能量互相流動，行成一個特殊的能量場。這脈輪間流動的能量，在日本動畫「火影忍者」裡，一直提及的「查克拉」（Chakra），而在中國道家稱為將「先天之氣」或是「罡氣」。打通任、督二脈及順暢運行大小週天，並使體內「元神」通「太虛」，此刻可以參透九天九地，把體內之氣修練成「真炁」，能夠到達「三花聚頂」，「五氣朝元」，「一炁化三清」，「白日飛昇」，「羽化而登仙」，最終至「大羅金仙」為最高境界。

　　另外還有一本道家奇書「太乙金華宗旨」，如果能參透此書，依照它如法修行，則可以永享無極大道。這本奇書的宗旨心要是全真派呂純陽祖師，也就是呂洞賓口述，後由祂的弟子集成書錄。在中國知道此書者並不多，後來在外國反而大為流行，原來一個德國基督教傳教士「理查德·威廉姆」在 100 多年前來到中國傳教，本來是想推廣基督教的，可是結果沒想到在青島時，有一天在附近道家聖地「嶗山」遇見了一位老道士，和老道相談甚歡，對於道教是深深吸引，了解到道教是研究自然規律，研究人類的生死，還有宇宙是怎樣產生的。對於可以修練成「大羅金仙」，那是最高級別的神仙，於是理查德一頭栽進道家文化就是 21 年，老道士將這本祕傳的「太乙金華宗旨」悉囊傳授給他，而他回國之後便將此奇書翻譯

成德文，取名為「金花的祕密」，立刻引起了西方世界的關注，後來又被翻譯成英文、法文、義大利文等多種文字，風靡了歐美，引起許多有權勢，有錢人的青睞，流行起了打坐，冥想，甚至讓外國人也開始迷上了修道。

這本書啟發心理學鼻祖「卡爾榮格」，還有量子先驅「沃夫岡‧恩斯特‧包立」，讓他們在科學上，獲得了極具創造性的啟示。而威廉姆用「太乙金華宗旨」的修練方法，訓練了一些歐洲弟子，結果一些人居然練出了一些奇怪現象。他們看見眼前出現一副副奇妙的、閃光的圖案。後來他們也畫出來不同的「曼陀羅」圖案。這些現象我不予置評，我看了書中提到的理論上是很高的，但是須端看修行人的根器。另外也需要高人在旁不斷指引，但高人已經白日飛昇了，留下來的弟子只好自助了，能不能夠接通宇宙動能，那就要看他的造化了。

8 白洞在星系的位置

現在再談回白洞，相信宇宙中的各個白洞都是各個星系輸出優質能量的源頭。現在推論一下白洞的所在位置，純屬個人觀點，天文的所有科學家，經過多年的努力，拍攝出世界史上第一張黑洞照片。大家以為是「人馬座 A」，也就是銀河系中心這個黑洞，它離我們比較近，就是 2.6 萬光年。因為我們地球是在銀河系裡面，但是受到銀河系裡面氣體的干涉比較多，最後它的成像效果不太好，因此不能雀屏中選，大概是上天不要讓科學家們窺探地球所有人類的隱私唄！後來反而選用 M87 星系中間那顆黑洞，它的成像效果比較好，雖然它離我們可能有個 5500 萬光年，但是它的質量特別大，是

太陽的 30 億個質量，比較能清晰呈現，就選這個為人類史上第一張黑洞照片了。

　　我推測白洞的位置，是位於黑洞和事件視界交界處，也就是「能層」與「外視界」的更內部的「奇異環」處，因為黑洞是類似圓形狀，所以無法說在黑洞的那個方位，如果從地球的角度來看，勉強是在「五點鐘」方向。至於它的形狀，我認為是和中國「太極圖」陰、陽形狀差不多，但大小的比例就差很多了。白洞出來的優質產品自然比較稀奇，君不見地球上高貴礦產均高貴稀有，如鑽石、稀土等。如果和煤礦、鐵礦一樣多，那就不稀有高貴了，所以我想它們的大小，就如人身上的「肝臟」和人體的比例相當，尾部尖端微翹，插入黑洞，其實肝臟在人們心中地位僅次於心臟，所以情人互相暱稱我的心肝寶貝！

　　在希臘神話中「普羅米修斯」與智慧女神「雅典娜」共同創造了人類，普羅米修斯負責用泥土雕塑出人的形狀，雅典娜則為泥人灌注靈魂，並教會人類許多知識。當時宙斯禁止人類用火，普羅米修斯看到人類生活困苦，於是幫人類從阿波羅那裡偷取了火，因此觸怒了宙斯。宙斯為了懲罰人類，將「潘朵拉盒子（裡面裝的是許多不幸的事物，如疾病、禍害等）放到人間，再將普羅米修斯鎖在高加索山的懸崖上，並被破開肚子，露出肝臟，每天派老鷹去吃他的肝，但第二天又讓他的肝重新長回原來樣子，使他日日承受被惡鷹啄食肝臟的痛苦。普羅米修斯始終堅忍不屈，幾千年後「海克力士」為尋找金蘋果來到懸崖邊，把惡鷹射死，並讓半人半馬「肯特洛斯族」的「凱隆」來假裝為替身，解救了普羅米修斯，但他永遠必須戴一隻鐵環，環上鑲嵌一塊高加索山上的石子，以便宙斯可以自豪的宣稱，背叛他的人仍然被鎖在高加索山的懸崖上。

　　因此我覺得白洞的尺寸比例應該是肝臟和人身體大黑洞的比例。它輸出的能源永遠不要怕會減少。因此為人之道需要好好珍惜白洞珍貴資源，人類短暫的生命倏忽即消逝，把握人生短暫的時間將珍貴的白洞能量和「人身寶」融合，修練至究竟圓滿的道行。

　　最後節錄中國宋代宰相「文天祥」之《正氣歌》之吉光片羽與白洞戶相輝映：

　　「天地有正氣，雜然賦流形，下則為河嶽，上則為日星，於人曰浩然，沛乎塞蒼冥；皇路當清夷，含和吐明庭，時窮節乃見，一一垂丹青；是氣所磅礴，凜烈萬古存，當其貫日月，生死安足論，地維賴以立，天柱賴以尊，三綱實繫命，道義為之根；顧此耿耿存，仰視浮雲白，悠悠我心悲，蒼天曷有極，哲人日以遠，典刑在夙昔，風檐展書讀，古道照顏色。」

參考資料

❶【關鍵時刻】地球被神祕「刺刺的長矛」層層保護 從何而來宇宙暗物質之謎？！20170324-6 黃創夏 馬西屏 傅鶴齡

❷【自說自話的總裁】雙魚玉珮，史上最強傳說……彭加木、羅布泊、異事件調查團、王莽、穿越、地下深淵、樓蘭古國，一切傳說最全解析

❸【Seeker 大師兄】這本道家奇書，居然詳細的寫出來，修鍊成神，長生不死的方法！讓道家打坐修鍊成仙風靡歐美

＊ ‧ ＊ ‧ ＊ ‧ ＊ ‧ ＊ ‧ ＊ ‧ ＊ ‧ ＊

第八章

人類的起源

1 人類起源由「光音天」而來

　　關於人類的起源，世界上各個宗教信仰，都有它們自已的神諭論述。筆者自然是以「釋迦牟尼佛」的經典來談一談人類的起源，在佛教「增一阿含經」及許多經典裡，都有明確的記載，說地球上的最初人類，乃是從「光音天」下來的。所謂的光音天是屬於三界的第二界「色界天」的「二禪天」。而三界是由下往上稱呼的，最下面是六道的地獄道、餓鬼道、畜生道為下三道；再上為人道、阿修羅、天道為上三道；天道從「四天王天」開始，上為「忉利天」，此天中央為「帝釋天」，東南西北四方各有八天，一共為三十三天，再上為「夜摩天」、「兜率天」、「化樂天」、「他化自在天」，這些皆屬於第一界「欲界」；再上即為第二界「色界」，它有「四禪天」，「初禪天」有「梵眾」、「梵輔」、「大梵」等三天；「二禪天」有「少光」、「無量光」、「光音」等三天；「三禪天」有「少淨」、「無量淨」、「遍淨」等三天；「四禪天」有「福生」、「福愛」、「廣果」、「無想」、「無煩」、「無熱」、「善見」、「善現」、「色究竟」等九天；「無色界」有「空無邊處」、「識無邊處」、「無所有處」、「非想非非想

處」等四天，以上共計是二十八層天。

於二禪天第三天的光音天，位居其天的天眾，他們之間溝通方式，不是像人類一樣，互相用語言來表達，而他們開口說話是聽不到聲音，只見口中放出清淨的光，此光則表示他們說的話，對方看見其光，則能了解到其光是表達什麼意思。他們不用吃食物，而是以念為食。他們之間以光代替音聲，應該也可以互相對唱，所以稱名為光音。是二禪三天之中最殊勝、最上、最美妙的一層天，又稱做「極光淨天」。

當時宇宙的世界分為「成、住、壞、空」四個階段，每一個階段為一「中劫」，從成至空，四個中劫，合為一「大劫」。當世界到了「壞劫」的末期，有大火災，燒毀了地獄、地球和其他天體的星球世界，以及阿修羅道還有欲界的諸天，一直燒到色界的初禪天之前，天地崩壞。而地球上具有品德良好、清淨心性、功德行事、賢聖大善之人，性靈之身早已自然化生至光音天上，享樂天人之福，經過「空劫」二十小劫之後，又輪到下一個「成劫」初始。

由光音天起金色大瑞雲，而降下甘露祥雨，化卻了下界洪水遽退，於是重現初禪以下的許多層天。洪水留在空中的物質，經過各種高低不同螺旋轉，形成各種元素氣體。有的和遠方崩塌或爆炸的天體星球塵埃混合一起凝固，有的氣體經高速撞擊，漸漸造出太空星系當中的恆星、行星、衛星等天體，當然也形成了初始的地球，於是又恢復了宇宙星系大自然的現象。

此時初成的地球，地核溫度極高，中層為地函（地幔）。此時地殼尚未全然硬化凝固，但地面呈現出乳色，上面顯現一片氤氳之氣。從天上看來，地球呈青色，光芒四射甚遠，光音天上的天眾男女，有的天福將享盡，而心靈略為貪愛的，看地球光色感到有些

稀奇，試圖滿足好奇心，於是展現神足通飛行至地球。發現地下湧出著像酥蜜一樣甘美泉水，一些比較輕浮之天眾，即以食指沾入口中淺嚐，感到味道甘甜化口，美如酥蜜液，於是其他天眾也紛紛加入品嚐，因為是如此的可口，天眾們欲罷不能，盡情痛飲。多貪口之人，身體漸漸地變得粗濁，失去天身妙色，受重力場影響，飛行數公尺又墜下，最後只能著地而行。後來地下甘泉枯竭，但又自然產生一種「地蜜脂」的美味，色香味具足，甘甜酥軟，大眾又以吃地蜜脂為生，多食之人，後來變得肥滋滋。等後來地蜜脂也全部食罄，地上又長出「天梗米」。這種精米沒有糠秕，是種不用烹煮的米，食用一段時間後，身體慢慢形成人類骨肉之軀。至此原來飛行之天衣也漸消失，當然幾公尺也飛不到了。天梗米吃完了，最後種植五穀雜糧為食，完全就和人類現在血肉身體一樣，只好以樹葉為衣。

因為天眾有男有女，形成人類血肉之軀後，身體自然形成男女有別，「增一阿含經」記載：「彼時天眾欲意多者，便成女人，遂行情欲，共相娛樂」，男女相處久了，就有了情欲，歡愉之後，自然繁衍出後代。日子久了，人口增多，形成一個個的部落，居住空間變擁擠，有些部落只好遷移他方。於是各個部落受到當地封閉環境影響，形成許多族群不同語言，以前光音天語言早就消音殆盡。而光音天眾最早開始是從北方天界下來，來自地球的北方，自然就是北極了。而當時的北極正是岡仁波齊山地理位置所在地，後來因為數十萬年前地磁的反轉，可能是地函（地幔）高溫融岩的流動，受到地球自轉和公轉時太陽重力場的影響，甚至還有月球之間引力的作用關係，經過十數萬年或是數十萬年流轉，岩漿內電離子的密度的不同，就好像現代的汽車電池，裡面鋰或是鈉電離子密度不

同，本來是負極，但流到了另外一邊，離子又全部轉成正極，道理應該相同。

最後形成地磁的反轉，能場大的地方，上方地殼較薄的火山罩不住，於是就大爆發。受到高溫岩漿影響，許多大量永凍土、冰原及冰川融化，形成了大洪水災害，本來是整塊連接在一起的古大陸，分裂成好幾個大陸板塊，之後的岡仁波齊峰及喜馬拉雅山周圍，形成了適合人類居住的環境，可以發展農牧業，最早孕育出有著濃郁巫術色彩，修靈文化「古薩滿」教的「修真文化」。後來在至今 18000 年前，又出現古老的「古象雄文化」，它有著成熟的天文學、醫藥學、哲學、星象學、生命科學等等的系統性的知識。我們現代平民百姓能接觸到當時的器物，可能只有西藏「天雷、天鐵」的法器，還有西藏「古天珠」了。有學者指出天珠就是古象雄時期製造的工藝品，現在都失傳了。而象雄王國沒多久就突然消失了，我想大概因為有人無意間發現了星際之門，全部都到了地心世界的「香巴拉」王國去了，那裡當然一定比地上的生活舒適好玩多了。

2 人類奇妙的「報通」

人類形體成為血肉之軀，擁有了眼、耳、鼻、身、意後就自然顯現出「六識」；而第八識「阿賴耶識」在光音天天眾時就具有了；第七識「末那識」是集合前六識，傳輸至第八識，但不僅是這一功能，第七識受到前六識衍生的「色、聲、香、味、觸、法」，因緣和合了所謂前世的「業通」或是「報通」之後，產生出類似「新創造」的功能。例如 20 年前紅極一時的黑人歌星 Lionel Richie

（萊恩・瑞奇）自己寫詞、譜曲、自己自彈鋼琴並演唱了好幾首的歌曲。每一張單曲唱片幾乎都得到冠軍，他自己承認創作新歌時，幾乎不用太花費精力去著墨新歌旋律、音符、曲調、甚至歌詞，都自然而然會在他腦海中飛揚，於是他趕忙坐在鋼琴前彈奏出來樂曲，並拿出紙筆迅速寫出樂譜及歌詞。所以我想他前一世是一位音樂工作者。許多偉大科學家如牛頓、愛因斯坦、特斯拉等大師，都是經過平時不斷努力，思維其領域相關知識，有時候腦中突然靈光乍現，一下子突破許久未解之方程式。

　　一般說來，除了唯有佛學，有談到人類有八識以外，其他學派都將最底層的意識統稱為「潛意識」。他們認為人的思想、念頭、所做的行為都歸於受潛意識的影響。精神分析大師「佛洛依德」甚至將夢境分析成因，都歸諸於潛意識裡和男女之間的「性」有關。譬如女性夢裡夢到蛇，以為把它幻想是男子的性器官；而密宗夢境的解釋，認為蛇是瞋怒的代表，蛇有大小及顏色不同，各種怒氣有不同的分別，但不管怎麼樣，它都會戕害你的身心；另外夢到雞，表示你有些貪心了，因為雞看到食物會不斷啄食；夢到魚兒，可能是你在某些方面有些執著，以至於造成愚痴；而夢到猿猴，表示對某方面不良的習氣很重，「心猿意馬」，不容易放下，因而要時時覺察自己；所以心理學家分析夢裡潛意識的顯現，和密宗的夢修，有許多是大不相同的。

　　西方將人類集體潛意識的最底層，回歸至非洲原始部落住民，沒有目地、方向、群聚、奔馳等。可能是恐懼於躲避野獸襲擊，或是為了食物之獲取而圍捕獵物，都是為了生存在奮鬥。而同樣的夢境，佛法的論點，則是警示修行者，不要執著五蓋障（財、色、名、食、睡）的貪欲，否則修行之路有障礙，會是往下坡的，因此

須著重提昇精神層面的涵養。

3 「阿賴耶識」即是「宇宙雲端大數據」寶庫

　　現在來談「阿賴耶識」，佛教大乘經論有說到生命的起源是「為心所現，為識所變」。此心就是「心性」，在佛法裡面稱之為「法性」、「佛性」、「本性」、「自性」，而在哲學中將「性」稱作宇宙人生萬有的本體。但「本體」至今無法尋得，不能清楚的說明。中國古人也說到性，三字經「人之初，性本善」，這些性都是本體。性不是物質，所以六根接觸不到。現代人狹隘的指為男女之間的關係行為，雖然性是捉摸不到，但宇宙一切所有森羅萬象是它所現出來的。但為什麼不稱「性現」而稱「心現」？主要差別是性沒有念，而心有念。在『華嚴經』裡面說到：「迷唯一念」。此念即是心，所以我們經常「起心動念」，細微到一般人是無法察覺，只有八地菩薩以上的道行才見得到。因為這個念頭實在是太細微了，在八地菩薩那樣深的定功，才能覺察得到極細微的振動，而這個振動是從「無始無明」就有了，這一振動之後，時間，空間才發生的，而為什麼會有振動呢？佛不得已說一個字叫「迷」，這微微的振動就迷了，但此小迷不嚴重，因為裡面還沒有「分別、執著」。這一動裡面，這個心就叫「阿賴耶」。阿賴耶能生萬法，宇宙萬象，生命起源的開始……，阿賴耶就像是一個「萬花筒」，饒你轉動多少次，它裡面的圖案，總是沒有一個是一樣的。阿賴耶就像現代的「宇宙雲端數據庫」，包羅一切，在佛法裡又稱「如來藏」和「無盡藏」，當然您的阿賴耶，包含了您多生多劫的資訊（資料），生活全部，和末那識不同的是，它不需要前世的業通或

報通才能顯現創新，只要單單這世學習的知識領域，它即可以創造和發明。

阿賴耶本身是完美的、清淨的，但是一般人對於一切法的真相不了解，認識不清楚，對於能生、能現、能變之現象，其實外相不是真的，而人們妄認為真，被現象迷惑，被現象干擾，而障礙住了，因此起分別心，對事相產生執著。這個生起分別，在佛法裡叫「所知障」；起執著叫「煩惱障」；於是造成想錯，看錯，錯誤的現象就出來了。

前面講到的光音天眾，執著於地球上甜美的甘泉、蜜脂就拼命的吃，身體變成癡肥醜陋；而吃的比較少的天眾，體態輕盈美好，於是又起了美、醜的分別，生出高傲的心，看不起肥仔，最後起了爭端，產生瞋怒，互相攻擊，爾後漸漸造成了六道，三途輪迴，這些都是因為心想錯了，錯誤的境界就出現了。如果沒有分別、執著，則所現的境界非常美好，「心淨則佛土淨」，當下淨土就顯現出來。所以佛說「一切唯心造」，一般所說「阿彌陀佛極樂淨土」，就是心現，也是識變，但是這個識只有阿賴耶，沒有末那，也沒有六識。

現代人對於「一切唯心造」會產生迷惑，認為是學術上的「唯心論」一樣，還有「唯物論」、「唯物史觀」，看做是一樣的論證，但是佛法的唯心、唯物的闡明，需要徹底了解心及物真正的意涵。通達佛法「理理無礙，理事無礙，事理無礙，全事即理，事事無礙」之後，才能來論唯心，來論唯識。因此「知真心」，「成唯識」後再「唯心」，再「唯識」。所以必須先要透徹心、識，而後才能「唯」。跟其他自然科學和唯物史觀學說，不可混為一談。

4 阿賴耶識三細相「業相、轉相、境界相」

　　後來人類的阿賴耶識混雜了多生多劫的六識及七識，加上五蘊（色、受、想、行、識）的業識，成了新的混凝體。但是「緣起性空」，「性空緣起」的法則，不會因時間和空間而有改變。一般世俗的緣生、緣滅、緣聚、緣散後為空。而阿賴耶的空性是「智慧、德相、見聞、覺知」。

　　現在談談構成阿賴耶的三種要素，也就是阿賴耶的「三細相」，就是「業相」、「轉相」、「境界相」。這業相是能生「能量」；轉相能傳達「訊息」；境界相能產生「物質」。物質又有其精神作用：業相可自然生出能場，和大自然融為一體；轉相可以轉達事物的全然資訊的精神；境界相可造出和事物有關的細緻物質。綜合上述阿賴耶的特質，吾人要做一些事情時，展開行動之前需要思維一下，您所造作的業，天地皆明察秋毫，不要自以為神不知鬼不覺。即使是叫唆他人犯罪，自己躲在幕後，只有執行人和你兩個人才知道。但施加在他人身上所產生的恐懼和痛苦，很快會報應回到自己身上，尤其是教唆者，罪更是加上好幾等；另外抹黑、造謠、栽贓他人、遇事推諉卸責、把自己做的壞事甩鍋給他人、自以為控制媒體可以一手遮天，替自己狡辯，但也是很快就會得到報應的。

　　在中國佛教裡有句話：「在衙門裡好修行」。意思是居高位的官員掌握了權勢，如果做了對百姓有益的事，可以利益許多人，等於在積累功德，馬上在自己的修行方面，能夠得到長足的進步。反之，執政者只貪圖自身的利益，造出不良政策，因而害死許多人，那報應的下場會非常慘，必須慎之。

5 量子力學「雙縫實驗」稱可以改變未來

量子力學從「托馬斯‧楊」開始實驗，人們就發現，當一束光通過雙縫裝置後，在背景屏幕上會出現一條條明暗相間的干涉條紋。到了後來「馬克士威方程組（Maxwell's equations）」的出現，預言光是一種電磁波，因為干涉是波的性質，自然會有干涉紋路的出現。例如干涉水波，它就會現出波紋，這個理路，大家還可以接受。可是再後來，人們發現一束電子通過雙縫的時候，也會形成干涉條紋，大家就有點不怎麼理解了。因為一般人認為電子是顆粒子。於是人們就懷疑，是不是這堆電子通過雙縫的時候，它們兩兩之間，可能存在某種詭異的相互作用呢？然後才導致體現出了波動性質，為了排除這種可能，人們又做了一個實驗，讓電子一個一個的通過夾縫。但是後來發現經過長時間積累之後，在接收屏上，依然會出現明暗相間的干涉條紋。於是有人臆測，是不是這堆電子在出發之前，就已經分配好了陣容了？譬如有一個總指揮的電子，在出發前就安排好了多條的隊伍，有的行進路線是朝明亮的，有的是向暗的條紋。那總指揮是怎麼產生的呢？於是又有人想，大概電子們事先說好，頭一個如果是走暗的條紋，下一個就走亮的，這些想法實在都有點不靠譜。大家就想出現了干涉條紋，就一定有干涉的現象，那一個電子和誰干涉呢？於是有人認為一個電子是同時通過兩個縫，自己和自己干涉吧！但是有人不相信，一個電子怎麼可能同時通過兩個縫，我就非要看看它到底是通過哪個縫。於是又出現另外一個神奇的事情發生了，量子力學告訴我們，電子在沒有進行測量的時候，就是一束概率波；一但你進行了測量，你知道了電子是通過了哪個夾縫，干涉條紋就會消失，也就是電子表現出原來粒

子的性質了。

就像拿了槍，瞄準其中一個縫連續發射子彈，落在接收屏上，只現出一條痕跡；反之，射另外一個縫，亦復如是，也是只有一條痕跡。這些實驗就知道電子的路徑信息和干涉條紋，體現出了互補的性質，也就是不能夠同時出現。像這種想要探測粒子是怎樣通過哪個夾縫的實驗，就稱為「探測路徑實驗」，它們都屬於雙縫干涉實驗的「變種版」。後來衍生出一個赫赫有名的，號稱「現在可以改變過去」的「延遲選擇實驗」。這個實驗是美國物理學家「約翰•惠勒」提出的。他不像愛因斯坦、波爾等諾貝爾獎得主那樣有名，但他曾經在哥本哈根波爾研究所工作過，算是波爾的學生，也參加過原子彈「曼哈頓計劃」，還有氫彈的主要設計者之一。他的大名雖然不是很響亮，但是幸好「黑洞」這一詞是他所取出來的名稱，之後才廣為流傳。有幸的是我今天才能以「黑洞」之名借題發揮，後輩在此再三感恩。

這「延遲選擇實驗」是他在 1979 年提出來的，這年是愛因斯坦100 周年誕辰，當時美國普林斯頓大學，為了紀念愛因斯坦，辦了一個研討會，惠勒就是在這次研討會上提出這個實驗，他的思路來源於愛因斯坦提出的分光實驗。最初的原始實驗，是將一個光子發射通過一面半反射、半透明的鏡片，光於是自然呈現 50％的直行，或是 50％的下行；然後又在直行之處又加上一面全反射鏡，光的路徑於是下行；而在前一個下行處，又加一面全反射鏡，光又呈直行。實驗終端都各有一顆燈，最後的結果不是 A 燈亮或就是 B 燈亮，並表現出光的「粒子性」。

後來惠勒說我們再進一步實驗，在第一條直行被反射至下行，和第二條下行被反射呈直行，在兩條路交叉之處，再加上一面半反

半透明鏡片，最後光的特性呈「波動性」，且分成兩種波動性：

(1)是正反兩個波動性，光能互相抵消，A 燈就不亮。

(2)是相同方向兩個波動性。光能疊加，B 燈更亮。

　　這原始實驗，光是自己和自己干涉；和第二個實驗，光的粒子性和波動性是「互補」的。這兩種實驗就和前面的「雙縫實驗」，本質上沒有什麼差別；但下面是重點，惠勒說：當光子通過第一個半透片的時候，在 A、B 燈都沒有亮的時候，我們在極短時間內，譬如 1 毫秒，突然插入第二個半透片，會有什麼結果呢？這就是所謂的「延遲選擇」，但是神奇的是，當光子通過第一面半透片，只有直行的時候，再經過突然插入的半透片，理論上是 A 燈可能會亮，但是不管重複多少次實驗，依舊仍然是 B 燈亮，於是惠勒大膽的推論，就是當我們插入第二個半透片的時候，使光子從走一條路，改變為同時走兩條路。這兩種情況，是光子在什麼時候決定的呢？惠勒認為，是光子經過第一個半透片的時候決定的。但是我是在你第一個通過半透片後的半路上，才突然插入第二個半透片的。於是惠勒說：我們現在做的選擇會改變過去發生的事情！這就是惠勒的「延遲選擇思想」的實驗。在 1984 年這個思想實驗就被真的做出來了。

　　有的人認為這個是對因果律一個大的挑戰，我倒不以為然。因為你在後面插入半透明片，等於又造了一個新的因，那當然後來的果不一樣了。至於後來有天文科學家，發現有兩個天體（0957＋561A 和 B），人類一度以為它們是兩個不同的類星體，然後分開的視角是 6 弧秒，距離我們大概是 100 億光年左右。後來才發現，實際上這是一個類星體的兩個像，是由於引力透鏡效應，才導致的這種現象。那如果用這個類星體的兩個像來做實驗的光源，

那你插入一個半透片,就相當於改變了 100 億年前的事情,想起來這種事情是不是很可怕?於是這種事情,就引發了物理學家和哲學家深深的思考。當然現在的事情是不可能改變過去的。當然以上的各種實驗是由於它實驗事情本質上有所不同,只能說是「理理無礙」,而事理方面不能無礙了,更不要說「事事無礙」了。

6 改變未來命運的例子「袁了凡先生」;「積陰德」可改變命運

在人類日常生活中,「宿命論」早已深植人心,「萬般皆是命,半點不由人」。認為未來命運是不可能改變的,而中國早就有此類的分別順序,如:「1、命運,2、運勢(氣),3、風水,4、積陰德,5、讀書」。人的財富從哪裡來?例如批流年,高明的算命師的確非常準,有的精算師還分兩次細算,對於您未來配偶名字,姓氏都算的出來。至於改變未來命運,請算命師改運,他就可能難了!除非您遇到修為、道行皆高明者的指點,更重要的是需靠自身努力不懈產生「般若智慧」,廣積福慧資糧才可達成。現在列舉兩個較有名的例子:

(1)「袁了凡先生」家訓敘說的故事。他自幼父親過世,母子相依為命,家庭經濟有些困難。於是就叫兒子學醫,學醫可以救人,也能夠維持家庭生計,是件好事。有一天他到山上採藥,遇到了一個算命先生「孔先生」,看了他的面相,就鐵口直斷說他是做官的命,應該好好的讀書,求取功名。他把自身家境情況告訴孔先生,孔先生當場就幫他算命,孔先生對於他的過去及家庭都算的非常準。袁了凡就帶孔先生回家見高堂,他媽媽就請孔先生,幫

他算終身的流年，也就是他一輩子的命理。孔先生勸他母親說，這個孩子是做官的命，官做的不怎麼大，最高也是在四川一個小縣當個知縣，縣令，壽命只有 53 歲。告訴他在 53 歲年初時，就要告老還鄉，好落葉歸根，壽終正寢。被算完終身流年命後，袁了凡努力讀書，參加考試，考試考了多少名都記錄下來；之後又去上學，隔年去參加考試，結果考試的名次跟孔先生算的完全一樣；年年都參加考試，年年都給他算，每年都很準；二十多年他什麼念頭都沒有了，命中註定的，想其他也是妄想，也沒有用處，所以他就萬緣放下。二十年之後，35 歲時，他遇見「雲谷禪師」，雲谷是禪宗大師，當時在現在的南京棲霞寺，常常舉辦「打禪七」。了凡先生有一次參加，跟雲谷禪師在禪堂坐禪，三天三夜不生一個念頭。雲古禪師很佩服，一位凡夫居士能有如此定力，很不容易。就向他請教，你這功夫是從哪裡學來的？他說我的命被孔先生算定了，二十年來，每一年收入，還有考試的名次完全都準確。我完全相信，既然命運是註定的，我就什麼都不想，因為我想也沒有什麼用處。

雲谷禪師聽了之後哈哈大笑，禪師說：我本來以為您是位聖人，禪定功夫如此了得，原來還是個凡夫。他說為什麼？禪師回答只有凡夫的命才會被人算定，真正聖人的命，他自己會改變命，隨著修行功夫深，他的命運天天不一樣。你 20 年被孔先生算得一點都沒有算錯，你是一個標準的凡夫，這些都是事實真相，了凡先生接著進一步問到，命運能改嗎？雲谷禪師說怎麼不能改，如果你能事事斷惡修善，你的命運會一年比一年好。如果你造作惡業，你的命運就一年不如一年。了凡當然一聽就懂，從此斷惡修善，累積功德，每天「三省吾身」，做了好事就記錄下

來。明年去趕考，孔先生算他考第三名，他卻考第一名，這回怎麼算不對了？國家給他的糧餉也增加了，和命理算的都不對了，果然有效！他做了十年，將三千樁好事做圓滿，請法師誦經給他迴向，又發願做三千樁好事，求能有個兒子，因他命裡本來沒有兒子。後來果然有個兒子，並且是個很好的兒子，這積善之家就傳下來了。

　　了凡本來壽命只有 53 歲，但累積功德後延壽至 81 歲。所以命運可以掌握在自己的手中，不但命運可以改，風水也可以改，但沒有改變命運那麼彰顯。風水方面有陰宅、陽宅、還有整個地區，一般人都認為陰宅對後代子孫影響最大，我不以為然。我認為風水了不起只是占命運的 3～4%，還不如「諸惡莫做，眾善奉行」才是建立好運之道。至於地區好風水，在中國大家應該聽過「地靈人傑」、「人傑地靈」、「山不在高，有仙則名」、「水不在深，有龍則靈」，所以風水的最高指導原則，就是修心養性、德披天下、道行爐火純青之仙佛菩薩，他人到那裡，風水就自然會跟到那裡！

(2)「積陰德」可改變命運。

　　約莫在明朝時期，偏遠的縣城裡，有位少年，家中窮困。當時欲改善生活，唯有走科試一途。有一年他準備赴京趕考，街上一位頗為準確，號稱「半仙」的算命師，看見他並告訴他說，白露節前，他會遭橫禍而死。當時少年心中甚為苦惱，怎麼命運大限，會如此快速的到達。他後來遇見一位同窗胡先生，家境富裕，胡先生為人豪爽，平時和少年相處頗好，他看少年一副垂頭喪氣模樣，就問少年是否有不如意的事情，好朋友可以為他分擔解憂，是不是擔心路費的問題？少年不是個說謊的人，他將算命

師的話一字不漏告訴了好友，胡先生聽完了之後，告知不要聽信江湖術士的話。於是他從口袋中拿出十金交給少年說，這作安家之用，赴京一切費用由我來負擔，仁兄不必擔憂，少年非常感激他的慷慨道義，就決定一起結伴前往。到了金陵，有位出名相士談吉凶禍福，每每出奇準確，前來看相的人，擁擠如鬧市，少年就和住在同一旅店的同學，六人前去看相，那位相士看了他們六人，說出他們之中誰是廩生；誰是附榜生；誰是監生；誰的父母雙全；誰的雙親具歿，說的毫釐不差。算命師說他們其中一人，本次科考，可中副榜，其他人都不中，輪到少年時，先問家住哪縣，離此多遠，然後屈指一算，說趕快回去，可能還來的及。大家感到不解，就問相士為什麼，他才說，你的面相枯槁，神精虛浮，天庭上已現晦紋，依法理以後五日之內，必死於非命，應當趕快回家，但依相看，當會死在路上，即使馬上動身，恐怕也來不及了。胡生和眾人，都感震駭說，請先生再仔細審看一下，有沒有解救方法，相士說生死大數，上天註定，如果沒有大陰德，是不足以回天的，現在日期已迫，能有什麼辦法，如果從現在起算，六日後這位先生還在人世的話，我就從此不再論命談相。大家都一路沉默不語，回到旅店，少年對胡先生說，先前兄長極力勸服我來，今天相士與以前算命師的話，完全一樣，必當有所應驗，人生皆有死，我並不怕死，但死在這裡，各位都會受累不淺，不如馬上趕回去，還有希望死在家裡。胡生很憐憫他，替他雇了船，給了他路費，又另外給予十金，把這些留下以備急用，少年回答，我若入地府，必乞求冥司祝求胡生高中榜錄，以答謝您的厚誼。於是辭別了大家登船，在江上走了十多里，由於風太大，不能繼續前行，船家只好將船繫在岸邊，等風停了再走，但

轉眼過了四天，風沒有停止跡象，反而更大。少年心想快到五天大限，如果命喪船上，會拖累船家，乾脆去岸上閒逛。走了一陣子，突然看見一中年孕婦，帶著三個幼兒，右手抱一個，左手拉一個，背後緊跟一個，孕婦邊走邊淒苦大哭，與少年擦身而過，少年心想前無店無家戶，他們要上哪兒？同情心油然而生，他急忙上前詢問，有沒有什麼困難他可以幫忙，婦人說我沒辦法活下去了！少年說妳如果真有急難，請千萬告訴我，不能想不開啊！婦人說我不幸嫁了一個性情暴戾的屠夫，今天牽了兩頭豬叫我去市集賣了，結果兩個男人買去，付了十金，給了我兩個銀錠，我們一起找個銀舖，證實無誤，我將銀錠揣在懷裡。等出了銀舖，一個男人稱讚我的小孩漂亮乖巧，並拍了我的肩膀一下；另外一個男人和我擦身而過，後來兩人匆忙趕路，一下子不見蹤影。後來我回神，覺得這兩人有點鬼鬼祟祟的，手摸懷裡銀錠還在，為了保險起見，我還是再回銀舖看看，沒想到老板說是假銀錠，我當時呆坐在地，完了！完了！回家不被屠夫打死才怪。這屠夫平常對我就是拳打腳踢的，今天看了假銀子，說不定給我一刀，唉！反正一樣是死，不如死在水中。三個孩子都是我生的，母子同死，免得讓他們受惡父凌辱。

　　少年聽後很難受，要過銀錠一看很粗糙，果然是假銀，但沒有當場說破，此時心想，自己馬上將死，懷裡的十金銀子也沒用了，看婦人低頭啜泣時，就把袖中銀子悄悄地調換了。對婦人說，妳差點造成大錯了，我看這銀子應該是真的，不然再去銀舖看個真假。婦人只好帶他去原來舖子，這回老板居然說是真的，他們又走了兩家都說是真銀，婦人喜出望外，再三感謝少年，歡喜回家了。少年急急往回趕，但天色已昏暗，不得已在間破廟

廊簷下暫待一宿，跑了快整天也累壞了，就地沉沉睡著了。矇矓中，聽到有衙役吆喝之聲傳來，少年探頭一看，見大殿上燈火通明，兩旁侍衛兵勇，森然而立，中間有位王者氣派之人，坐在堂案之後，赫然是關聖帝君。關帝說：今日江邊有一人，救了五條性命，應當查清此人，給以功德福報。當下有一位紫衣使者，手拿文卷，啟稟說，剛才得土地神申報，是某縣一讀書人。帝君下令檢看祿籍簿，查看他這次秋榜，是否得中。一位繡衣使，手捧一文簿上前說，這人的官祿和壽命都將盡了，應在今夜子時，在本廟廊下，被上方廊簷磚瓦墜落擊斃。帝君說如果這樣的話，怎能勸人為善？應該改註祿籍。昨天得聞文昌宮通知，本次秋試中，江南解元一名，因為邪淫婢女，而被除名，就讓此人補缺。旁有人說，他的錢是胡生所贈，胡生輕財尚義，才使此人得成善果，如追流溯源，胡生也應登名祿籍。帝君說：善！繡衣使上前請示，本次科考第三十三名，犯邪淫綺語口過，罰停一科，由誰取代？文昌宮尚未定奪，請示，是否讓胡生替此缺？帝君說：可以！少年正在聽專心對話，忽然好像被人猛力一推，往旁滑了幾公尺，只覺得磚塊大瓦墜落在他剛才躺睡之處，讓他驚嚇醒來，趕快站在院子裡，待天明之後，看這廟果然是關帝廟，三跪九叩之後，找路回到船上。此時風已停，和船家商量返駛回金陵原地，一路揚帆順風，很快就到。等少年來到旅店，大家感到驚訝，少年安然無恙！少年只說江上風大，無法前行，又想五日已過，所以趕回來和大家赴科考。

回想起相士說的話，大家簇擁著少年前去找他，相士此時正忙著，抬頭望見少年，相士驚訝說，你不是我說五天之內，當死的那位嗎！眾異口同聲說，現在已經過了七天了，怎麼樣呢！

相士說，少年現在不會死了，數日不見，他骨相大異，神清氣爽，先生一定做了非比尋常的大善事，救了數條人命，才能有回天造化之力。我以前說過唯有大陰德，才可以回天的，今天你滿面陰騭，今科考試，必中頭榜，明年聯捷入翰林，官登一品，壽數增到八十。他又笑著對胡生說，你臉上也有陰騭紋，一定和這位先生同時考中，胡生回答說，我沒做過什麼善事啊，怎麼會有積陰德？相士笑說，正是無所為而為，才稱陰騭，眾生對相士說，話都被您一個人說完了，好說歹說，您真一口可遮天啊！少年笑著說妄言妄聽，諸位何必認真，不如回去吧！回到客棧，少年對胡生說，那人可真是位神相，他的話一點也不假，恩兄該中第三十三名，少年將這件事的始末，全部告訴了他；這年科試，少年果然中了解元，胡生也入榜，第二年兩人同入翰林。俗話說：一命二運三風水四積陰德五讀書，這積陰德也是改命運的重要方法。所謂陰德就是悄悄的行善積德，而不為人所知道，如此的善功德是非常大的，一方面它能夠幫助我們逢凶化吉，消除很多災難；另一方面可以增加我們的福分，無論福分、祿位、還是壽命，皆因為陰德的積累而增加。最後我還是認為好好修行，修身養性，可將前面五項全包了，命運還是掌握在您自己手中，至為重要。

7 東西方皆有假上師、邪師、騙子上師充斥在現今社會當中

修行固然很好，但不能自己盲修瞎練，最好皈依一位具德高深修為的上師，而這位上師，最好有公認正統傳承的上師。現在坊間

充斥著假上師、騙子上師、邪師，他們打著神、佛、菩薩轉世的旗號，並且吹噓自己有神通，其實是有「魔通」。是他在修禪定時，第一層次階段要進入第二階段期間，因為平時自以為有度化眾生的能力太熾盛，並且心中懷著有「名聞利養」之念，很容易被「陰魔」（蘊魔）所趁機入身，之後有了魔通。有的弟子迷信神通，心念發出的頻率和騙子上師相應，眼中可以看見假上師在空中坐在蓮花上，且身體會放光，其實是身上的陰魔顯魔通，並不是騙子上師本身的神通；還有自稱是某尊佛或菩薩轉世，那一定是騙子。因為真正佛，菩薩轉世之高僧、大德，在生前絕對不會暴露自己真實身分，除非在圓寂那刻，才會告訴自己弟子，他是某佛或某菩薩的化現。

另外騙子上師都有一些特徵，他們傳授弟子修「上師相應法」時，他們要弟子唸他的咒語，這咒語裡有他的名號，在整個藏密裡的咒語有包含自己的名號，也只有「蓮花生大士」及「噶瑪巴」而已。另外需要有八地菩薩以上證量的上師才有自身的咒語。中國在宋代以後只有一位「普庵法師」才有自己的咒語，其他禪宗、唐密、東密、藏密有八地菩薩證量大師不計其數，但他們都較低調不談自己的咒語，恐怕弟子們執著在咒語，而忽視了佛法。何況每天只唸咒語，其實只是穿上「襪子」而已。當然穿著襪子總是比光腳板好些，因此須要精進修行教法，佛法才能穿起「鞋子」，走向崎嶇荊棘的道路，免得弄傷足部，而不良於行。依此看來，更不用說騙子上師哪有此道行，可能連初地菩薩證量都沒有，只是靠著身上「魔通」及外表上傳佛法來招搖撞騙。

另外還有的特徵就是唸他的名號、名字或是觀想他的照片，所以弟子們要謹慎，不要把墳墓裡的枯骨當成「春閨夢裡人」。弟

子想要尋找上師時，初期懵懵懂懂的，當然都沒有觀察審視的能力。但是可以從弟子團裡略窺一、二，譬如和其他人交談中，得知皈依騙子上師後，結果有多人罹患癌症去世；還有夫妻檔皈依這上師後，結果離婚率比外界高出許多；另外弟子中遭官司纏訟者也不少。一般盲從皈依騙子上師的原因，都有些通病，那就是只看外表場面，以為道場規模大且富麗堂皇，一定錯不了。還有弟子五、六千人，海內外都有道場，出門有最高級房車、超跑，好不風光。穿戴衣著一副法王模樣。其實不要被外表騙了，回頭是岸。

　　依照宋朝「永明壽禪師」帶領二千位出家人，集大眾智慧廣義，共同費時數載完成之鉅作「宗鏡錄」，闡釋具格上師條件如下：須『三量定其是非』（三量者，現量，比量，非量），也就是具有真正證量者，曾經有位魔通上師，說他是某菩薩化現，共修時大家眼光只要專注他的眼睛，不須禪定，修法，即可頓悟，即時可了脫生死，結果不到兩天，他眼睛受不了大眾集中的能量，趕快去動眼睛手術，才免於致盲，有陰魔附身的上師，現量是有，但不大，比量，非量多是負性成分，他只能畫大餅，並非能真正做出大餅，例如曹操看部隊行軍疲憊不堪，沒有飲用水，口乾舌燥，他騙說大家加油，前面有大片梅子園，馬上可以解渴，大家口中生津，想像馬上可解渴，打起精神前進，但走了半天，一棵梅子樹也沒有看到，才知道原來受騙了，下回沒有人會上當，這只是虛擬的現量；但真正修為有證量的上師，就是有百萬人集中觀看他眼睛十年也沒事；我們了解陰魔附身上師的一些徵兆之後，只要擺在心裡就好，除非有親朋好友想要皈依他（她），可以曉以大義即可，自己也不要敲鑼打鼓地到處數落他，不要去毀損，拆他的相片，破壞他的屋子，他們可是很會記仇的，他們有「非量」的，他們魔界會互

相通報，搗你的蛋，增加你的惱怒，小心不要著了他的道，他自然會有報應，或者自會受到國法制裁，我們要明辨是非，不要參與是非。『真修匪濫，四分成其體用』，『正理無虧』（四分者，相分，見分，自證分，證自證分），相分是觀其色相，而後進入意識判別，不受本身主觀意識及故有成見影響，不被其外表迷惑，而產生出貪、瞋、癡、慢、疑之念，最後以「金剛經」上開示的偈語：「若以色見我，以音聲求我，是人行邪道，不能見如來」；見分就是「見地」，首先要去除「我見」，「常見」，「斷見」，見地要契合佛陀欲令眾生「開佛知見」使得清淨，故出現於世，欲「示眾生佛知見」，故出現於世，欲令眾生「悟佛知見」，故出現於世，欲令眾生「入佛知見道」，故出生於世，見地須法，理，體皆圓通無礙；自證分是您要自己透徹，清楚了解自身修行層次，境界，我自己沒有開悟，不能「未得謂得」，「未證謂證」只能以傳承上師著作裡窺之一二，給大家做個參考，自證分絕對不是如法官一樣的自由心證，它是修行人修習禪定，或是修練「本尊法」，到達一個次第和階段時，身體產生變化如身輕少食，過午不食，手拿重物時只感到很輕，而身體產生暖熱，在冬天零下許多度時，只穿一條短褲也不覺得冷，甚至在下雪天的外面，身上裹著全溼透的棉被，修「拙火」，一二十分鐘後就可以把被子烘乾，禪定者半夜在野外草地禪坐，黎明時看到他周圍百公尺內，草都是乾的，而百尺外圍的草則佈滿露水，修本尊法生起次第，圓滿次第，到生圓不二次第相應時，身體上放的光不同，看外境天上的異像也不同，還有能夠以意念力將樹上的果子全部摘下，之後又可以將它們復原，林林總總太多了；至於證自證分的例子，因為太不可思議，驚世駭俗，我就不舉例，以免大家說吹牛皮，只有大略說其具足「五

神通」及究竟圓滿的「漏盡通」（道通），還有「三明」，(1)能直觀眾生生命流轉之相，(2)由智慧了知過去未來，生死涅槃的因果，(3)把握生命真實的智慧，通達理理無礙，理事無礙，事理無礙，全事即理，最後事事無礙，都可到達。現在我將自證分和證自證分，以現代科學做個譬喻，如中國人造太陽「中國環流器二號 M」裝置，是一種「托卡馬克」裝置，它所產生的等離子體溫度，可到達攝氏 1.5 億度，比太陽的中心溫度，還要高出近八倍，如此高的溫度是由「東方超環」採用攝氏零下 260 度低溫的超導線圈，能製造出一個可約束高溫物質的的強力磁場，它的作用在地表環境中，複刻出太陽上，時刻都在產生的核聚變反應，相比太陽自然形成的核聚變無法控制，但環流器二號 M 裝置，在產生核聚變反應，能進行核聚變規模以及速度的控制，讓其向外界輸出能量，把這人工核聚變功能裝置，有著巨大可用價值，比做自證分，而證自證分則是，不僅加熱超過太陽溫度的熱能，把它轉換為發電，如果最終可以將時間延續超過千秒，就有餘力可以研究運用以致商業發電。但要攻克這難題之外，另外一個困難關鍵的條件必須具備，除了燃料的粒子，首先要達到攝氏一億度的高溫之外，同時要有足夠相當高密度的粒子在裡面反應，還要有足夠具約束的能力，不是只有將高溫控制時間加長，那麼如果把外部的能量斷掉以後，它整個等離子體，降低到環境溫度，所需要的能量約束時間常數，一般在百毫秒量級，也就是 0.1 秒的數量級範圍，但要達到幾秒的量級，兩者互相配合，才能夠持續發電，因此還須要做很大的努力。其他國家可以做到接近一秒的量級，目前中國高溫可以控制千秒。除去前兩項艱深困難之外，另外須要高能發電機的配合，才可以放電。目前中國已經可短暫發電；由於它是創造最清潔的能源，釋放能量大，對環境

無污染，不產生溫室氣體及核廢料，它所用的低廉成本燃料氫和同位素「氘」和「氚」，激發成等離子體的方式，一般來說像氘這樣的材料，可由海水提煉，一公升的海水提取的氘，就相當於300公升汽油燃燒的能量，是取之不盡，用之不竭，所產生的能量，夠人類用數億年乃至數十億年。此核能發電如果能縮小放置，為太空航天飛行器動能的話，那將可能是第一個飛出銀河系的太空飛船。

　　（接上面證自證分）然後『十因』（隨說，觀待，牽引，攝受，生起，引發，定異，同事，相違，不相違）十因，它們大致和外表字面意義差不多，在這就不解說了；『四緣』（因緣，次第緣，所緣緣，增上緣），這四緣都是要符合因緣法則，循序漸進，現在末法時期，惡緣比較多，所以反而要把它當作「逆增上緣」，以智慧來化危機為轉機；『辯染淨之生處』，當一位上師應辯解所有弟子或接觸的人，他的出生處，是從「六道」中，哪一道輪迴轉生過來的，另外譬如「天道」有二十八天，是哪一個天道，或是「天龍八部」的哪一部化現來的。

　　「三報」謂（現報、生報、後報），末法時期，顯現出「現世報」很多，一個家庭成員是「生報」較多，「後報」是依因果關係，因緣法則作用，有這世，來世之報；『五果』（異熟、等流、離繫、士用、增上）等五果，亦是依照因果關係，因緣法則而顯現，有的緣生，緣滅，大部分依生前之因果報應，還有受後天環境影響，或是兩人之間意念改變等所影響，本來看起來是段成熟的緣，但是後來受大環境的變異，例如目前全世界受新冠疫情的影響，緣突然滅了，好像就是過了一場夢似的；依照前面幾項，來辨別上師修為道行之真假，才能鑒真俗之所歸，能斥小除邪，刳情破執。

參考資料

❶ 【祕史趣聞】解釋人類起源之謎，佛教比科學更 "科學" ！佛陀開示告訴你真相

❷ 【Linvo 說宇宙】「俗說量子」延遲選擇！量子擦除！雙縫干涉實驗的「真相」！ Double Slit Experiment

❸ 【Linvo 說宇宙】「宇宙雜談」韋伯望遠鏡揭示宇宙大爆炸沒有發生過？

❹ 【壹先生科學之謎】宇宙真的可以輪迴？羅傑彭羅斯提出循環宇宙論，完美解釋宇宙規律

❺ 【宇宙觀察】諾獎得主提出宇宙循環理論，他認為宇宙就是一次次輪迴

❻ 【菩提子五季】意識源於黑洞？人是一棵倒立的植物｜一個全新的宇宙觀！

❼ 【HenHenTV 奇異世界 104】最強的圖騰 2，生命之樹！世界各地原來都有生命之樹！

❽ 【菩提子五季】道德敗壞就會出現自然災害？真實共濟會神祕教義｜石匠社團紀錄的黑魔法時代

❾ 【玉麒麟】中國散裂中子源二期工程啟動建設 探索物質材料微觀結構的 "超級顯微鏡"

❿ 【Linvo 說宇宙】「宇宙雜談」2021 年諾貝爾物理學獎：開啟複雜性世紀！

⓫ 【曉涵哥來了】海奧華預言 1 ｜揭祕人類終極問題：宇宙從何誕生？人的靈體和死亡之謎？

⓬ 【媽咪說 MommyTalk】什麼是弦理論？十分鐘了解弦理論、M 理論以及兩次超弦革命

✳ · ✳ · ✳ · ✳ · ✳ · ✳ · ✳ · ✳

第九章

宇宙的起源

1 東西方文化對宇宙起源的論述

佛家對於宇宙的起源，說：生命是跟宇宙同時誕生的。進一步而言，整個宇宙跟我自己的生命是同時誕生的。大乘經論是這樣說的：「唯心所現，唯識所變」。心就是心性，在佛法裡面也稱之為法性、佛性、自性、本性。「性」在哲學裡面的名詞稱之為宇宙人生萬有的本體，至於本體是什麼？大家也說不出其所以然，沒有人說的清楚，但佛法說的清楚！

佛法用「性」這個字來說明，古代中國人也用性，如「人之初，性本善，性相近，習相遠」。所有一切森羅萬象，是它所現出來的。另外希臘哲學家柏拉圖說：是由五種立體組成的（正四面體、正六面體、正八面體、正十二面體、正二十面體）；還有人說是金、木、水、火、土；科學家說是由元素周期表上的元素構成的。它們當然只是後來才顯現的，不能說是宇宙太初的本體。

西方創世的概念是這樣的，首先它是有一個造物的意識或者稱為精神。精神向周圍 360 度散發著意識，它總是自動的想做些什麼。但是只要它動就形成了兩個圓圈交匯，形成一個立體交集橢圓形，裡面自然就有數學黃金比例和物理數的知識，同時包含了光線

227

的幾何信息，並還產生兩個漩渦，不管意識是到左邊圓圈的交叉處，後來再到右邊的漩渦，就這樣意識每到一個交集漩渦處。於是愈來愈多的知識就自然產生出來，後來行成中間有六個圈交集，外圍有一個大圈包覆著它們的圖像，它叫做「生命種子」或稱為「成因模式」。

它的每一個動作視為一天，例如在「創世紀」裡說，在開始的時候是虛空和混沌的，神說了要有光，光其實就是電磁波，即是波動。有了波同時就有了漩渦。在「出埃及」20 章 10-11 節，「因為六日之內，耶和華造天、地、海和其中的萬物，第七日便安息」。然後種子繼續發展成「生命之蛋」，再來就是「生命之樹」，它是與自然相連，之後再形成「生命之花」，最後是終極創造模式，它稱作「生命之果」，因為一切現實物質的像貌和細節，都是由它所形成的。

如果我們將生命之果，圓的中心進行連線，就得到了「梅塔特隆立方體」，而它就是五個柏拉圖立體組成的幾何，被認為是萬物的基本。不管您後來又創造了多少圈，都是由這五個柏拉圖立體的再次組合而完成。柏拉圖立體滲透到每一個物質的層次，小到原子、分子的結構，各種病毒、微生物的形態，山川花木，微觀，宏觀皆通用，甚至整個宇宙萬物都通用，還有我們看到的許多「麥田圈」，感覺好像外星人傳達給我們訊息的方式，而造物的 DNA 亦如是。所以我們想要創造新的科技產品，不妨運用量子電腦以五個柏拉圖立體為基本，再創造新的萬物。

❷ 許多科學家認為「大爆炸」為宇宙的起源

　　關於宇宙的起源，90％的科學家都一致認為是 138 億年前，一個像原子筆尖還小的「奇異點」，它的質量密度高得不能再高了，最後產生「大爆炸」，大爆炸噴發出來不同質量的物質，而後形成各種類別的星體。但是後來有些人看到了這種論點結果，總是會感到一些疑點和困惑。宇宙起源如果是爆炸而來的，那麼為何只有大爆炸這個過程？怎麼就會造化出這麼無數多的星球的誕生？甚至地球上還出現了像我們這樣的生命體？在奇異點之外難道沒其他的東西？就憑一句「宇宙起源於大爆炸」是無法讓大家都信服的。

　　當然支撐大爆炸這個理論，是依據現在的望遠鏡，它能夠探測電磁波譜中不同頻率波的儀器。光只是電磁波譜中很小很小的一個範圍，就是這個可以收集不同波譜中波頻率的望遠鏡，為現代探索宇宙立下了大大的功勞。譬如黑洞的發現；再如「紅移現象」，紅移現象是指物體或天體的電磁輻射，由於某種原因頻率降低的現象。科學家「哈伯」就通過觀測紅移現象，得出了一個結論，遠處的星球在離我們遠去，而且呈加速狀態，距離愈遠，跑得愈快，這就是著名的「哈伯定律」，透過哈伯定律，宇宙是不斷地膨脹，在愈往之前應該是愈小的。於是在最初的時候就會集中在一個點上，這個點是超密度態，它使得一切物理規律不成立，它就是「奇異點」。從這個點後產生大爆炸，於是後來才有時間、空間。經過超級電腦推算有 138 億年，這就是宇宙年齡。我前面說過，紅移現象是正確的，但是超過一定的臨界點距離，空間有許多不同的「反重力場」，時間不是一成不變的。請原諒我，我說：是他們的腦袋膨脹爆炸！但科學界後來不只僅是這種聲音，提出除了電磁波、引

力波（重力波）能夠在空中傳播以外，大部分波只能在「介質」中傳播。

3 反對「大爆炸」論的科學家

如果真空中本來有介質呢？前面有提到真空中有負性物質；美國約翰斯霍普金斯大學，物理學博士，「保羅‧拉維奧萊特」（Paul A. LA Gillette）在他的「宇宙起源」一書中，就提到了大爆炸理論的諸多問題，其中一個就是對觀測恆星紅移現象的解釋。他說宇宙學家從來沒有認真對待過紅移現象。穿越數十億光年波的頻率降低，非常有可能是被其他星際物質吸收，從而導致了能量損失和波長增加。他說這奇異點大爆炸後，膨脹到如今直徑數億光年的體積，僅用了 10 的負 32 次方秒，是很沒有說服力的解釋。保羅‧拉維奧萊特，就認為古老宇宙學模型，特別是中國的宇宙模型，就比「宇宙大爆炸」模型，更適合解釋目前太空的發現。許多科學家說他只是一位物理學博士，不足以讓人信服。

但是 2020 年最新的諾貝爾物理學獎獲得者「羅傑‧潘洛斯（Roger Penrose）」，他就不認同宇宙大爆炸論述。羅傑‧潘洛斯因發現黑洞的形成，是廣義相對論的確鑿預測，從而榮獲 2020 年諾貝爾物理學獎。他歷年得獎無數，可以說他是研究天體物理學方面頂尖的專家之一。他不認同大爆炸的理由是：支持大爆炸的科學家們，至今為止，沒有一個人站出來去解釋一下「熵」這個概念。「熵」其實就是宇宙萬物都在朝著熵增加的方向運作，「熵」值愈高，愈無序，愈混亂。如果宇宙起初源自於一個點，這個點一定是「熵」值極低的一個點，是極有規則和秩序的一個點。但是他沒有

聽到任何科學家對此做出解釋。

現在暫時淺談「熵」這個概念，它是形容一個系統失序的現象或混亂程度。一個系統愈混亂，「熵」值愈高，這個概念在各個學界運用都廣泛。因為「熵」表現出不對稱性，就是說我們現在所有的物理公式乃至於量子力學的物理公式、相對論的物理公式都能表現出時間的「對稱性」，學名是「時間反演對稱」。不管時間正向走還是反向走，物理公式是不會發生改變的。但是現實世界並不是這樣的，整個宇宙都是往「熵」增加的方向運作。譬如房屋隨著時間流逝，最終會變成塵土。從有序變失序，而塵土無法隨著時間的流逝，再變回房屋，這就是宇宙萬物的「熵增法則」。

「熵」增的過程就是：一切事物隨著時間流逝，變得「荒漠化」、無序化的過程。這就是說明現實世界和理論世界是互相矛盾的，理論上是「相對的」。為什麼現實中「熵」只是在不斷增加呢？但因「薛丁格的貓（英語：Schrödinger's cat）」大為出名的薛丁格發現有一樣東西與「熵增法則」是矛盾的，這個東西就是「生命」。凡涉及到生命的都在做「熵減」，例如把塵土變成有序建築物，讓碳元素形成高大的樹木，從無序變成了有序。生命的誕生本身，就是把無序的物質形成了一個精緻有序的系統，而這個系統，還能自我複製，這個生命不是指我們的細胞，它指的就是「意識」。

我個人認為這個「意識」，其實是屬於「阿賴耶識」裡的一部份。意識可讓無序變成有序，所以說意識就是「熵增法則」（相對）的另一半「熵減」，大家可以稱它「反物質」，也可以叫它「非物質」。我們知道它的存在，但是無法觀測到。羅傑・潘洛斯並不否認發現的紅移現象以及和宇宙膨脹之間的證據。但是不能將

它們以片面的理論來當作宇宙的起源原因，它只能表明宇宙在局部是膨脹的，或者是在某個固定時間周期內是膨脹的，這並不足以去解釋全部的宇宙。

4 「共形循環」宇宙模型及加入「意識」的「新物理原理」

經過羅傑‧潘洛斯的研究，提出了一個新的宇宙觀「共形循環宇宙」。他還出版了一本書來解釋這個宇宙模型，大概的意思就是說：時間是周期循環的，空間是共形的，有點像是佛教說的「小千世界」、「中千世界」、「大千世界」以及「三界諸天」，每個世界的層級不同但是相互之間又有著聯繫的這種概念。這個模型不僅包含了宇宙膨脹，同時還能解釋「熵」平衡的現象。如果想要深入了解的讀者，可以看這本書「Cycles of Time」。

在羅傑先生提出的「共形循環宇宙學」模型裡，最讓人震驚的就是讓宇宙微波可以傳輸「信息泛種」成為了理論上的可能，信息泛種是什麼概念呢？就是生命能夠以「波」的形式，在宇宙中傳播，通過傳輸代表生命形式的壓縮信息，然後再解碼，使生命得以恢復。說到此，大家以為他是位宗教信仰者，但他是一位無神論者。他所有的發現和設想，都是基於他在物理學多年的數據分析，尤其是對誤差的整理，再比對中總結的。羅傑博士還呼籲必須要把「意識」加入到物理學中，如果僅靠現有的科學知識，人類將無法再獲得新的物理學原理。把意識加入到物理學中成為「新物理」，用來彌補經典物理學和量子力學之間的鴻溝。

5 宇宙是充滿「波」、「場」、「氣」（乙太）元素

　　大部分的科學家都認為宇宙空間中都充斥著「場」，場的強弱可以用密度來表示，密度愈高就說明場愈強。地球的「上方」是「場」最強的地方，例如太陽系中心及銀河系中心，「黑洞」就是超高密度的地方。蘇俄航太科學家「謝爾蓋・帕夫洛維奇・科羅廖夫」他與電能天才「尼古拉・特斯拉」皆認為空間中充滿著大量的自由能源，取之不盡，用之不竭。但是他說的這個自由能源，不是電磁力（電磁能），而是「場」。場的概念就是「乙太」。最早是希臘哲學家「亞里斯多德」提出來的，但是由於沒有科學家觀測到，慢慢地就被科學界所拋棄了。而後來因量子力學、黑洞、暗物質、反物質等科學名詞愈來愈多的出現，這種「場」的概念有點像我們華人所說的「氣」。氣場被大家泛用的多了，所以人們就改口「乙太」，好像比較懂得科學。例如這個藝人一出場，就感覺到他的乙太特強，科羅廖夫認為宇宙的四種基本力「重力、電磁力、強核力、弱核力」皆是「場」的不同表現形式，這些場電荷是中性的。所以我們的科學儀器很難檢測到它們，但是它又是真實存在的。科羅廖夫說這種「場」是完全超過光速來運行的，在這些「場」裡，螺旋運動的時間只要形成了漩渦，就可以相交和相互作用，理論上只要去影響到「場」，而我們就能改變時間。於是有人想用此原理應該可以造出時光機器，用以回到過去及未來，但是我想回到過去真實世界是不可能的。可能的只是自己意識造出來的虛擬空間，可以看見過去，但知道過去又能怎麼樣，意義不大；而預見未來當然也是可能的，譬如「禪定」或「夢修」會在體內產生強

的能場，在腦部的松果體可造出未來的影像，當然是要您的心是在清淨的情況之下才能顯現的。

6 東西方各有「生命之樹」的文明

柏拉圖說過人是一棵倒立的植物，其根基向上垂向天空，這和中國古代人說的「天人合一」不謀而合。而全世界各地的神話故事、宗教典籍和文明遺跡中，都提到有一棵「通天神樹」，將我們的塵世世界與地下、天上連在一起。現在在地球上，有現存比較像通天樹狀的是在美國懷俄明州「魔鬼塔國家紀念碑」的《魔鬼塔》。在傳說中魔鬼塔是一棵遠古巨樹的樹墩，是史前文明的證據，而在現實中它竟然是一個貨真價實的大石頭。它有 386 公尺高，是個多邊形柱體構成，如果把魔鬼塔樹墩高度的比例所形成巨樹的總高度，應該在 8000 到 12000 米之間，這可能就是遠古文明傳說通天巨樹。

而在中國上古傳說，依據「山海經」記載，也有一棵通天神樹，它是在上古帝王們的九座祭祀高台區中，它是紫色的藤蔓，綠色的葉子，紅的發黑的花瓣，黃色的果實，有一百座山那麼高，沒有枝枒，主幹上有九個彎曲形，地面的根基上有九股根脈，它的果實像芝麻那麼小，葉子也很小，像芒花，它稱為「建木」，曾經伏羲、黃帝都是由這棵樹，從天上來到人間的，其中更有諸多的天神由此樹下到人間，管理人類並與人類和睦相處，最後一位來到人間的大帝是黃帝之後的「顓頊帝」。

在黃帝時代就有九黎天神，也就是「蚩尤」族天神，他們較缺乏道德，並教唆人類以不潔淨的食物祭祀，造成黃帝和蚩尤大戰。

後來雖然蚩尤戰敗，但他的後代持續作亂，最後被黃帝曾孫顓頊將九黎族天神消滅，為了斷絕和天神之間的往來，決定將連接天地的「建木」砍斷，來一個「絕地天通」，從此天神再也來不了人間。

在西方世界裡也有類似的事情，在「以諾書」中記載上帝發動洪水重啟世界的原因，是因為有一波天使，私自來到了人間，教會了人類戰爭、魅惑、占卜等等禍害行為，讓人間變得混亂，最後上帝派天使長老來到人間，消滅了這 200 個，以「路西法」為首，私自下凡的墮落天使。大洪水之後，通天神樹被沖斷了，只剩下一個樹墩，於是人神溝通一律斷絕，人類只能信仰唯一真神「耶和華」，這就是西方世界的「絕地天通」故事。

東方有「大禹治水」故事，那時應該也是經歷過大洪水的侵襲，巧合的是地球上各地獨特的發展文明，不約而同有類似大洪水的元素。前面說到柏拉圖認為人是一棵倒立的樹。事實上應該是這樣的，西方世界人士幾乎一致認為世界文明同源，都源自於同一個史前文明「亞特蘭提斯」。關於亞特蘭提斯的記載，最早始於古希臘的哲學之祖「柏拉圖」，他的著作《克里特阿斯》和《蒂邁歐篇》中有提到亞特蘭提斯，它是傳說中存在的一個史前王國，距今一萬多年的歷史，存在於大洪水之前。相傳亞特蘭提斯具有高度發達的文明，根據柏拉圖對亞特蘭提斯的描述，它是交替環繞的海洋和陸地區域組成一圈一圈的形狀，至於它的位置，現在到底是在地球上什麼地方？大部分人認為是沉落於海底，但是在哪個海底，大家莫衷一是。後來經過衛星拍攝，居然是位於非洲的「薩哈拉之眼」之處，這個地形就和柏拉圖描述的一樣，對於相信亞特蘭提斯存在人，一看這個地方，十分確定這裡就是亞特蘭提斯，因為地形和柏拉圖說的一樣，很多細節和柏拉圖描述的也完全一樣，就連最

中心的圓圈部分，其距離是 23.5 公里，也幾乎是一模一樣，周圍環境大致也相同。但柏拉圖暗喻「亞特蘭提斯」並不在地球上面，而是在地球中心的天上，很多學者認為亞特蘭提斯的國王「阿特拉斯」（Atlas），在古梵文是「支柱」的意思，而在希臘語中阿特拉斯（Atlas），也有「世界的支柱」的意思。柏拉圖形容的亞特蘭提斯被水一圈一圈地環繞，這和印度「吠陀」的世界觀也是一致的；另外佛教的「華藏世界」世界海有六種；以及北歐神話；印地安神話等等，這些教派和神話的宇宙觀都有這種被水環繞的概念。也就是世界支柱的最頂端就是「生命之樹」的果實，因為下方的水是滋養樹的根本，而生命之樹的果實，即是人類長生不老的靈藥，那地球的上方就是「場」最強的地方，是「生命」把宇宙的無序改變成有序，並發揮到淋漓盡致最究竟的層面。

　　宗教所說的「永生」、「永恆」就是「天堂」、「天國」、「淨土」、「極樂世界」、「大羅天」，而銀河系「場」最強的地方非「黑洞」莫屬。在「新物理」概念，支配生命的精密系統就是「意識」，有科學家認為「意識」源於黑洞，黑洞這個「場」（乙太或是氣）在我個人論點，「意識」就是宇宙間最細微的物質「業氣」，黑洞是個「業力整合器」。人們如果能從「白洞」供應的特殊能場來修心養性，修養自身心識行為，臻至究竟完美圓滿境地，即是「生命之樹」、「意識之樹」、「精神之樹」、「宇宙之樹」，永生、永恆的果實。

7 愛德加‧凱西認為「阿卡西」為「宇宙大信息數據庫」

　　之前提到過的愛德加‧凱西（Edgar Cayce），是美國 20～30 年代最有名的通靈大師、心靈導師，也是世界上準確度很高的大預言家。他能在睡眠狀態下做出預言，他也能在睡夢當中看到你的前世今生。凱西一生當中做過幾千個輪迴解讀，為許多人解釋了宿世的迷障，打開他們的心結，從而幫助他們應對這一世的困難。那麼凱西是從哪裡取得這些信息呢？凱西說一個人在每一生當中的所有行為，包括他的願望，都會作為信息儲存在一個宇宙信息庫檔中，他把這個信息庫稱之為「阿卡西記錄」（Akashic Record）。只要翻閱這個人的阿卡西記錄，就會知道他在過去世當中做過什麼事，和誰有牽扯的關係，每個生命都有自己的阿卡西記錄，而「阿卡西」這個詞，是從古印度梵語音譯過來的，在印度古老的神話史詩《摩訶婆羅多》當中提到「阿卡西記錄」；還有伊斯蘭「阿卡什」（Slash）認為是宇宙中存在的一種非物質實體。

　　凱西把阿卡西稱之為「宇宙的生命之書」，而在現代就是稱為「宇宙超級量子電腦大數據庫」。「宇宙雲端電腦大數據儲存庫」，上面保存著所有「人、事、時、地、物互聯網」的電子設備，能獲取所有的人和您的信息。它不僅有您的任何時刻的影像資料，同時還能記錄您每時每刻的情緒和想法；也就是說它能夠記錄您生生世世，整個生命歷程中，全部的主觀和客觀世界信息，它就像一個覆蓋全宇宙的 Wi-Fi 一樣，只要連接上它，就好像連接上「宇宙大電腦」。眾所皆知的偉大發明家「尼古拉‧特斯拉」就曾經提到過，他的這些發明和發現都不是他自己的，他的大腦就好像

是宇宙中的一個接收器，他只不過是把腦海中浮現的東西，給記錄了下來，只要他和「伺服器」連接上，他就能從裡面或得知識，力量和靈感。

特斯拉說：雖然他還沒有看透裡面核心的祕密，但是他已經知道「伺服器」是確實存在了。另外一位前面提到過的「科羅廖夫」也有說過他的知識，不是他自己的，而是通過腦細胞連接而得到的。大家不用羨慕前述的科學家、發明家，以及凱西的特異功能，每個人也都可以都辦得到的。當然只憑這一世一下子的短時間內就想成為大科學家，大發明家是比較困難的，但我們可以從這一世下定決心，努力不懈地充實科學方面的知識，為下一世種好科學種子的因，才有機會冀望來世得到成為科學家的果。一般普羅大眾想要連接上阿卡西記錄的管道有很多種，從各個宗教或是其流派去涉入是最佳、最迅速、最近距離的方式，效果是事半功倍的，例如前面敘說過的印度大數學家「拉馬努金」。

8 東西方各有大預言家

至於世界上有位出名保加利亞的預言家「巴巴・萬加（Baba Vanga）」（盲眼神婆）（龍婆）；還有前面說過的「愛德加・凱西」；馬來西亞拿督「鄭博見」；印度神童「阿南德」；另類像美國「辛普森預言」以動畫卡通方式來顯現；其中準確率最高的當屬日本一位女性漫畫家「竜樹諒（Tatsuki）」，她也是在夢境中看到的景象，甚至還有年月日在右下方清楚標示出來。其中最著名的就是 2011 年 3 月 11 日大地震及海嘯，是她在先前的漫畫中就預言；在 1995 年 1 月 2 號她夢到 15 天後會有「阪神大地震」，那天果然

就如期發生了；另外她在 1992 年 8 月 31 號，夢到自己來到一座歐洲的皇宮，她走進一個很長的走廊，走廊的盡頭掛著一幅畫，畫上一位美麗的金髮女子抱著一個嬰兒，上面寫著「戴安娜」，雖然夢中沒有看到戴安娜車禍場景，但 5 年後的 8 月 31 日，戴安娜王妃竟然真的傳出意外身亡的消息。她在著作「我所知道的未來」漫畫中畫出了 15 則預言，結果說中了 12.5 則，其中 0.5 則的原因是這樣的：她也預言過在 2020 年 4 月全世界會有流行病毒大流行，而且在短期內就會結束，但是新冠肺炎病毒至今仍然活躍，醫學病理專家說最好的情況，也要到 2022 年底才會有好消息，於是預言病毒發生是準的，但流行時間長短就有差距了，所以後來說病毒 10 年後會捲土重來的預言，就剩 0.5 則了；剩下的 2.5 則是自今尚未到期的事件，那是幾年後的事情，如(1)橫濱海嘯，(2)富士山火山大爆發，(3)病毒 10 年後捲土重來。這些預言家會有如此特異能力，我認為他們前幾世可能是虔誠的宗教修行者，比如長時間在修道院待過或是在寺廟修行過，離世後升到比人道高出好幾等的天道，後又轉世回到人道。因為他們在高維度天上，可以看到人道現在發生的事情，譬如在某層天上過一天，地球上已過了百年；而更高的天，其時間和地球對比，地球可能又過了好幾百年。例如日本女漫畫家 Tatsuki 是因為小時候就有一位和藹可親的白髮老者，教導她知識和智慧，有時會在她預言的夢境出現。我想這老者不是普通修行有成就的人，應該是位神明，才會如此預言準。

在愛因斯坦的廣義相對論裡有說過，沒有絕對的時間，只有相對的時間，因為速度或引力都會導致時間的流速。談到美國電影導演「克里斯多福‧諾蘭」導演「星際穿越」（星際效應）那樣，庫博他們在黑洞旁邊的米勒星上待了短暫的一些時間，回去後發現外

界已經過了 23 年。所以這些大預言家，對於他們當時所在的天上是過去的事情，當他們回到人間，可以記憶以前在天上當時看見人間真實發生的大事。對於我們而言，好神哦！他是來自未來的人，他們是準確的大預言家，譬如「911 襲擊事件」，「庫斯克號潛艇」沉沒，新冠肺炎的流行，在時間上都非常契合；他們有的是本身前世的修為，有的是「通靈者」而這些靈因為沒有肉體束縛或人身的「所知障」，每個靈就自然有連接阿卡西的能力，只是有各個前世修為，有高低差異而已，道行高的自然預言就更準確。

　　但如果您是一位無神論者也是有方法，至於成效我就不好說了。在美國中情局解密後的檔案裡，在 2000 年批准公開的一份文件中，裡面就記載了一次連結阿卡西記錄的過程，整個實驗分七段，找了三十個不同年齡的試驗者，而實驗者都是具有豐富冥想經驗的人。之後由導師引導，每個人在開始的時候，可以提出自己的一個問題，並希望通過「阿卡西記錄」找到答案。比方有人問我前世的名字是什麼？我是怎麼死的？等等不同，但是得到的答案有些是負面的，我想不見得會據實記錄。這實驗過程大概就是首先要放鬆，閉上眼睛，靜下來觀呼吸，觀想地球能量，由海底輪，一個一個往上走，最後進入頂輪，然後能量從頭頂出來，上一個金字塔型很長的階梯，到了一個大殿堂裡面，堂中有本書或是部電腦或者錄音帶，每個人的情況可以是不同的，然後導師讓大家啟開，裡面就會出現自己提出問題的答案。導師描述的細節都非常豐富，整個過程大概持續半小時。後來這份 CIA 文件被很多冥想者用來進行日常的練習。但是依各人性格、習性的不同，在過程中有些人的意識就是無法由海底輪往上走；有人在上階梯時被人攔住；還有人進入大堂後，打開書籍或電腦時，裡面空空如也。但相對來說練習次數愈

多，效果是愈好。如果意識是高維世界的產物，而我們客觀世界就是意識投影的話，由主觀意識引起的錯覺，吹噓情況是有可能的，這個世界就是主觀去決定客觀的。

好了，最後大家要了解，其實每個人體內的「阿賴耶識」就是「阿卡西宇宙數據庫」，阿賴耶識不僅只是擁有宇宙全息的記錄，它還可以經由「學而時習之」和不斷努力不懈精進的修練，一樣可以達到所謂的「他心通」、「宿命通」、「天眼通」、「天耳通」、「神足通」，這些神通不是阿卡西能全部辦得到，而這些神通對於修行人而言，不是最究竟的目標，它們只是在修行過程當中的「副產品」而已。要完成「漏盡通」、「道通」才能達到究竟圓滿境界，也就是每個人的阿賴耶識中本來具足的「大圓鏡智」、「平等性智」、「妙觀察智」、「成所作智」、「法界體性智」。

9 東西方對「輪迴」的論述

前面提到過美國科幻片「星際穿越」反映出黑洞裡也有「宇宙大數據」的功能。劇中男主角「庫博」被彈進了黑洞，僥倖進入了一個五維次的空間，在那裡他看到了自己離家前，女兒墨菲的影像，還有那個時候的生活場景，他和女兒之間的對話及女兒的反應。在這個五維度空間當中看到的是一清二楚，為什麼會這樣呢？因為在五維度空間當中，看我們三維世界的時間，它是以實體方式存在的，但我們自己在三維度空間（加上時間是四維度），是看不到時間且摸不著的。從高維度空間來看時間，時間是以實體方式存在，有些科學家認為「意識」源於高維度的世界與客觀世界比起來，意識具有更高級的屬性。在高維度世界裡，意識是決定客觀存

在的，愈高維度的世界，主觀意識來決定客觀的現象就愈明顯。

相對於客觀存在，意識更為重要！當意識和客觀存在產生矛盾時，以具有更高級屬性的意識為基準。但是也可能竄改了或是會膨脹我們大腦的信息。不好意思，又重複我前面的主觀論點；現實世界對於電影中的情節是不符合科學理論的，人類身體如果進入黑洞早就灰飛煙滅，最多只是可能到二維影像的「事件視界」而已，哪來的五維度空間可容人存活？我們可以輕鬆地看待它只不過是一部科幻電影罷了，這冥冥中和我的「黑洞觀」有點「小磨合」。人類肉體雖然不能進入黑洞，但是意識、業識、業氣、意念均可以進入黑洞，還有宇宙間不同形態的生命體的業識，亦可以匯入黑洞中一同洗禮。它不僅可以知道過去、現在、未來，還可以聯動旁邊的白洞優質能量來提升全人類的靈性生命另生活，這才不枉費具有難能可貴而獲得的「人身寶」。

前面談到愛德加・凱西在自己夢裡可以連結其他人的生活，是因為所有人都有一個共同的夢，那就是「輪迴的夢」。一般人生活在對親人、男女朋友、夫婦等，如果會有感覺到他們互相之間有產生痛苦困惑的關係時，經由朋友介紹「沉睡的先知」凱西，於夢境中連接阿卡西記錄，知道他（她）們前世因果因緣牽扯的關係後，經過大師開導得以打開心結而釋懷，他們最後皆以開朗豁達的心情，安穩度過了他們的餘生。凱西一生做過幾千個輪迴解讀，為許許多多人解釋了宿世的迷障，從而幫助他們應對這一世的困難。但是輪迴到下一世時，您如果有相同的問題，是否還會遇到像凱西一樣的靈性大師呢？本來西方世界人們不太相信有輪迴這種事，但是到了網路資訊發達時代，年輕人有 55％以上相信有輪迴。其實西方世界在古老時期就有接觸「德魯伊文明」，而德魯伊文明深深地影響

最古老的神祕社團「共濟會」（Freemason，原意：自由的石匠或是自由的工匠），20 世紀美國哲學家，也就是共濟會的成員「曼利•霍爾」（Manly P. Hall），在他出版的眾多書中，其中就有內容表明，共濟會教義是源於古埃及的神祕教義，之後神祕教義產生了許多分支，其中最出名的就是「畢達哥拉斯」教義，大家所熟知的「蘇格拉底」、「柏拉圖」，他們都是其教義下的成員。確切的說是一支以畢達哥拉斯為名的「巴比倫神祕社團」的成員，而柏拉圖又怎麼會和德魯伊文明扯上關係呢？其就是在柏拉圖的「理想國」中有提到過「洞穴預言」，而洞穴預言的影射和共濟會的教義也是對應的。

洞穴預言的含意大概是這樣的：在遠古時期人類大部分是穴居生活，他們看到高處的瓶子被在洞口外面的陽光照射下，瓶子的影子投射在石壁上；有時有雲朵飄過，牆上瓶子影子會自然移動；而陽光隨時辰的不同，影子在牆上的位置也會改變；到了晚上點起的火堆，火焰的閃爍也會使瓶影跳躍。一般人看到了影動是實實在在的，眼見為憑，是客觀存在的，是這個世界上最真實的東西，這些人就是被表象所迷惑，且被無形的力量所束縛住的人。終於有一天有人鼓起勇氣想擺脫束縛，儘管他心裡很害怕，但是他還是強迫自己，轉身看後面是什麼！這就是這個信念的產生，讓他下定決心轉身，而這個信念象徵著就是「信仰」。「信仰」是第一次敲開共濟會小石屋門時，必須要有的東西。在經歷過長時的困惑裡，他意識到轉身後，他自己的身影是隨著自身，身體不同動作才影響影子動，自己才是最真實的東西，而意識就是力量的源頭。

這裡就是共濟會的第一個「學士」級別。堅持不懈穿越火焰，繼續尋光之路，終於到了洞口，看到了外面更廣闊的世界，這就到

達了共濟會第二個「研究員」級別。要想真正成為最高級別的「梅森大師」，是要運用智慧越過洞外前方的河流，彼岸有各種豐盛的甜美的果實迎接你；但是只是享受美食是不夠的，須要引導原本洞內其他受陰影困苦的眾人，告知他們也可以走出洞口，迎向光明；再來是教導眾人建造船隻划向彼岸，或是築建橋樑順利通過河流到達彼岸，享受美味可口果實。所以共濟會崇尚工匠以智慧創造對人類有利益的器物，也就是科學，還有其他哲學，藝術創作的所有進步，都歸功於那些在神祕面紗下，不斷闡明出真理的最高機構。

　　一般人都稱呼共濟會是歐美社會中的精英組織。古老時代在英國附近馬恩島上，有個原始部落，他們就是「德魯伊」，號稱「德魯伊之謎」。到了近代德魯伊教義下的共濟會成員也有很多，像人們熟悉二次世界大戰時出名的英國首相邱吉爾。根據 17 世紀英國歷史學家，大英博物館館長「托馬斯‧莫里斯」（Thomas Maurice）記載，德魯伊是從更古老的文明，遷移過來的，他們可能和失落的亞特蘭提斯有關。在德魯伊教義中，也是有著明顯的共濟會色彩，他們教義的等級和共濟會等級是吻合的。他們的第一個等級叫「奧維德」，是一個榮譽學位，不需要特殊淨化，穿著綠色制服，但是他們需要在社會和生活中，有著卓越的貢獻或是學者，他們需要有醫學、天文學、音樂、藝術、占星以及煉金術等等方面的知識；第二個等級叫「貝爾德」，他們身穿藍色長袍，代表著和諧與真理，他們精通像希臘豎琴一樣的弦樂器，他們主要的工作就是頌經或者誦讀德魯伊聖詩；第三個級別，也就是最高級別叫「德威登」，他們也被稱為「大德魯伊」，身穿白色的長袍，象徵著純潔，手拿著黃金權杖，代表著精神領袖，主要從事祭祀工作，他們完成神職退休後，一般都會隱居到山洞中。因為他們相信輪迴，這輩子只是為了

完成預定的使命，輪迴是為了懲罰和獎勵，也是為了淨化靈魂。德魯伊人堅信有輪迴，所以失去了生命，只是被淨化後來世擁有更有淨潔聖靈。

在德魯伊的教義中，他們相信每個人都有善的部分和惡的部分，輪迴是為了淨化。在輪迴中，我們每個人可以通過對事物知識的了解，進而增長智慧，去降服心中的邪惡，經過無數次的輪迴和洗滌，我們就可以達到一種神人合一的幸福。我想愛德加‧凱西，也是經過了幾世的輪迴，後來在人世才能達到如神般的特殊智能。德魯伊人另外還有一個奇怪的習俗，就是他們喜歡這輩子用「借錢」這個動作，可以並承諾下輩子來還，因為他們相信通過這種方式，能讓他們到達一種煉獄式的輪迴，可進一步的洗滌他們的靈魂。所以德魯伊人就是柏拉圖「洞穴預言」中，那些出了洞口，又返回去洞裡的人，就是隱喻經過輪迴淨化的智者，返天庭述職，再轉化回人世，帶領洞裡眾生迎向光明，再到達美好彼岸的天國。

其實對於輪迴這個現象，在一般人們心目中大都認為是自然產生的，而面對輪迴這個問題，好像是無可奈何，在生活中都希望身體健康、平平安安、幸福快樂就好，管他來世會怎麼樣。但是當你突然得到親人罹患重症消息，醫生說可能他（她）的生命只有三個月期限。對您而言好像是晴天霹靂一樣，但您也無法幫助他去戰勝病魔，唯一只有找一些有關係的人來替他「集氣」或祈福而已。但三個月後他還是走了，回想這三個月的日子，您一直希望這是一場噩夢，只要夢醒了，一切就沒事了！事實上，他在親人往生的前一晚，真的夢到親人身穿淺色的彩虹裝，略黑色帶著憂鬱的面貌向自己走來，地上是淹沒到小腿肚混濁的水，但他看見親人身體好像要往後倒，心想要衝去扶親人，此時猛然醒過來，原來是一場不祥

的惡夢。雖然當時的午夜夢迴,讓他感到極度的失落和挫折,對於睡覺中無法控制的噩夢,唯一的方法就是醒過來,一切事情就可以解決了。然而在這個幾十年或是最多一百多年的人生歲月,是個「人生的夢」必須面對「生、老、苦、病、死」的問題。這「人生的夢」可算是個「中長夢」,大家在晚上睡覺時的夢可說是「夢中夢」,是個「短夢」。一般人在睡眠中是沒有知覺的,但是早上醒來,又恢復到正常現實生活,日復一日,循環不已。

而死亡對於輪迴來說是另外一種「深度睡眠」,當然也是失去知覺,進入昏迷的狀態,之後更是什麼都不知道了。當然也有少數人飄在上方,可覺知在急診室內情況、親人哭泣的景象、有人叫死後的人為「鬼」,那是不正常的稱呼。佛法稱人類死亡後的身體為「中陰身」,一般處中陰時期是七七四十九天,但也有短期2、3天就投胎轉世的,甚至還有長達兩三年才投胎的也有,那都是看各人不同的業力來決定;當然要投胎到哪一道,也是由各人業力來決定。總之在「六道」裡輪迴,不管在哪一道,也有那一道各自的夢,所以對六道輪迴而言,可說是個「輪迴的夢」,姑且稱作「長夢」。

其實「中陰身」只是個過度的時期,等到投胎回到人道,就好像是從「深夢」中醒了,此刻深夢醒後的身體之內,自然有包括「阿賴耶識」以及「業識」之融合體的伴隨,於是又是一個生老苦病死「人生的夢」的循環,依舊繼續做著輪迴的長夢。

一般大眾不會認為輪迴是個長夢,大部分人在日常生活中的意識,就類似希臘神話當中,有一位被懲罰的神「薛西弗斯」(Sisyphus)一樣,每天推著圓石頭上山,推到山頂,石頭滾下來,他又把石頭推上山,到了山頂,石頭又滾下山,他只有不斷重複這

動作，永無休止；薛西弗斯是「埃俄利亞」（靠近愛琴海）國王「埃俄羅斯」之子，也是科林斯城創建者。薛西弗斯以狡猾機智聞名，他的機智讓他屯積大量財富，當他知道死神「桑納托斯」差不多要來時，他就矇騙死神，帶上手銬後可以帶死神去金寶藏洞，裡面金銀珠寶隨便他拿，結果死神被困住，無法再回冥界。地上人民知道後，停止對冥王「黑帝斯」進行獻祭，宙斯就命令戰神阿瑞斯去薛西弗斯那裡釋放了桑納托斯，桑納托斯立即攝走薛西弗斯的靈魂，薛西弗斯臨死前叫妻子不要對冥王黑帝斯獻祭。黑帝斯及冥后博瑟芬等不到獻祭很不高興，薛西弗斯希望冥神釋放自己回人間，他會叫妻子做獻祭後再回來冥界。然而薛西弗斯並沒有依約回到冥界，這激怒了冥王，黑帝斯再派桑納托斯去攝取薛西弗斯的靈魂。由於薛西弗斯狡詐無比，他被判需要將大圓石推上陡峭的高山。但每次他用盡全力，大石快要到山頂時，石頭就會從他手中滑脫滾下山，又得重新推回去，於是他就幹著無止境的苦活。

我們可以從薛西弗斯事件得知，聰明反被聰明誤，先是仗著聰明累積大量財富，就得意忘形，自以為依靠獻祭就能逃避死亡，最後造成萬劫不復的惡夢。人生面對生老病死苦亦復如是，生前一昧追逐名利，等到死神向您招手時，才覺察怎麼這麼快就來了？這時在「人生的夢」中醒過來已經來不及了。但是在「夢中夢」裡醒來，噩夢立刻會消失，一切事情可以解決。「人生的夢」裡面噩夢，醒來就不一樣了，所以我們要在「人生的夢」的時光中就保持清醒，不要睡著，不要昏沉，不要愚昧。

最近在「人生的夢」又衍生出一個白天的「夢中夢」，那就是「元宇宙」世界。把現實生活融入虛擬實境當中，從 VR、AR、MR 到 XR。比如一個上班族下班後，回到家裡開始玩「元宇宙」玩到累

了，不得不去睡覺，因為明天還要上班，睡覺時又有「夢中夢」，一天有兩種型式的夢，好不快哉。但玩久了，把虛擬世界和真實生活世界搞混了，就麻煩了！還有睡覺的夢中夢，不能把握夜夜是好夢，如果經常是噩夢怎麼辦？因此只能把「元宇宙」當成消遣，將白天上班時的緊繃情緒回到家後輕鬆一下即可，正本清源還是淨化「人生的夢」才是上策。

現在講一下「夢中夢」的小插曲，在二十世紀，物理學最偉大的兩個理論，「相對論」和「量子理論」。這兩個理論的發現都和夢有關係，例如發現相對論的愛因斯坦，他就將發現相對論的靈感，歸功於年輕時自己做的一個夢，當時他夢見自己，滑著雪橇，沿著陡峭的山坡往下滑，愈滑愈快，當速度接近光速的時候，他發現頭頂上的星星，把光折射成自己從未見過的光譜。據愛因斯坦後來回憶說這個夢境，給了他非常深刻的印象，同時也給他的相對論理論，提供了一種思想實驗的基礎。

愛因斯坦這個夢境和佛法裡的「合其光，同其塵」境界很類似；另外一位偉大的物理學家，諾貝爾物理學獎獲得者「尼爾斯・波耳（Niels Bohr）」據他回憶說，他的量子力學理論，也是受到了夢的啟發，他當時夢到了賽馬的現場，所有的馬都在白粉標出的跑道上奔跑，馬和馬之間只要保持一定的距離，是被允許改變跑道的，如果有馬把跑道上的白粉給踢起來了，這一匹馬就會被罰下。就是這樣的一個跑道規則給了波耳很大的啟示，他後來意識到電子環繞著原子核做軌道運行，和馬在跑道上奔跑其實是非常像的。牠必須沿著規定的路線運行，而電子的運行路線是由量子決定的。在夢的起示之下，波耳最終發現了量子理論。所以人要是鑽研一門科學，只要不捨晝夜，專心一志，天助後還是要靠自助。而我們人生

在有錢的時候要多佈施，並常常保持慈悲心腸，多學習淨化心靈的
教法，精進修行，自然會產生智慧，擯除愚昧，保持不昏睡狀態，
就可以脫離輪迴的「長夢」，從輪迴的「大夢」中醒來。而修行者
是對著一票推著巨輪經過的人們，揮手對他們說再見，我不久就回
來啊！會幫你們把這心靈障礙的巨輪拆除，解除你們的一切勞苦。

　　我們的這一生，好像演一部電影一樣，有時歡天喜地，有時鬱
鬱寡歡；而我們以前看的電影是由膠片拍攝而成，攝影機內底片攝
影速度是一秒跑 24 格，每一格就是一張照片，神奇的是，如果我
們把相片切割成一百份，但是拿百分之一的相片，在電子顯微鏡下
觀看，赫然發現這相片影像顯現出來的是原本整張同樣的影像。現
代電影博物館可以把上千部的電影濃縮在小小的硬碟裡，還有如果
攝製的影視片，不小心遭受到意外，硬體設備被破壞，但經過精密
的儀器可以還原本來的資訊。另外說到算命師，他們可以從卜筮、
龜殼、葉子、米粒、測字、星象，算出你的運數。前面談到的德魯
伊大祭司在特定的日子，是新月第六天的午夜，他會爬到橡樹上，
用小彎刀切割橡樹上的槲寄生，槲寄生是一種類似寄生蟲，一樣的
寄生在橡樹上的果實。大祭司會用小彎刀把槲寄生割下並用潔白的
布把它包裹住，以避免槲寄生接觸到地面，被地球的振動頻率所污
染。此時大祭司用意識和超自然界的聖靈交流，此時槲寄生外表紋
理會產生變化，大祭司依據紋理，可預知未來及一些訊息。

10 一花一世界，一微塵一佛剎，一佛剎內又有一佛剎，重重無盡

　　佛家有形容一花一法界，一小微塵中有諸佛剎「不可說」（無

法數的數目），於彼一一佛剎中復有佛剎不可說，還有「一即一切，一切即一」法門。「維摩詰所說經」的「不思議品第六」中有「須彌納芥子，芥子納須彌」語句。須彌山是個小千世界的中心，地球位於這座山的「南贍部洲」。我們太陽繞著須彌山轉，「多」和「一」是無二的，不用去分別「大」或「小」。大家不要在宏觀世界和微觀世界的理論爭執對孰錯，誰長誰短，誰大誰小。

中國古代道家賢聖之人「莊子」在他著作「南華經」說到：「長（ㄔㄤˊ）者不為有餘，短者不為不足，故鳧脛雖短，續之則憂，鶴脛雖長，斷之則悲。」；另外「紐約時報」曾刊登了一組驚人的照片，似乎佐證了「沒大沒小」的對照相片，一張是宇宙星系的照片，而另一張是老鼠的腦細胞分佈圖，其「撞臉」程度幾乎達95%以上，好像「孿生兄弟」一樣；因此對大自然所賜的「人身寶」須珍惜。

偉大的科學家「霍金」說過：我們的宇宙，可能只是存在於無數宇宙子集之中的一個，我們能夠誕生現在這個宇宙之中，是非常神奇和幸運的。「霍金」之所以這麼說，是因為很多我們不理解的宇宙現象，其實都可以通過物理定律或數學公式去推導出來。比如在古代人們對於天空中的異象不理解時，往往將其歸功於神跡，如當時的日蝕現像，人們對於太陽被遮住感到困惑，認為是天神顯露，或是天神懲罰人類。

希臘的一位天文學家「阿里斯塔克」（Aristarchus）他通過天文測算，發現日蝕不過是太陽、地球和月亮運行到一定角度而形成的現象。以後的物理學大爆發，人們發現一個物體在地球上的運動，其定律還適用於宇宙中的一切運動，是具有普世性的。人類不須前往到一個遙遠的星系或者親眼看到某個天體，也可以準確測算出它

的運動軌跡。譬如我們很早的時候，沒有發現冥王星，但是根據觀測其他行星的運動軌跡，週期性的會受到不知明天體引力所影響，那裡必然有一顆星球的存在；還有發現黑洞的存在，也是相同的理論。這說明這些物理定律，在整個宇宙是普遍發生作用的，只要我們掌握了，我們就可以發現，我們未知的領域。

11 「散裂中子源」儀器

從量子微觀的世界，也有相同的道理。在最近的基礎科學領域，被全球關注的就是中國的「散裂中子源裝置」，是一款深藏「東莞」地下的國之重器。它可以幫助人類看清楚原子最深層的祕密，這個科技機器，它可以讓給全世界科學家所共享。一般來說「中子」是我們肉眼看不見的，但激發強中子束的散裂中子源，卻是異常龐大的裝置，是高尖端設備的集合體。其他國家如美國、日本、英國有類似的裝置，這脈衝中子源可作為物質科學、生命科學、資源環境及材料科學等高新技術的研發。它的運作方式原理是這樣子的，譬如像打桌球，它利用一束高能質子束，去撞擊重金屬的原子核，使中子從原子核裡面散裂出來，散裂出來的中子都是衝向前面的一張網，有的會通過網，有的被網格彈射到旁邊。如果我們攝錄這些「彈球」的軌跡，這張網的形狀，大概就可觀測出來了；我們扔的彈球愈密集，這張網就愈精確。依據這個方法，我們就可以了解各種物質的微觀結構，就可以朝它射出大量的中子；再根據這些中子的散射軌跡，就能將物質的微觀結構給拍攝下來。換句話說，散裂中子源，實際上是一台超級顯微鏡，可以推動微觀生命科學的發展。

　　所以說在宇宙中，微觀結構「小宇宙」的人類，是宇宙各種「波」、「心波」、「阿賴耶識波」、「阿卡西波」、「業力波」的集合體。修行功夫到達「平等覺」，甚深禪定到「遍一切處定」時，然後可以將「散裂中子源」來個「逆向工程」，發射無量無數的意識波至大宇宙的每個一處，之後將全部散裂中子波，再匯集到超級量子計算機的阿賴耶識裡，會在阿賴耶識顯示屏幕上，就可以看到大宇宙的全貌。

　　而大、小宇宙的關係讓我想到一個譬喻，也就是「莊子」的「齊物論」中，有一個故事叫「莊周夢蝶」。說的是莊周自己夢見自己變成一隻蝴蝶，在花叢中隨風飄蕩，十分的愜意，他這時完全忘記了，自己原本是莊周。過了不多時，他醒來了，惶恐不安，對於自己還是莊周感到十分疑惑，他認真的想了又想，突然發現從本質上說，他並不知道是莊周做夢變成蝴蝶？還是蝴蝶做夢變成了莊周？最後他說：莊周與蝴蝶，那必定是有區別的。這就叫做物和我的交合與變化，是人和宇宙本源的溝通，所以小宇宙和大宇宙本源是一致的。而在近代幾乎有科學家都沒有懸念，認為「人」就是一個「小宇宙」的共識，因之，我們從自己身上就可以認知整體的「大宇宙」，這樣在邏輯上應該沒有問題。

12 2021年諾貝爾物理獎「複雜系統」

　　2021年出爐的諾貝爾物理學獎，在10月11日左右頒布，由三位科學家共同享有，兩個貢獻，一個領域，這個領域就是「複雜系統」。這三位獲獎人分別是日本裔美國籍，氣象學家「真鍋淑郎」（Manabe Syukuro）；德國的海洋學家，氣候建模師「克勞斯‧哈

塞爾曼（Klaus Hasselmann）」。獎勵二位構建出了物理形式的地球氣候模型，量化可變性並確切地預測了全球的暖化。第三位是義大利「喬治・帕里西（Giorgio Parisi）」，獎勵其發現了從原子到行星尺度的間，物理系統中無序和波動的相互作用，也就是「複雜系統」。另外他還研究量子場論、統計力學、喬治帕里西獲獎無數，有勃爾茲曼獎章、狄拉克獎章、普朗克獎章、丹尼・海涅曼數學物理獎、微軟獎、拉爾斯・盎薩格獎等。在 1979 年帕里西，通過一種數學上的複雜形技巧，解決了「自旋玻璃」問題，因此成為了複雜系統理論的基石。他在粒子物理方面有諸多貢獻，他在無序材料和隨機過程理論的革命性貢獻，確定了關於「部分子密度」與動量關係的積分、微分方程。

　　這三人就有了共同「複雜系統」的模式，所謂複雜系統是微觀層次上，各個子系統之間通過相互作用。至於氣候變遷的複雜系統，一般認為是氣體和溫度這方面的關係。大氣中涵蓋了大量粒子的運動，而這些單個粒子的運動，通常是隨機的，所以我們無法使用往常的物理學方法來研究。於是物理學家們採用了一種新的思路，就是利用統計學的方法通過這些粒子的平均值效應，來描述氣體、液體這些物質的宏觀性質。但是以佛學的論點而言，這些隨機的氣體、粒子就是人們的集體意識。如果惡念太多，會造成各種天災，比如人類的貪心、貪婪，還有感情方面的氾濫（煽情、色情、濫情、孽情）等，就會形成「水大」，也就是和引發水災的些許因素；人類集體的瞋恚、嫉妒等（火大）和火災有關聯；至於愚癡、疑心、心憤憤不平等等會產生「風大」，會是另外一種「蝴蝶效應」，造成風災、龍捲風等等災害；傲慢自大屬「地大」，會造成地震和火山爆發有相應的關係。因此人們遇到不如意的事情，先來

個深呼吸，後以「心平氣和」視之，不要光是口頭上說說而已。

好了，再回到帕里西的研究，他所提到的「自旋玻璃」在名稱上有「玻璃」的字眼，並不是一般的玻璃，就像說「時間晶體」也不是晶體。「自旋玻璃」可以理解為是一種狀態，比如把少量的磁性金屬（例如鐵），參雜到非磁性的銅當中，結果是即使只摻入了少量的磁性金屬，但是它確能以一種非常特殊的方式，改變原來金屬的磁性。譬如加熱一塊磁鐵時，當達到一定臨界溫度後，原本的磁鐵會失去磁性；如果停止加熱，當溫度降低到一定程度時，這時磁性又會迅速恢復。但是對於具有「自旋玻璃」特徵的這種合金來說，隨著溫度的變化，它的磁性變化會非常緩慢，並且粒子運動方向是非線性的。而把有磁性的鐵原子看成球狀時，它的南北磁極的磁性就類似粒子的自旋。要嘛向上，要嘛就向下，它裡面鐵原子的自旋都指向相同的方向。

而對於沒有磁性的物質來說，它裡面相鄰原子的自旋，都指向相反的方向，磁距相互抵消，所以整體上沒有磁性。但是對於自旋玻璃來說，也就是隨機摻入了磁性金屬的非磁性物質，會使得它內部的原子造成選擇障礙症。它身邊其他原子之間的磁性，可能出現相互矛盾的情況，所以原子產生了無序的狀態，所以這種材料被歸為「無序材料」，而這種現象被稱為「阻挫」。正是這種阻挫現象，導致了自旋玻璃態系統的複雜性，當這種合金在高溫時，表現出來的狀態，於宏觀上會失去一定磁性；而當溫度降低時，原本應該迅速恢復的磁性，由於內部無序狀態，而產生複雜的相互作用，且各個原子的磁距，被隨機的慢慢凍結在某個方相上。因此宏觀上，「自旋玻璃」材料在溫度下降的過程中，磁性恢復曲線，是一個先昇高，再降低的過程，峰值處的溫度被稱為「凍結溫度」。表

示一旦越過該峰值，那麼材料的磁性將逐漸開始凍結，這也是「自旋玻璃」中「玻璃」稱名的由來，代表它像玻璃一樣，具有非常緩慢的流動性。

人們對於追逐名利方面，其心情也是個「玻璃心」。比如投資股票賺了錢，此時好像身處天堂快樂無比；但後來好景不長，買的股票被套牢，被凍結在「套房」許久，如果您的口袋夠深還沒關係，但是您是借貸來的錢去買股票，那就會被「斷頭」。相同情況，許多演藝人員紅的時候，紙醉金迷，生活糜爛，性格狂傲；演藝事業被凍結時，無法面對複雜情緒，最後鬱鬱而終。

不好意思，又跑題了，再回到帕里西的研究，他經過描述這種「阻挫」現象的方法以及試圖找到其中的規律，對於一直困擾著物理學家們，無法解決這個問題，帕里西通過巧妙的方法，從數學上找到了描述它的方式，同時他還發現了自旋玻璃中的一個隱藏結構。後來他的解法展現在數學上，被證明是正確的，從此該方法被應用到了許多無序系統中，成了複雜系統理論的基石。

13 第四類接觸，「濤」的「海奧華星球」

帕里西的研究不僅影響到了物理學，還影響到了數學、生物學、神經科學以及機器學習如 AI 人工智慧等眾多和複雜系統有關的領域。正如「霍金」在 20 世紀初（2000 年）所說，下一個世紀（21 世紀）將是複雜性科學的世紀，且未來複雜科學將會扮演著愈來愈重要的角色，身為宇宙中最重要角色的您，須要好好把握「難得的人身寶」。其實人就是宇宙中最複雜的系統，不要羨慕超高科技的外星人，外星人科技智慧或許比我們高，但他們身體結構無法

像人類一樣，可以經由修行，改變氣質，超凡入聖，達到先知、耶和華、基督、神、仙、菩薩、佛的境界。

還有外星人的科技文明也有可能是神力教導而來，或是他們是生長在最高維度的星球，舉個例子：有一位法國人「麥可爾」，後來他移民到澳洲，在 1987 年的夜晚突然午夜醒來，不自覺走到屋外，後來被一道藍光吸入「幽浮」內，看見一位兩米高白人女人「濤」，帶他走一趟特別的時空旅行，後來飛行到「阿瑞曼 X3」（Aremo-X3），是比地球大兩倍的星球。「濤」帶麥可爾來的目的是讓他看看和地球生態類似的星球，而且星球上的人種和地球人是同一個祖先，在 150 年前發生核子戰爭，剩下少數人又打回到原始生活。

之後帶他到了一個靛藍色的星球，「濤」告訴他這個星球叫做「海奧華」（Thiaoouba），是她自己居住的地方。後來他看一些長像及身材和「濤」差不多的女人在對話。「濤」告訴他，海奧華人皆是「中性」，他們只須要用意志去想，就可以立即造出想要的物質事物。他們幾乎都是代表神的意志，其意志力量，遠遠超過了地球人類的想像，可以通過意願，就能使原子爆炸，產生不可思議的力量；連宇宙的一切，都是他們的想像所創造出來的；他們想像原子時，就已經想好了原子的組成方式；他想像物質運動是什麼樣子的，以及如何讓物質運動；還想像生命以及如何產生生命。宇宙一切都處於他的想像之中，所以根本上他們就和神沒什麼差別。他們視地球為三維度，而他們是九維度星球，是目前所有星球中維度最高的。麥可爾當然還向「濤」問了一大堆的問題，這些問題答案沒有特別勁爆，所以我就不再贅述了。等麥可爾回到地球後，他把這趟奇幻旅遊寫了一本書「海奧華預言」（The Golden Planet:

Thiaoouba Prophecy）。筆者認為「濤」們雖然和神界差不多，但先前我談過，神通也是抵不過業力的，再怎麼高端的科技也高不過神通。在幾年前，世界上最大的，也是最頂尖的粒子研究機構，歐洲核子研究中心（CERN）院內有人在裡面做祭祀活動的視頻被爆料。不論它的真實性如何，但是僅憑著核子研究所豎立的那尊印度教毀滅之神「濕婆像」，就會讓人聯想當時全世界 200 多位高端科學家齊聚的科研組織，心意也希望著尊崇神祇的加持。所以做為人類不必妄自菲薄，只要清淨身心，好好修行，一定可以超越外星人。

宇宙包含了無量無邊的星體，星體上有著各種不同形態的生物體類，當然也是個大複雜的系統，但要想了解這個大系統的所有祕密，終究是無法由科學儀器探索出來，還是要從人的「小宇宙」，這個複雜系統來參研，這就是人類既渺小又偉大的地方。我們通過研究自然界的規律，找到和宇宙演化的共通性，來以小見大，即可洞悉宇宙的過去，現在和未來。

14 「熵」的聯想

大部分的科學家，對於宇宙的運作模式，都會提到一個重要概念，那就是「熵」。熵是物理學中一個概念，對於一般人來說，是一種不容易理解的東西。首先它的定義是：「熵」是一個系統的混亂程度，一個系統愈混亂，其熵就愈大，叫做熵增（加）；系統愈是有序，熵就愈小，叫做熵減（少）。所以熵並不是一個具體的東西，而是一種混亂指數，是一種自然界發展的方向。熱力學第二定律告訴我們，熵永遠隨著時間而增加，因為時間不可逆，所以熵也不可逆，熵是永遠增加的；或者是說時間流動的方向本質，就是熵

增加的方向，這就是熵增理論。

換句話說，在一個封閉系統中，如果沒有外力干預，其熵值會不斷增大。比如一個垃圾堆積場，如果不處理，隨著時間的流逝，就會堆積如山，看上去是一大堆亂七八糟的東西，也就是熵不斷的增加；我們的手機如果不清理刪除，垃圾會愈來愈多，系統就會愈來愈卡，不流暢。這個垃圾場和手機都是一個封閉系統，如果我們把垃圾分類處理，有的可以回收再利用，有的用掩埋方式。時間流逝後，成為沃土，可種植園藝花木，這些處理方式，就是外力干預；如果我們想要手機順暢，就必須清理垃圾或者卸載應用，那麼這種行為，也是一種外力干預。同理來講，人體的生長過程，就是一個熵增的過程。在人體這個封閉系統內，人體的各個器官必須有序的配合，才能保證人體正常運作。但隨著時間的流逝，人體的器官會逐漸衰老，而各個器官的工作，就會愈來愈混亂，最終到達熵的極限。這個時候就要端看業力的干涉情況，稍微好的轉世至上三道，最好的當然是超出三界，往生宗教的天國、天堂、淨土，生前業力經過淨化而有願力的修行者，又會轉世至人道，隨機教化人們；而具有惡業的人輪迴至下三道。

至於「大宇宙」到達熵的極限時候，宇宙的所有效能，全部轉化為熱能，所有物質的溫度都達到了熱平衡，此種狀態就叫做「熱寂」。此後宇宙再也沒有任何可以維持運動的能量存在，整個宇宙一片漆黑，宇宙也就死亡了。部分科學家是認同這「宇宙熱寂理論」，他們只是從單一理論去推斷，但是忽略了「物質不滅」定理的干涉。著名的量子物理學家薛丁格說：「生命是熵不斷增加的過程，而吸收『負熵』是維持生命動態平衡的關鍵所在」。植物吸收太陽的部份負熵得以生長；動物則通過進食植物體內累積的負

熵而生存；動物的糞便以及死亡後的軀體仍具有負熵，又被微生物和植物所攝取；還有比如樹木老死後呈現成一堆枯槁，後來和其他物質毀滅後形成的塵土混合在一起，經過火山爆發或冰河時期，長時間受到地幔熱度悶蒸的干涉，最後形成了煤炭；石油也是動物死亡後被塵土覆蓋，同樣經過地幔熱度長久時間悶蒸而形成；天然氣也是有機體腐化，或是排泄物長時間產生菌體，於相同情況所產生的。到了現代它們都成為了能源，所以熵增到了極限後，在外表看似能量滅亡殆盡，其實是另外能源的新生，物質和能量之間的互相交換。

　　最近全球每個國家共同關心的議題就是石化燃燒產生大量二氧化碳，還有大量畜牧，糞便產生的甲烷，使得全球暖化，造成極端氣候，因此節能減碳成為人類須要努力的目標。而中國最近在基礎科學裡有個里程碑的事件，同樣是和碳元素有高度關聯。中國科學家實現了從一氧化碳中可合成蛋白質的創舉！大家都知道在天冷的時侯，為了取暖，在房間裡燒炭，如果沒有適度的保持屋內空氣流通，最後會造成人體一氧化碳中毒，重者會導致死亡；相反的科學家可以將毒物轉變成有益的東西，並且有望形成未來的蛋白質工廠。它們可以替代我們今天所說的大豆以及其他農產品的功能，它們可以越過從土地的種植，這些糧食直接可在工廠裡生產，從車間裡生產糧食，這件事情聽起來感覺難以思議；另外又一個中國的基礎科學家在利用碳元素，造出食材成分的創新舉措，那就是用二氧化碳來人工合成澱粉。而人類最重要的糧食，米、麵粉的、馬鈴薯及地瓜等等，還有其他食物都含有澱粉。在全世界要對抗地球暖化第一要件，就是須減少二氧化碳的排放量，減少碳的積累，就是減少極端氣候。所以經由搜集二氧化碳並轉化成食材，這兩種都可說

是科學界的開創性成就。我們都知道植物可以行光合作用，白天吸收二氧化碳，放出氧氣，而農產品亦是植物的一種，這二氧化碳即是植物的一種能量，所以這能量可以還原成物質；至於碳元素合成水的化合物就是糖類，這些都屬於熵增的外力干涉。所以熵增終極，看似滅亡，其實是轉換另外一個質能的新生。這和人的死亡，其實是另外一個新生命誕生的開始，其道理是一樣的。

15 弦論，M 弦論，超弦論

不管是有沒有學物理或是學科學的人，幾乎都知道愛因斯坦的相對論，還有這個世界生態也是互相、相對的。例如陰與陽，男與女，公與母，大與小，長與短，生與滅……，連「時間」也是相對存在的；空間，甚至可變量都是相對的。中國的道家也形容過，宇宙這個道體是「其大無外，其小無內」，可以說是再舉例三天三夜也說不完。即使電腦的發明也是 0 與 1，開與關來運作的。

到現代的量子電腦也是許多「量子位元（qubit）」的量子疊加（quantum superposition）和量子糾纏狀態（quantum entanglement）來處理，「疊加」本身的意義就是兩者的相加。再來科學界談到宇宙最基本結構的單元是「弦」，這弦理論是目前最前沿而又非常玄妙的理論物理。最早在西元 2500 年前，古希臘有位數學家、音樂家叫「畢達哥拉斯」（Pythagoras），他發現琴弦按照一定頻率振動，就能夠發出標準的音符；當所有弦和諧振動的時候，就會有音符的無數種組合，於是就創造了豐富多端，變化多彩的音樂，無窮無盡的。他發現美好的音樂音符的組合，能夠找出數學規律。他此時聯想到了宇宙，於是他升起了一個很天才的腦振盪：創造宇宙的，會

不會就是像琴弦這樣的力量呢？這些弦按照數學規律的振動，於是就譜出了宇宙，這麼一個無限恢宏又無限複雜的樂章，他可說是現代弦理論的先驅。

現代科普人都知道，世界的構造，最小的單元就是「原子」，原子核外圈有「電子」圍繞著它在轉，在這個原子核裡面有「質子」和「中子」，而質子和中子由更基本的粒子，就是「夸克」來組成。夸克有六種「上夸克、下夸克、魅夸克、奇夸克、底夸克、頂夸克」；另外與前面相對的六種「反夸克」，而夸克和夸克之間有強相互作用力（宇宙四大作用力中的引力，電磁力的作用範圍沒有什麼限制；而強相互作用和弱相互作用，只有在特別小的範圍內才能產生作用。強相互作用的範圍，在 10^{-15} 米以內，這尺寸即和質子半徑差不多；弱相互作用範圍更小，在 10^{-18} 米以內。這強作用都是在原子核裡，因此稱強核力和弱核力），電子和夸克從外表看是一個點狀粒子，它們有時候表現為夸克，有時候又表現為電子，它們之間互相有豐富的物理信息。在宇宙自然界有一個電磁相互作用力，根據「庫倫力」，它的大小跟距離的平方成反比。但是一顆電子在物理數學上它的維度是零，大小是零，距離當然也是零，而它這個力的大小，又是與距離的平方成反比的話，數學上它就會出現無窮大，因此這麼小的夸克也有大宇宙的「全息」。

雖然是無法以科學儀器來觀測，但是在上個世紀 70 年代的時候，衍生出新的物理理論。也就是說有可能世界上最基本的結構是由「弦」構成，而這個弦是一個一維度的東西，就類似于像一段橡皮筋一樣的弦。於是由於弦本身不同的振動的模式，就對應了不同的粒子，因此會表現出電子或是夸克。而且這個弦是有限大的東西，在物理數學上是可以計算的，它就像一根琴弦一樣，而且它有

兩種狀態，一種狀態是呈開放狀態，就是弦的兩端點是自由的這種狀態，開弦構成了我們所能看到的物質，包括承載強力的「膠子」、承載電磁力的「光子」、承載弱力的「W玻色子」和「Z玻色子」，當然還有前面提到的電子、夸克等；有開放的弦，相對的，自然就會有閉合的弦，這閉弦就像是一根弦的兩端連結在一起，就可彎曲形成圈狀，它是有構成承載引力的「引力子」。但是這兩種弦理論產生出有趣的現象：

其一：有開弦就會有閉弦，那是振動時都呈開弦狀態，但是振動時如兩端會連結在一起，它就成了閉弦。

其二：閉弦只有閉弦，因為圈狀的閉弦振動時，不管是內轉還是外轉，或是扭動，或是滾動，它最後都是呈圈狀，還是個閉弦。

　　所以「其一」和「其二」又是形成一個相對的弦理論。後來科學家發現，僅僅一根弦是無法夠成最基本的粒子，須要在更多維度的空間才有可能產生基本粒子，也就是「超時空的弦」。於是後來又有「超弦理論」。科學家發現超弦理論當中，似乎好像有點說不出來，怪怪的缺陷。之後有位物理科學家，他引入了一個三十二維空間的，一種轉動的對稱性來解決，有開弦的超弦理論當中的這種異常現象，從而得到一個有可能描述我們現實世界，一個自（融）洽的弦理論。他等於是開啟了超弦理論的第一次革命，但是他的超弦理論是適合數學理論世界的 32 維度時空。他的超弦理論數學方程式可以從「拉馬努金」發現的模函數得到論證，但當時現實的物理世界只有 10 維度，有點不符合現實。之後又有幾位聰明的科學家，又發明了另外四個弦理論，這四個弦理論都是自洽（按照自身邏輯推演，可以證明自己不是矛盾或錯誤）的。最後有一位科學家

一統超弦理論，即所謂的「M 理論」，到現在他還沒有揭示 M 是代表何種意義，任君自己去想像 M 字母開頭的詞彙。而這統一超弦理論 M 理論，是要在十維度的空間才能成立的，因此它限定了我們時空的維度，必須是十維時空裡面去計算。它對應光子的狀態，那麼光子才是零質量的，才和我們觀測到的光子的質量是一致的。但 M 理論當中它還有一個觸角，它是十一維度，是一種結合了超對稱和廣義相對論原理的場論。兩者結合表明，在超引力理論中，超對稱是一種局域的對稱性，因此加上了超引力，存在一個非常基本的一個「解」（外表的一層膜），而這個解不是一維的弦，是個二維的膜，加起來就是十一維度。

這個膜（Membrane），也許就是 M 理論的字頭 M，它就是弦理論的第二次革命，有科學家認為弦也不是最基本的東西，也許膜才是更基本的東西。於是「一維的弦」，「二維的膜」，「三維的柏拉圖方塊」，都有可能成為宇宙中最基本的結構。

科學家發現，構成我們這個世界的最基本的物質，事實上是一種叫做「費米子」的東西，費米子包括所有夸克與輕子，是任何由奇數個夸克或輕子組成的複合粒子。為什麼構成我們這個世界的基本粒子必須是費米子，因為費米子有一個非常特殊的性質，叫做「包立不相容」原理，它就是告訴我們說，在費米子組成的系統中，不能有兩個或是兩個以上的粒子處於完全相同的狀態。就比如說兩個電子，它不能夠同時占據同樣的一個軌道，也就是同一個態的粒子，不能夠待在同一個能級，如果不是具備這樣的性質，那麼所有的電子，都喜歡待在離原子核最近的那個地方，這樣就沒有元素週期表了！

由於這個原理，所以才使得我們有如此豐富的，這樣的化學性

質的物質，才構成了我們絢爛多彩的一個世界。但是基本的弦理論無法包容進費米子，後來須要「格拉斯曼數」的超空間中的座標理論，也就是超弦理論才能引進費米子，同時還能夠涵蓋進與費米子相伴的玻色子（是物質間傳遞作用力的）。玻色子有五種（光子、引力子、膠子、W 及 Z 玻色子、希格斯玻色子）。玻色子是讓費米子能黏在一起，這就是超對稱理論。而玻色子不適用包立不相容原理，它不管這個空間有多麼的小，塞入多少個玻色子都沒有關係，就是在一個針尖上容許一大票的天使同時在上面跳舞，這種現象讓我想到「華嚴經」也有說到：微塵裡面有世界，毛端裡也有世界，它沒有大小，但這小到幾乎沒有的世界，神通廣大的「普賢菩薩」卻能進入微塵裡面的世界。微塵沒有放大，世界沒有縮小，居然跟外面的境界是一樣的；更不可思議的是，微塵世界裡頭還有微塵，而這微塵裡頭還有世界，它們重重無盡，這是「法性」，不可思量，所以它沒有大小、沒有時間、沒有空間。所以佛的法界有無量無邊的維度。相對的，費米子就做不到。

16 六十一粒子的「標準模型」

在超對稱性的一個直接的結論就是，於六十一個粒子（最後一個發現的稱「希格斯玻色子」是從大強子對撞機發現的）標準模型中，這些費米子和玻色子，它們都要有和自己超對稱出來的那個「伴子」。在物理學裡，超對稱粒子或超伴子，是一種以超對稱聯繫到另一種較常見粒子的粒子。比如現在所有的費米子，都要有自己的玻色伴子，然後玻色子要有自己的費米伴子。雖然現在有基本標準完善的粒子模型，可說是所有粒子都發現了，可是之後所有粒

子都須要有自己超對稱的伴子，這伴子是種「引力子」，依據推論它是沒有質量的，它是假想中的粒子，相當於這些粒子都要翻了一倍，但這些粒子到目前為止，一個都沒有發現。

我們從居住的周遭環境包括物體，還有現實世界上，顯現各種不同生命體的狀態的成長，都清晰的表現出其相對的性質，到現代最尖端量子力學「弦理論」和「超弦理論」，都證明了宇宙世界就是相對的世界。佛教對於相對世界衍生的理論稱為「相對真理」，也就是「俗諦」。而對於說明事物的本來實相稱為「勝義真理」（究竟真理），也就是「真諦，勝義諦」，這是相對與究竟最基本的描述。所有眾生居住的周遭環境，還有眾生與周遭的人及環境的關係，以及這些關係運作的特殊系統與法則，都是屬於相對真理的範疇。佛陀說過：相對世界是通往究竟之心的法門，而這個究竟之心到底是什麼？無法用三言兩語說的清楚的。

就以佛陀在菩提樹下證悟時，曾感嘆道：「奇哉！奇哉！大地眾生，皆具如來智慧德相，但因妄想執著，而不能證得。」而這如來智慧德相就是「涅槃妙心」，「妙明真心」。在「大佛頂首楞嚴經」中，佛陀對弟子阿難有這麼個比喻：「不知色身，外泊山河虛空大地，咸是妙明真心中物，譬如澄清百千大海棄之，唯認一浮漚體，目為全潮，窮盡瀛渤。」其意思是說，我們的身體，山河大地以及宇宙萬物，都是妙明真心的相狀，真心就是就是那澄澈明淨的大海，你們卻棄之不見，反而只把水上的泡沫，看成是整個大海，這都是被妄心所迷思的；異曲同工的，當今弦理論物理學家「布萊恩·葛林（Brian Greene）」在他寫的『宇宙的琴弦』一書中描述：「宇宙是由宇宙弦組成的大海，基本粒子就像水中的泡沫，它們不斷在產生，也不斷地破滅，我們現實的物質世界，其實是宇宙弦演

奏的一曲壯麗的交響樂。」

　　當然妙明真心不是表面色相所能闡明的，是須要內心去體悟、覺悟的。「金剛經」中對於究竟的心，更是譬喻的多。「過去心不可得，現在心不可得，未來心不可得」。我們現在看的月亮和古人望的月亮外觀是一樣的，但是古人形容月亮裡有嫦娥，「嫦娥應悔偷靈藥，碧海清天夜夜心」；另外還有玉兔、玉蟾蜍；現代有歌曲「月亮代表我的心」；而在小說「琵琶記」有兩句話，「我本將心向明月」，「奈何明月照溝渠」；現代人登陸月球，建立月球基地，有太空戰略考量，還有開採月球的許多稀有礦產為目的。例如月球有容易開採，且有大量核聚變的材料「氦3」。

　　我觀看三心不可得，一般禪者是說安住在「當下」，所以過去心、現在心、未來心不可得。但是連續不斷的「當下」何其多，容易生妄心，所以我個人認為是要知道這「圓覺真心」（心如圓的整體，不要執著在圓中一點或是直徑，或是圓周，或是其中一塊面積上），本體「圓覺妙心」本來就是包括三心，何需再要有所得的三心；另外一個「究竟的心」是「應無所住，而生其心」。在此心之前，是「須菩提」尊者問佛陀應如何生清淨心？佛陀回答：「應如是生清淨心，不應住色生心，不應住聲、香、味、觸、法生心，應無所住，而生其心。」是說不要以表面色相來生清淨心。

　　「究竟的心」有三要素，就是清淨、平等、覺。打個比方說，這個人乏少知識，形容他是「井底之蛙」，「以管窺豹」，他的視界極為狹隘，眼光短小，只看到豹子身上的一點，不知道整隻花豹長像，更不知道豹子是處在廣大山林，廣闊非洲大草原中，當然更不用說這廣袤土地只是地球上的一小部分，且遑論無限大的宇宙了。道家說「心包太虛」；「華嚴經」說「一切法由心想生」，

「心生十法界」,「心、佛、眾生無差別,眾生是迷了的心,佛是覺悟的心,「相由心生」,「心經」說「色不異空,空不異色,色即是空,空即是色」,其實是空色不二的,無住生心就是告訴我們心不要執著在「空」,或是執著在「有」。「真空不礙妙有」,「妙有不礙真空」,我們在每一個「當下」能放下妄想、執著,從迷惑的心中了脫生死(不是侷限生命,包括緣生緣滅,一切不生不滅,即無所從來,亦無所去,不可思議),便可洞燭一切萬物之實相,了解你我其實本來就是佛,我們真心本體無所從來,亦無所去,故名「如來」。

因此究竟真理則指不可分割,心的本質與心的化現,當心以非常表象(表面化)的方式化現時,它就是究竟心的相對面。我們日常生活中最易知覺到的,執著以為真的就是這個表面化的心;在相對的世界裡,只有心的本質是究竟的,其他所有事物都是相對的,本質實相是超越二元,但包括二元的。

「真理」即是我們對於它的非真實不能置喙,因為萬物本如其然,萬物皆有其自身存在的真理,事情為「錯」伴隨著「對」而來,而且沒有任何事物可以變成自己以外的事理,這是相對真理,佛陀說過:「相對世界是通往究竟世界的法門」,所以最終結論:「宇宙的真理」就是「相對世界,究竟的心」。

前面提過「人身寶」的小宇宙和大宇宙是相對的。因此從人類智慧和發明的事物當中,可以去探索宇宙的起源,依照量子力學的研究,本來是自由狀態的粒子或是光子通過雙縫實驗時,這些粒子或光子無時無刻都會知道它有沒有被觀(監)測到,只要有被觀測,在背景屏幕上一定出現是經典宏觀世界的兩條槓形狀;但是如果撤掉攝像頭,量子的疊加態坍縮,它的屏幕上,馬上又會呈現

斑馬線的干涉條紋（所謂干涉是量子會和自己互相干涉，呈疊加狀態）。

不管科學家後來拿電子、原子甚至是分子，去做一模一樣的實驗。不管你做了多少次，結果都是一樣的，就是我們主觀觀測會造成客觀結果的不同。還是中國道家說的好：「道」師法地，地師法天，天師法自然，宇宙萬物都有靈，當你在看海邊的一個石頭時，石頭也知道你在看它；你在看一朵花時，其實這花兒也在看你。在大都市有一個「偷窺狂」，他架設了長筒望遠鏡，要窺視遠方大樓的屋窗時，赫然發現對方也用望遠鏡在看自己，所以有損德行的事不要做。另外還有詩句「我看青山多嫵媚，青山看我應如是」也是物和我的象「互通款曲」。到目前為止沒有一個人能解釋「斑馬線干涉條紋」現象。我在此又對大家開腦洞了，您瞧瞧這斑馬線干涉條紋，一明一暗，有粗有細，分明表示這個宇宙就是「相對世界」，被觀測的量子世界也有它「究竟的心」。

傑出的量子科學家彭羅斯（Roger Penrose）及哈梅羅夫（Stuart Hameroff），相信人的大腦有無數互相糾纏的電子，它們本來處於自由狀態，由於接觸到外面的世界，有關的腦電子便受到干擾，而處於某種確定狀態，而這些確定狀態，亦隨著干擾的變化而轉變；其他有糾纏關係的腦電子，例如處理記憶系統的電子等，亦立即作出相應的確定狀態，互相傳遞信息，這樣便構成人類的意識或念頭。這些意識可能儲存於腦部的某一體內，當外界的干擾過後，例如不再看，不再聽，這些腦電子又恢復到原來的自由狀態，意識亦隨之減弱或消失。如是者循環不息，意識念頭不斷地產生和消失，大腦的電子亦很可能與身體以外，甚至和宇宙中的許多電子相互糾纏。相同的道理，所以前面雙縫干涉的粒子，也是接收到了觀測者

腦部電子發出的電磁脈衝信息，它們之間的糾纏電波產生影響，於是被實驗的粒子又回到了原本宏觀世界的自由狀態，實驗的結果還是出現兩槓條紋，因此宇宙中的粒子會受到人類意識的干涉。

關於觀測會影響到電子原本是疊加狀態，後來又隨機呈塌縮狀態，對於電子會塌縮，科學家百思不得其解，後來是「馮諾伊曼（Von Neumann）」大膽假設，對於「波函數塌縮」是受到人類意識的影響。他有「計算機之父」的頭銜，而且是那時當代最重要的數學家，當然也是重要的量子力學專家。他認為在擁有確定性的數學計算中，是沒有這種隨機的，所以塌縮必定是由一個數學之外的東西來觸發。他認為人的意識是唯一有可能不受數學方程限制的東西。他的論點後來還有受到量子力學家，數學家「尤金‧保羅‧維格納（Eugene Paul Wigner」的認同。馮‧諾依曼著作《量子力學的數學基礎》，在理論上證明了不存在定域的隱變量，其中有個公理證明了「矩陣力學」和「波動力學」在數學上是等價的。之後他也加入量子學家「波爾」的陣營，到目前關於意識影響量子的理論稱為「新物理」，當然還是有科學家持不同意見，我都予以尊重。

17 心生十法界，心影響物質

從「波爾」的「互補原理」，使人意識到微觀粒子，具有一種「波粒二象性」的奇特性質。光是粒子這個概念是愛因斯坦首先提出來的，稱為「光量子」。之前科學家認為光是電磁波，因此光子既是波又是粒子。在實驗室裡，一個電子從高能級躍遷到低能級，會釋放出一個光子。出生於 1892 年法國的「德布羅義」是位理論物理博士，他有一天在腦海中浮現一個想法，無論是光還是輻射，它

們本來就是一種「波」，而普朗克和愛因斯坦卻賦予了它們粒子的特性。至於行為詭異的電子來說，它會不會除了粒子性外也有波的特性呢？於是一幅電子形成波的原子圖像出現在德布羅義腦中。他最後在 1924 年的博士論文中闡述了一個思想：就是包括光在內，無論是電子、質子還是中子，所有粒子都具有波動性，甚至不只是粒子，應該說所有的物質（包括宏觀物質）都具有波的特性。因此這種波被稱為「物質波」，也可以稱為「德布羅義波」。

他以普朗克常數為基礎，可以算出物質波的波長和物質的動量是成反比。愈重的物體波長愈短，這也意味著無論是多大的宏觀物體，理論上都存在一定的波動性。物質波只是種概率波，它和我們見到的水波、聽到的聲波和所謂的「機械波」是不一樣的。最後他的理論都在實驗室裡得到驗證。

對於物質，其實也有精神的相對面，每一種物質都有它的「精神波」。動物也是物質體的一種，牠們有精神現象比較好理解，是可以感覺的到；如果去傷害草木花石，它們也會發出精神波來抗議，這人類很難理解的。之前有說過日本「江本」博士對水的實驗，知道水有見聞覺知，其他植物花草也會有同樣「受、想、行、識」。在「華嚴經」上有一句「情與無情，同圓種智」，即使是礦植物都有其精神波的反應，因此全宇宙都是一個「有機體」。

對於波的振動，滲透在我們生活中的方方面面。我們眼睛看到的顏色，於振動頻率的不一樣，顏色也就不一樣。頻率描述的是在一個單位時間內「波」振動的次數；另外還有我們眼睛看不見的電磁爐的波；以及平常最喜歡使用的手機及電腦所用的網絡訊號波等等。而我們意識也有發射波，接受波，只是因為微小到無法查覺，這些在前面提到「阿賴耶識」的三細相都有闡述。至於我們業力

波，當然全部都被黑洞引力波吸收殆盡之後看時空因緣而輻射到當事人的身體及周遭事物上，視其「因果報應，因緣法則」而改變或控制它的事件及物質波動，造成最終果報的結局。

「菩薩處胎經」有段是這樣講的：佛陀問彌勒菩薩說「心有所念，幾念？幾相？幾識？」。意思是說一般凡夫起個念頭是很普通平常的事，但對於念頭的真相是什麼？實際上是不知道的。這彌勒菩薩可以說是唯識專家，是入甚深禪定佼佼者，也是佛門裡的心理學家。祂回答說「一彈指頃，有三十二億百千念」，百千即是「十萬」，就是 32 億乘 10 萬，是 320 兆，就是一彈指的時間，就有 320 兆個念頭。一般人的我們哪裡會知道，如果以正常年輕人一秒能夠 4 彈指，於是可以說一秒就有 1280 兆個念頭。一個念頭就有一個相，就是形相，物質現象；識就是精神現象。所以說起一念時，一秒同時就產生 1280 兆的物質，每個物質都有精神現象，所以大宇宙本身，也都有其精神現象，只要念頭一動，「依報」、「正報」就現了。

「依」是宇宙，是我們依靠的環境；「正」就是自身，我們自己就是宇宙的「正報身」。因此不可否認大宇宙是個有機體，這麼微細的念頭，對心思非常靈敏的人，極其微細的波動都能感受得到。佛陀在經上告訴我們，你要有八地菩薩以上的定功，才能夠感受到。定功愈高當然心思愈細微，普通人的我們，當然不會曉得，在科學上也沒有精密儀器去測量心念的波動。我們心思無法像修行有成就，道行高深者那麼細微，但是人類都具有思維的能力，我們是生活在白天和黑夜交織當中。白天是因為早晨昇起的太陽光照耀，所以天亮了；到了黃昏，太陽下山了，大地漸漸被黑幕籠罩，黑夜降臨。但是還有皎潔月亮光，煜熠星光。隨著科技進步，人類

想要探索宇宙，但是發現宇宙太空都是被黑色統治著。大家會奇怪宇宙中，有這麼多的發光的恆星，宇宙空間應該是明亮的才對。

在 200 年前德國的天文學家「海因里希‧威廉‧馬蒂亞斯‧歐伯斯（Heinrich Wilhelm Matthias Olbers）」提出了著名的「奧伯斯佯謬」。他指出，如果宇宙是一個靜止的、均勻的、無限的宇宙模型，擁有無窮無盡能夠發光的星體，那麼無論從那個角度看去，宇宙都應該是明亮的，地球的白天和夜晚也應該是一樣亮才對。但事實上我們的夜空確是黑色的，理論和觀測相互矛盾，於是人們就把這個想法叫做「奧伯斯佯謬」。雖然宇宙擁有無窮盡的恆星，這些恆星與地球的距離太遠，它們發出的光還沒到達地球，就被其他星際物質吸收殆盡。光經過介質的吸收或散射的原因，輻射被減弱，而宇宙中充斥著大量的星際介質，例如分子雲、等離子體等等，它們都有消光作用，於是最終能達到人眼的輻射強度已經非常弱了，甚至接近于零，所以我們什麼也看不到。

根據熱力學定律，光雖然被吸收後，還會將能量呈光子形式釋放出來，比如晚上的月亮光芒就是個例子。後來 1929 年美國天文學家「愛德溫‧鮑威爾‧哈伯（Edwin Powell Hubble）」，在觀察幾十個銀河系外星系後發現，星系之間正在相互遠離，發現宇宙有膨脹現象，而且還是不斷變化和發展的進行式，可說宇宙是有生命的；至於有些光線被「紅移」到了微波的波長範圍，那是人類肉眼看不見的，只有從特殊功能望遠鏡，才能補捉到這些光的，所以證明宇宙不是漆黑一片。

說到此刻，我又要幫大家開腦洞了。在前面說到人們於極短一秒時間內，就會生出天文數字的念頭，而人類「無明」的產生源頭，即是「一念不覺」。如果了解「不覺」是假的，將它「放

下」，就能斷無明。在這「無明」的兩個字的字義上，中國儒家賢聖的思想也說過：「大學之道，在明明德，在親民，在止於至善」。明德的意思就是叫人要明白至德，「明明德」第一個「明」字是動詞，因為一念不覺後，大家已經變成迷惑顛倒，所以要「明」「明德」，它起的作用就是「親民」。您於是「明德」已經明了，就不「無明」了，而「明德」比較簡單易懂的闡釋，在六祖「惠能」於「法寶壇經」有說到：「世人若修道，一切盡不妨，常見自己過，與道即相當」。這個「道」就是「明德」，修正到自己完全沒有過失，心清淨了就是「明明德」。佛經上的「不覺」即是起心動念是「妄想、分別、執著」，「煩惱習氣」（見思煩惱，塵沙煩惱），先是想要放下念頭妄想是不容易的事，因此要先從放下煩惱習氣，再從放下分別、執著來下手，也就是要真的放下，就是修行的次第，就是所謂的根本無始無明；在完全斷掉無明後，能夠「明心見性」，於是本體的「自性」、「真如」本自具足的大光明藏，即會自然顯現，即使人處在黑暗環境中，眼睛所見如白晝一樣，天空是光明的，在淨土宗稱為「常寂光」。「自性」，「真如」就是常寂光，永恆不變，是一片光明，是人們共同的「法身」。

　　禪宗在禪修時有個叫做「參話頭」的修練，其中有一個課目：「父母未生前的本來面目？」現在才知道，本來面目就是「常寂光」。還有在佛教的「歷代高僧傳」中記錄有幾位高僧於禪修時，於半夜「明心見性」、「大澈大悟」後，感覺天地間豁然開朗，如同萬里晴空，此時他們如果身處宇宙太空中，也是明亮如是，可以說是「心光如恆星，照破萬古無明暗」，真是不可思議的現象。

　　而對於明德不明，它起的作用就是「現象」。也就是現在科

學裡面叫做波動的現象，最新的名稱是「弦」的振動。是自性裡面起了念波，心弦振動了，自性，真如本來真的不會有波動，振動現象，但後來居然起來了，那就是「無明」在作祟，所以要修心養性，不斷修正己過，增進定功，精進來修行，就能徹底斷除無明。

18 「一念無明風，鼓動真如海」爾後，宇宙全境「同時頓起」

　　觀察現代科技的文明，「以今反鑑古」，可以略窺宇宙起源之一二，它們其實是息息相關的。在宇宙起源之前，以科學的講法，是絕對的「真空」。佛學說法其本體是自性、真如、如來；已經過世的大宇宙科學家「史蒂芬・威廉・霍金（Stephen William Hawking）」，認同宇宙的起源，是一個最初小到比原子筆尖還小，超高密度，超重質量的「奇異點」，「大爆炸」後才漸漸形成現今的宇宙。可是他提了一個問題，就是他不知道這「奇異點」是怎麼來的？其實世間上很多人，有時對於一件事物產生了問題，而奇妙的就是想要找到的答案：「踏破鐵鞋無覓處，得來全不費功夫。」而相對奇妙的是：「問題」本身就是「答案」。世人對於問題無法解答叫做「我不知道啊！」這個「我不知道」就是佛家所說的「無明」。

　　佛經上說：「一念無明風，鼓動真如海」。「無始無明」是在和「一念無明」是同時的，因為當時「時間」還沒有出生。「一念無明」和「一念不覺」講法是一樣的，在科學而言，就是自性起了波動。真如心弦被無明波動後就是宇宙的起源。它們的波動太微細了，在「一念無明」後，現代宇宙的真空即出現了，而這真空當中並不是空無一物，對於量子力學來說，真空可是充斥著一大票的

量子，隨時都存在著量子漲落，不停的，有「虛粒子對」的出現；就是一個虛粒子和虛反粒子，並且在極短的時間之內迅速湮滅，所以是無法「閃存」。這所謂的虛，就是指虛構的，但我認為那是一念不覺的「念」，產生的極微細的物質和精神（識）起的作用。但是「虛粒子對」如果在短時間內不能湮滅，那虛粒子就可能通過「量子隧穿效應」，變成實粒子，這些實粒子在積累之下，可成物質體。

在科學上這些虛粒子雖然是看不到，但是它們引起的效應，卻可以被觀察到。既然真空中存在著量子漲落，如果碰到了電場，這兩個虛粒子一正一反的虛粒子對，還沒來得及湮滅，它們會被電場拉開，兩個虛粒子就會被電場加工變成實粒子，且往相反的方向跑，之後再去尋找它們的「伴子」。如果從弦論和超弦論來講，一念不覺，一秒就產生了 1280 兆的物質；而這一個物質裡頭就有無數的量子；再往下細分，則波的屬性開始逐漸顯現；後來經過雙縫實驗的干涉條紋，知道量子有波、粒二象形性。最新科學前沿理論，融合了量子力學和廣義相對論，衍生出來的弦理論。認為宇宙最基本組成粒子，並非實際存在的物質（那就是前面提到物質的精神現象，也就是「意識」），是一段段大小，處在「普朗克長度」的「能量弦線」。弦的振動模式，產生出了各種不同的基本粒子，這數不盡的「弦」，以現在最新的量子電腦來說，它可以算出比最快的超級電腦高出億億億倍，即使以後有比現在算力再高的量子電腦，也還是算不出宇宙起源時的弦線。佛經說波，粒子是「無表色」；夸克是「極微色」；弦線就「極迥（ㄐㄩㄥˇ）色」；而「業氣」算是比極迥色下面，更細微，更觀不出的物質。因此說要造出測量累積無限億年的「業氣」，其無量天文數字，用超級量子電腦

也是不可能的任務。如果能製造出來，那就可以改變現今人類，甚至國家的命運！那麼運用最超級的量子電腦是否可以超越「神通」？我們需知道：「神通抵不過業力」是絕對的定律，所以妄想造成改變命運的機器，是顛倒妄想的。

現在再回到「弦線」，這弦線可以連結成不規則的絲狀物，還有像現代電腦繪圖的基礎網狀、「人類造型」網狀、人或是物的素描，有的連接成一根長直線之後可以纏繞成愈來愈緊的線球；有的絲狀上有許多小線球點；有的弦線呈螺旋形狀。此時「一念不覺」後，諸弦形成的各種形狀，也就是各種不同的「場」，可說是宇宙初始的架構，就好像現代設計芯片用到「ARM」的架構一樣。但芯片的架構是三維的，而當時各種弦形狀架構，全部皆是呈一維度現象；而「一念不覺」之後，在「華嚴經」上所說，是形成二維的「一真法界」，同時三千大千世界亦顯現。先是宮殿乍現，之後「天人」才進駐，這會兒是三維度，同時由「真如」，「清淨圓明體」自然化現的人，在「光音天」出列。當時有物質和生命都具足的「阿賴耶識」，因為是從「妙覺真心」所出，所以此時法界已是四維度，對於後來才有人類的我們，是無法想像的。

近代著名的物理學家「霍金」，也是弦理論的開創者之一，在他著名的「果殼中的宇宙」一書中講到：弦理論的成立是建立在真實的宇宙時空，是在十一維的理論基礎之上，因為弦的運動如此複雜，以至於三維空間，根本無法容納它的運動軌跡；但我們人類只能感知道四維時空，是三維空間，加上一維時間，而無法感知其他的維度。

我們再回到最初的一維弦線編織出來的各種形狀，加上「華嚴經」說的「因陀羅網」，「重重帝網」。而這因陀羅網的像貌是這

樣子的,這張網上面有無數的寶珠,每個寶珠發出的光,都能映照一切影像,珠子之間又能互相映照,一重一重,無窮無盡;另外的重重帝網和因陀羅網,包覆在絲網狀還有弦線球上,以及最初其他各種弦狀上;另外再加上弦線振動出宇宙的「原聲音」,這宇宙的原音在「吠陀經」中有記載,當「Om」這個聲音出現時,萬物它就誕生了。

那爛陀大學研究所學者「利惹・庫瑪」(Niraj. Kumar),在他對梵文的研究中發現,古梵文的音節和天體運動是息息相關的。庫瑪在對佛教「時輪金剛壇城」的闡述中寫到:在「時輪金剛」中,巨蟹座是吸入呼吸而出生的標誌。太陽在巨蟹座升起時,梵文的第一個元音「Rm」誕生。梵文總共有六個元音和五個合輔音,這些元音分別會生出地,水,火,風,阿卡西,另外在「華嚴經」也有記載,宇宙有十八個原音:「阿、羅、波、遮、朵、圖、勃、渡、莎、婆⋯⋯等」,這些宇宙元音除了可產生四大以外,另外生出的「識大」就是阿賴耶識;阿賴耶識後來有「白洞」的能量助緣之下,最主要再加上人類自身修心養性,精進修行,覺悟到「等覺」道行;之後更上一層樓,到達「妙覺」的究竟成就,也就是將阿賴耶識提昇到「鉢摩那果識」,才能窮盡圓滿般若智慧。

此外還有「見大」,見大不是用眼睛來看的「見」,而是心的「見地」。就是徹底了解了「八正道」(正見、正思維、正語、正業、正命、正精進、正命、正定),修行證到了「無上正等正覺」,臻至通天澈地的「見境」之謂也;至於「空大」除了能包羅萬象的廣大空間外,物質裡面也有空大,另外連宇宙空間裡的基本四大作用力(重力、電磁力,這電磁力除了在宏觀世界裡面有在微觀裡也有,強核力、弱核力),前面有提到科學家做過實驗,在

對矽（硅）砂發出「嗡」或「阿」及「吽」等不同的聲音，在矽（硅）砂盤上，會現出各自不同的「曼陀羅」圖案，所以宇宙原音也算是造成宇宙世界的一大功臣。

現在再整合當時宇宙的真空場，我們有了「弦」；弦上有了「膜」；膜上有「因陀羅網」的光；光和重重帝網覆蓋會生出「熵」（熱力）；加上「宇宙原音咒語」的助力；再加上當時真空中，本自充滿了等離子體。這等離子體是在高溫的情況下，電子擺脫了原子核對它的束縛，成為自由的電子，這個時候，氣體就完全電離，成為等離子體，也被稱為電漿。而其實整個真空也是一種物質，所以「一念不覺」後的真空宇宙場，在諸多物質能場及精神能場，互相排列組合統一之下，原始宇宙雛形已經萬事具備。在「妙覺真心」揚起指揮棒的剎那間（10^{-43}秒，普朗克時間），宇宙交響樂起奏，宇宙到處綻放炫麗煙火、五光十色、七彩霓虹光、環景宇宙極光燦爛無比；各類星座、固態、岩態、氣態天體，如蝴蝶破蛹而出，一起同時頓起乍現，形成初始宇宙相貌。

後來宇宙經過第一次大翻轉，經過華麗轉身後，顯現「本超星系團」。這所謂「翻轉」是宇宙弦振動，慢慢地將宇宙初形成的各種天體星球，經由宇宙四大力的驅動，逐漸向中心移動，而往中心集中的結果，就是所有星球大接觸碰撞，會形成壯觀的煙火秀；之後又經過一次週期性的翻轉，形成了「本星系群」；然後最近一次的週期性翻轉，又造出了現今的「銀河系」、「仙女星系」等四、五十座的其他星系。之所謂能夠「翻轉」指的是宇宙的外圍，有個無形的，看不見的框框，它是一個靠近我們的銀河系比較窄，延伸到本超星系團比較寬，呈三角錐體的形狀。而這「翻轉」如同若干億年後銀河系和仙女星系交會，會產生相互作用。開始兩大星

系是跳探戈，後來是跳快節奏的拉丁舞，之後它們的天體星球會碰撞，併合，於是又會看到宇宙間的一場壯麗無比的煙火秀。當然不止只有兩個星系相撞，還有四個、五個星系同時碰撞。怎麼會有宇宙無形框框翻轉情況？打個比方，就好像從前我們的知識，只是停留在地球繞著太陽旋轉，後來才知道整個太陽系，是緩緩地繞著銀河系中心圍繞運轉一樣，天體運動是有週期性；還有地球上的一年四季週期流轉，地球歷史上一直經歷著，冰河期和溫暖期的相互轉化，也是一些例子。其實不僅物質世界有其週期性，連意識的層面上也有其週期性，比如像人類歷史上，傑出的導師，哲學家和科學家，如前面提到的佛陀、老子、孔子、畢斯哥拉斯、柏拉圖、瑪雅的羽蛇神庫庫爾坎……，這些人都是誕生於同一時期，也就是他們都是在公元前四、五百年左右，同時誕生，啟迪人類的智慧有莫大的作用。

以及現如今人類，在近一個世紀裡，高能物理學和航太科技突飛猛進，每隔一段時間，意識就有個異常爆發的情況，這些都是週期性的表現，這些都可以想像，宇宙無形框框會週期性翻轉。在地球上的我們是無法查覺的，而宇宙框框幾次翻轉後，各個星體碰撞後，壯麗煙火秀爆發的氣體膨脹，造成影響離地球愈遠是愈寬，是可能大部分天文的科學家們，認為宇宙在快速膨脹的原因之一吧？而每一次的翻轉週期時間是不一樣的，那當然是愈寬的宇宙框框部位，在時間上是愈長。

還有前面說到宇宙起源不是一個「奇異點」的大爆炸而形成，它是「一時頓起」的，這點可以從太陽系的行星、衛星、太陽本身的年齡可以得到證明。以前大家都以為太陽是最早形成，然後用它強大的引力把八大行星都拉到它的周圍。後來經過研究的結果證

明，行星跟太陽幾乎是同時形成的；甚至還有大家起初以為月球是被慧星撞擊地球後，從地球所掉裂的部份而形成的，後來研究月球土壤岩石結構，根本和地球不一樣，且兩者的年齡幾乎也是差不多。因此可能會被證明宇宙的起源，所有天體是「一時頓起」的！

所以可推論現今理解宇宙的「果」，來推知它過去的樣子，因果是互為相對的，果以顯因，果亦可證因。以現在的果還能預知未來的因，因果之間是相互的關係。現代科學家們對於探究火星有很大的興趣，經過多次的探測結果，多數人的認為火星現在的狀況，那就是地球若干年後未來的寫照，除了因果關係外，當然還要加入「因緣法則」，那就完美無缺了。在宇宙「硬體」的形成後，「軟體」也會不斷的更新和升級。比如「寒武紀」地球生物種大爆發，應該就是「自性」、「真如」、「究竟的心」因緣和合的傑作。在禪宗六祖「惠能」的《法寶壇經》裡有闡述「自性」為何物？「何期自性，本自清淨，本不生滅，本自圓滿，本自具足，本無動搖，能生萬法」；《華嚴經》說到：「若人欲了知，三世一切佛，應觀法界性，一切唯心造」。所以宇宙萬象是「唯心所造，唯識所變」。《華嚴經》的精華即是「理事無礙，事理無礙，全事即理，理理無礙，事事無礙」。為什麼「事事無礙」擺在最後面，其實這個「事」指的就是科學，是科學的智慧發明，經過科學驗證後，達到究竟完美無瑕的科技產品，以科學儀器所證明出的數據，才算是「事事無礙」。

19 詹姆斯韋伯望遠鏡

2021 年 12 月 25 日，科學家終於將「詹姆斯韋伯」空間望遠

鏡，在法屬圭亞那的歐洲空間局，搭乘著「阿利亞娜五號」運載火箭順利升空了，它是新一代太空望遠鏡，比威名赫赫的哈伯望遠鏡看得更深、更遠、更早的宇宙，它鏡片的口徑達到 6.5 米，而哈伯鏡面口徑只有 2.4 米；韋伯主鏡面由 18 個正六邊形拼接而成，重量反而比哈伯輕了一倍，是因為製作鏡片的材料都是「鈹」金屬打造的，它雖然是金屬，但是密度只有水的 1.85 倍，當然比較輕了；然後在鈹的表面鍍上 100 納米厚度的純金，因為金可以反射絕大多數的紅外線，所以它就是一台巨大的紅外線照相機，主要探測就是紅外波段，它能夠看到「紅移係數」20 的天體，所以它能夠看到早期星系的一些細節，應該是沒有問題的。

　　哈伯是繞地球軌道，而韋伯是繞太陽的軌道運轉，自然看的範圍是更大更遠，它的任務有四個大目標：

第 1、尋找「大爆炸」以後，在宇宙中形成的第一批恆星和星系的光。

第 2、研究星系的形成和演化。

第 3、了解恆星形成和行星系統的形成。

第 4、研究行星系統和生命的起源，筆者在此預祝它能完成達標的使命，能找到宇宙和生命的起源。

　　後註：至今為止，韋伯望遠鏡又拍出了十多張珍貴的照片，其中一張是 240 億年的星球相片，表示在「大爆炸」之前，宇宙就存在了，因此筆者認為宇宙一直在膨脹是心在無限膨脹，心物是合一的，以有限去追逐無限，幾乎是不可能的任務，所以宇宙一切是心所造，「唯心所造，為識所變」的。

結語

　　最後本書以偉大的科學家「牛頓」及「愛因斯坦」加上諾貝爾獎得主「楊振寧」的語錄為結論：牛頓在完成三大定律之後，「發現宇宙萬物運動的規律精密無比，就好像是被精準計算而來的」；愛因斯坦說「宇宙中最不可以理解的事情，就是宇宙是可以被理解的。」「有兩件事情讓我敬畏，佈滿星星的天空和隱藏在其中的人的精神世界。」「我並不假裝理解宇宙它比我大的多。」「我可以跟藝術家一樣，自由揮灑我的想像力，想像力比知識更重要；知識是有限的，想像力卻可以囊括整個世界。」「假使有一種宗教，能配合現代科學的需要，那可能就是佛教。」「科學之所以值得追求，是因為它揭示了自然界的美，簡單而有序，統一而和諧的自然之美。歷來是不少大科學家一生追求的目標，在一定程度上而言，科學家對自然深層次美的領悟和熱愛，以及所具備的形而上的審美判斷力，決定了其研究所能企及的高度。」「我不相信上帝在擲骰子，宇宙中的一切都是被設計好的。」楊振寧在將近百歲時接受記者的採訪說到：「我相信宇宙有造物主的存在。」

　　而藏密的紅、白、黃、花四大教派各自無上殊勝法門，也是和上述科學理解有異曲同工之妙，紅教「寧瑪巴」派的「大圓滿法」是認為「真我」是本自俱足，本自圓滿，真心圓滿了，就和真如宇宙究竟圓滿契合；白教「噶舉」派的「大手印」，是指每個人的出生，都和宇宙大自然的戳印相合，合其光，同其塵，人們和宇宙萬事萬物是息息相關的，能信手拈來，心想事成；花教「薩迦」派的「大

圓勝慧」，是說人的心性是和大宇宙無比殊勝精巧的智慧，是相互契合的；黃教「大威德金剛」，是證明人類本自具備無堅不摧威猛智慧力量，有真如本性萬種功德莊嚴，宇宙萬事萬物都有「無緣大慈，同體大悲」和「菩提心妙寶」之功德。希望大家都能有如上的認知，而共勉之！

　　最後還是再強調我們很幸運的得到難得的「人身寶」，能夠在這一生當中，脫離輪迴的桎梏，當然是件最美好的事情。要不然至少要跟隨愛因斯坦所說做人的處事道理：「一個人的價值，在於他貢獻了什麼，而不在於他能得到什麼。」「在一個崇高的目標支持下，不停地工作，即使慢，也一定會獲得成功。」「所有的宗教、藝術和科學，都是生長在同一棵樹上的枝葉，人類對這三方面的追求，都是為了使生命從單純的物質世界裡提升，而達到自由自在。」等您如果能達到心靈的自在解脫時，就可以和亞歷山大大帝一樣說：「我來到了這個世界，所有我都看到了，它們被我征服了！」當然我們也能誇口說：我圓滿了「人身寶」！我即征服了宇宙！並超越了宇宙！即是「心包宇宙！」「超越宇宙！」之謂也。

參考資料

最後將寫本書功德迴向給參考資料 Google、YouTube 各網際網路之網主及網站：

1. 十七世大寶法王噶瑪巴鄔金欽列多傑 His Holiness the 17th Gyalwang Karmapa 語錄
2. 十二世泰錫度仁波切著作《相對世界，究竟的心》（Relative world, Ultimate Mind）及語錄
3. 白雲老和尚講經說法
4. 淨空老法師講經說法
5. 媽咪說
6. 菩提子五季
7. 文昭思緒飛揚
8. 自說自話總裁
9. 關鍵時刻
10. Linvo 說宇宙
11. 曉涵哥來了
12. 誠閱
13. 文史大觀園
14. 腦補大爆炸
15. seeker 大師兄
16. 佛說
17. 人乘佛教文化出版社
18. 不思議 BSYi

19. barry 看世界

20. 牛 X 研究所

21. 靜雅佛音

22. 老潘說世界

23. 中國科學技術大學

24. 宇宙概觀

25. 57 爆新聞

26. 理科男士 K 一米

27. 紅桃 K 日記

28. 老吳 Alien

29. 老高與小茉

30. Earthinn

31. 科學聲音

32. 臺大演講網

33. 老肉雜談

34. 馬臉姊

35. CCTV 科教

還有許多疏漏，請多多包涵，最後還望迴向讀者及法界一切眾生！

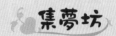

「如」何「來」征服宇宙

出版者●集夢坊
作者●富安瑟 Assa Fu
印行者●全球華文聯合出版平台
總顧問●王寶玲
出版總監●歐綾纖
副總編輯●陳雅貞
執行編輯●吳政諺
文字編輯●許宏源
美術設計●陳君鳳
內文排版●王鶴立

國家圖書館出版品預行編目（CIP）資料

「如」何「來」征服宇宙／富安瑟 Assa Fu 著
--新北市：集夢坊出版，采舍國際有限公司發行
2024.07　　面；　　公分
ISBN 978-626-405-000-5（平裝）
1.宇宙論　2.佛教

220.117　　　　　　　　　113009543

台灣出版中心●新北市中和區中山路2段366巷10號10樓
電話●(02)2248-7896　　　　傳真●(02)2248-7758
ISBN●978-626-405-000-5　出版日期●2024年7月初版

郵撥帳號●50017206采舍國際有限公司（郵撥購買，請另付一成郵資）
全球華文國際市場總代理●采舍國際 www.silkbook.com
地址●新北市中和區中山路2段366巷10號3樓
電話●(02)8245-8786　　　　傳真●(02)8245-8718

全系列書系永久陳列展示中心

新絲路書店●新北市中和區中山路2段366巷10號10樓　　　　電話●(02)8245-9896
新絲路網路書店●www.silkbook.com　華文網網路書店●www.book4u.com.tw

跨視界‧雲閱讀 新絲路電子書城 全文免費下載 新‧絲‧路‧網‧路‧書‧店 silkbook○com